STOPP!

Dies ist die letzte Seite des Buches!
Du willst dir doch nicht den Spaß verderben
und das Ende zuerst lesen, oder?

Um die Geschichte unverfälscht und originalgetreu mitverfolgen zu können, musst du es wie die Japaner machen und von rechts nach links lesen. Deshalb schnell das Buch umdrehen und loslegen!

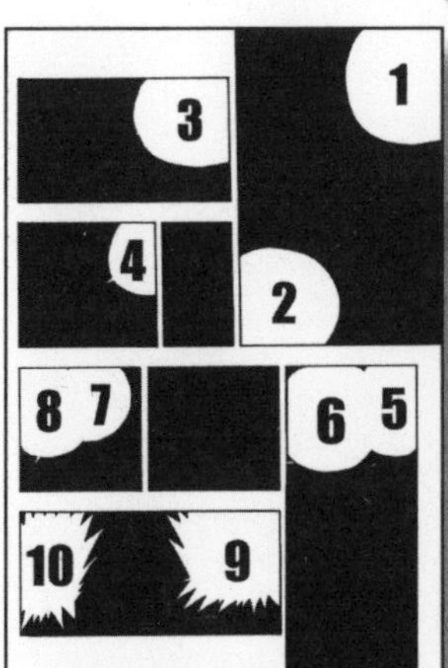

So geht's:

Wenn dies das erste Mal sein sollte, dass du einen Manga in den Händen hältst, kann dir die Grafik helfen, dich zurechtzufinden: Fang einfach oben rechts an zu lesen und arbeite dich nach unten links vor.
Viel Spaß dabei wünscht dir TOKYOPOP®!

I LOVE YOU, COWARD!

Rico Sakura

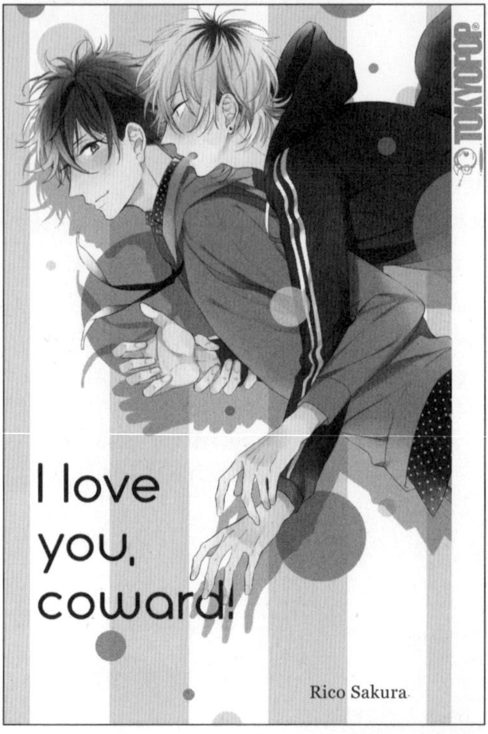

Ein unheilbarer Fall von Liebesallergie?!

Shogo beginnt sein Leben als Student in Tokyo, doch er hat es nicht leicht. Aufgrund seines finsteren Gesichtsausdrucks findet er bei seinen Kommilitonen keinen Anschluss. Nur der freundliche Barista Hinata aus seinem Lieblingscafé begegnet ihm offen und heitert ihn auf. Als Shogo Hinata aus der Klemme hilft, entwickeln die beiden eine tiefe Freundschaft. Doch Hinata wird von einem seltsamen Phänomen geplagt: Er hat eine Liebesallergie! Wird Shogo ihm dennoch seine Zuneigung zeigen können?

TOKYOPOP®

www.tokyopop.de

I WILL LOVE YOU TENDERLY

Kou Yoneda

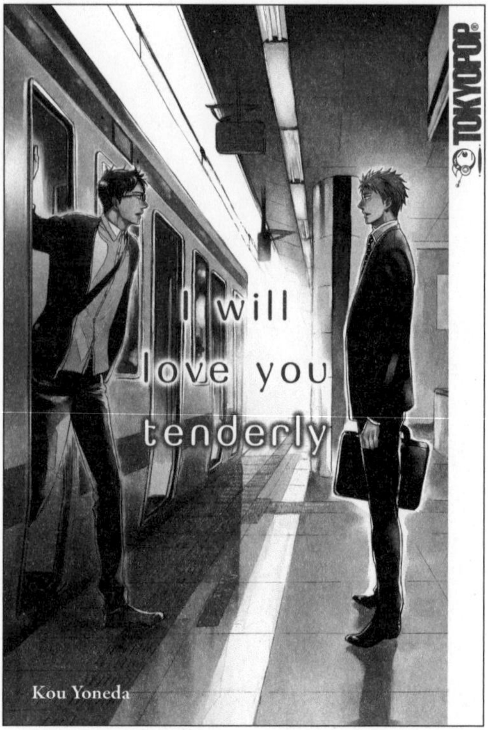

Kann aus Männerfreundschaft mehr werden?

Sich in einen Hetero verlieben? Für Deguchi, Single und homosexuell, ein absolutes No-Go! Bis er bei einem Treffen mit Freunden Onoda kennenlernt. Der ist hetero und noch dazu in einer Beziehung. Die beiden Männer verstehen sich auf Anhieb ausgezeichnet und freunden sich an. Für Deguchi werden die Momente mit Onoda immer kostbarer. Gleichzeitig wächst in ihm die Schwermut, denn weder hat er sich Onoda gegenüber geoutet noch kann er sich überwinden, diesem seine Zuneigung zu gestehen ...

TOKYOPOP®

www.tokyopop.de

THERE ARE THINGS I CAN'T TELL YOU

Edako Mofumofu

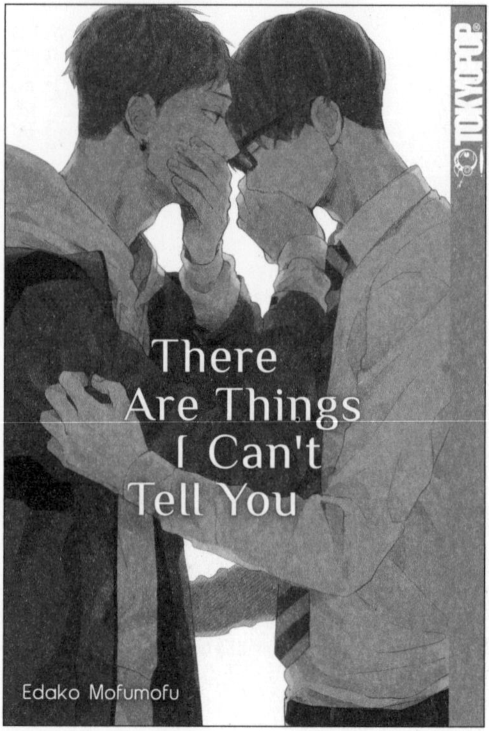

Gibt es den »richtigen« Weg?

Kyosuke, der mit Elan und Ehrgeiz seinen Traumjob als Artdirector anstrebt, spürt regelmäßig eine nagende Unsicherheit. Trotzdem übt er sich in Zuversicht und genießt seine freie Zeit mit Kasumi, seinem Freund aus Kindertagen. Doch auch Kasumi wird offenbar von den Schatten der Vergangenheit heimgesucht. Und obwohl sich die beiden Männer so eng verbunden fühlen, steht etwas zwischen ihnen, für das sie keine Worte finden ...

TOKYOPOP®

www.tokyopop.de

GOODBYE HARLEQUIN

Keri Kusabi

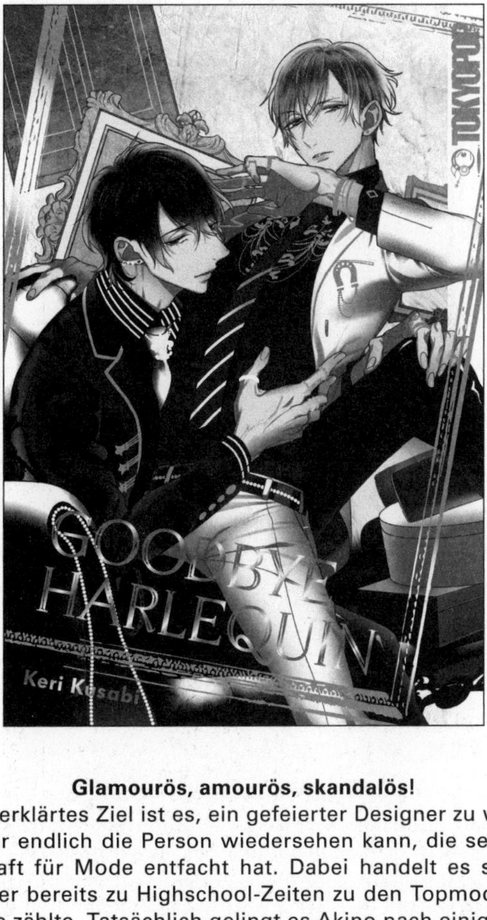

Glamourös, amourös, skandalös!

Akinos erklärtes Ziel ist es, ein gefeierter Designer zu werden, damit er endlich die Person wiedersehen kann, die seine Leidenschaft für Mode entfacht hat. Dabei handelt es sich um Eichi, der bereits zu Highschool-Zeiten zu den Topmodels der Branche zählte. Tatsächlich gelingt es Akino nach einigen Jahren endlich einen Deal zwischen seiner Firma und Eichis Agentur einzufädeln. Eichi ist über die Zusammenarbeit jedoch alles andere als erfreut, denn im Gegensatz zu Akino hat er kein Interesse, an die Vergangenheit erinnert zu werden ...

TOKYOPOP®

www.tokyopop.de

FINDER

TOKYOPOP GmbH
Hamburg

TOKYOPOP
1. Auflage, 2021
Deutsche Ausgabe/German Edition

Aus dem Japanischen von Diana Hesse

libre

Originally published in Japan in 2019 by Libre Inc.
German translation rights arranged with Libre Inc.
Original Cover Design: Mamiko Saito<Asanomi Graphic>

Redaktion: Lisa Duty
Lettering: Vibrant Publishing Studio
Herstellung: Mathias Neumeyer, Britta Philipp
Druck und buchbinderische Verarbeitung:
CPI – Clausen & Bosse GmbH, Leck
Printed in Germany

MIX Papier FSC FSC® C083411

Wir achten auf die Umwelt.
Dieses Produkt besteht aus FSC®-zertifizierten und anderen kontrollierten Materialien.

ISBN 978-3-8420-7169-8

www.tokyopop.de

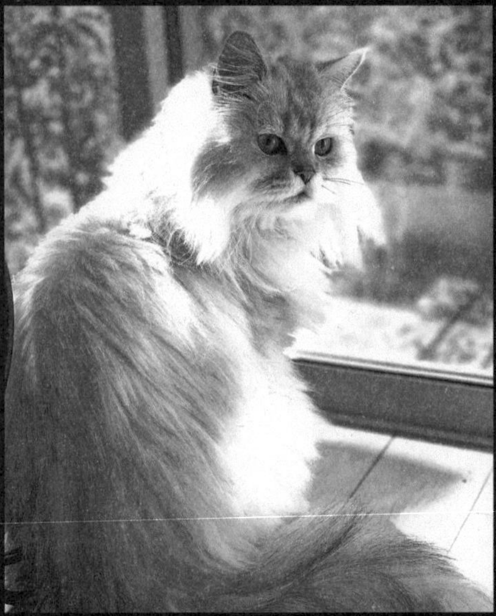

Autorenkommentar

Guten Tag! Ich bin Ayano Yamane. Nun sind wir schon beim zehnten Band angekommen. Nicht nur Asami und Akihito setzen sich jetzt in Bewegung, sondern auch Feilong und Michel. Ich finde diese Entwicklung selbst auch sehr spannend! Es würde mich freuen, wenn auch ihr Spaß an der Geschichte habt! ♥

Ayano Yamane

Neuerdings fertige ich auch Farbillustrationen digital an und es macht mir richtig Spaß, Akihitos Augen und Haare funkeln zu lassen. Es ist selbstverständlich kein Vergleich zu analog gemalten Bildern ... Ich gebe mir alle Mühe, mich zu verbessern, damit ich schneller, günstiger und qualitativ hochwertiger (*lol*) zeichnen kann.

Dieses Buch ist unter Mitwirkung vieler verschiedener Personen entstanden, wie meinem Redakteur Herrn Irie, der immer bis zum letzten Moment auf mich wartet, dem Druckerei-Team, meiner Freundin E., die mich immer ausführlich berät, sowie meinen Assistenten, die sehr bemüht waren, als ich während der Digitalisierung meines Arbeitsplatzes alles im Trial-and-Error-Verfahren lernen musste. Und nicht zuletzt sind da natürlich auch meine Leserinnen und Leser, die mir mit ihren Meinungen und Eindrücken so viel Lebenskraft schenken! Ich danke euch wirklich sehr, dass ihr jedes Mal so viel Energie mit mir teilt! Nach all der Zeit erreicht »Pray in Abyss« auch endlich seinen Höhepunkt! Ich hoffe, ihr seid schon gespannt darauf, wie es ausgeht, und würde mich freuen, euch im nächsten Band wiederzusehen.

An einem Glückstag im Oktober 2019

Ayano Yamane

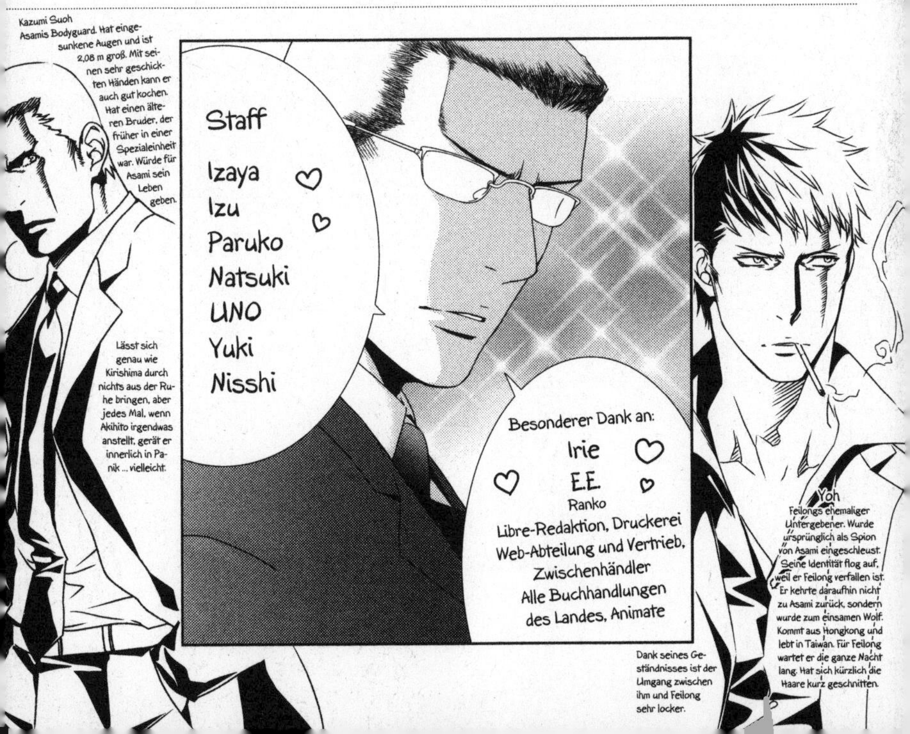

Nachwort

Guten Tag! Ich bin's, Ayano Yamane. Ich freue mich wahnsinnig, dass ich Band 10 der *Finder*-Serie im denkwürdigen ersten Jahr der Reiwa*-Periode veröffentlichen durfte! Vielen Dank, dass ihr diesen Band gekauft habt!

Vergangenes Jahr habe ich den Vorsatz gefasst, jedes Jahr einen Band zu veröffentlichen. Dafür habe ich mich sehr ins Zeug gelegt. Dass ich mein Versprechen halten konnte und ihr nicht ewig auf den nächsten Band warten müsst, ist deshalb ganz besonders ergreifend für mich. Noch dazu gibt es diesmal jede Menge Sexszenen! Die beiden sind im siebten Himmel! Auf einer tropischen Insel im Süden! (Wie ist es nur dazu gekommen? *lol*) Der Band ist bis zum Rand gefüllt mit Höhepunkten! Die Autorin in mir liebt es, Auseinandersetzungen zu schreiben, deshalb möchte ich, dass die Männer sich in vielerlei Hinsicht in heiße Kämpfe stürzen, wenn ich schon einen BL-Manga zeichne. Aber gerade weil Asami und Akihito ständig gegen irgendetwas ankämpfen, finde ich es auch schön, wenn sie einfach mal glücklich sein können, statt permanent mit Adrenalin vollgepumpt zu sein. Dieser Band strahlt das ganz besonders aus. Das Ganze wird in den Bonusmangas perfekt ergänzt, in denen sich Asami um Akihitos Erziehung bemüht. Ich hoffe, ihr habt eure Freude mit seiner fürsorglichen Seite ...!

Auch diejenigen, die sagen: »Das sind nicht die Szenen, in denen ich Asami und Akito sehen will!« kann ich beruhigen. Als Nächstes kommt der Entscheidungskampf zwischen den vier Fronten. In diesem Band läuft es auch zwischen Feilong und Michel gut. Das hat mir beim Zeichnen viel Spaß gemacht. Werden Asami und Akihito am Ende überleben?! ♡ Immerhin verbindet sie eine Liebe, die auf dem Schlachtfeld erblüht ist. Ich werde mir große Mühe geben und hoffe, ihr freut euch bereits auf den nächsten Band. Bis bald!

Ich zeichne immer noch genauso langsam wie eh und je, aber inzwischen habe ich meinen Arbeitsplatz auf digitales Arbeiten umgestellt und bekomme von meinen Assistenten Unterstützung aus der Ferne. So geht die Fertigstellung enorm viel schneller, bei höchster Qualität. Das LCD-Tablet gleicht meine nachlassende Seh- und Muskelkraft aus. Ich lerne immer noch jeden Tag durch Trial-and-Error Neues dazu, aber es geht gut voran. So kann ich sogar mühelos Korrekturen vornehmen, sollte mir im Stress Asami mal nicht so sexy gelungen sein ...

Es macht mir Spaß, wenn ich mich kurz vor der Deadline über Line** mit meinen Assistenten austausche und wir trotz Hektik das Manuskript fertigstellen. Kurz vor der Deadline gibt mir das auf natürliche Weise einen Kick. Auch wenn das Manuskript dann fertig ist, sind wir wie high, und die Stimmung beim anschließenden Austausch ist wahnsinnig lustig!

Es tut mir leid, dass ich so eine Sauklaue habe ... Auf der nächsten Seite geht es weiter.

*seit 1. Mai 2019

**jap. Messanger-App

Staff: Izuga, meine Katzen

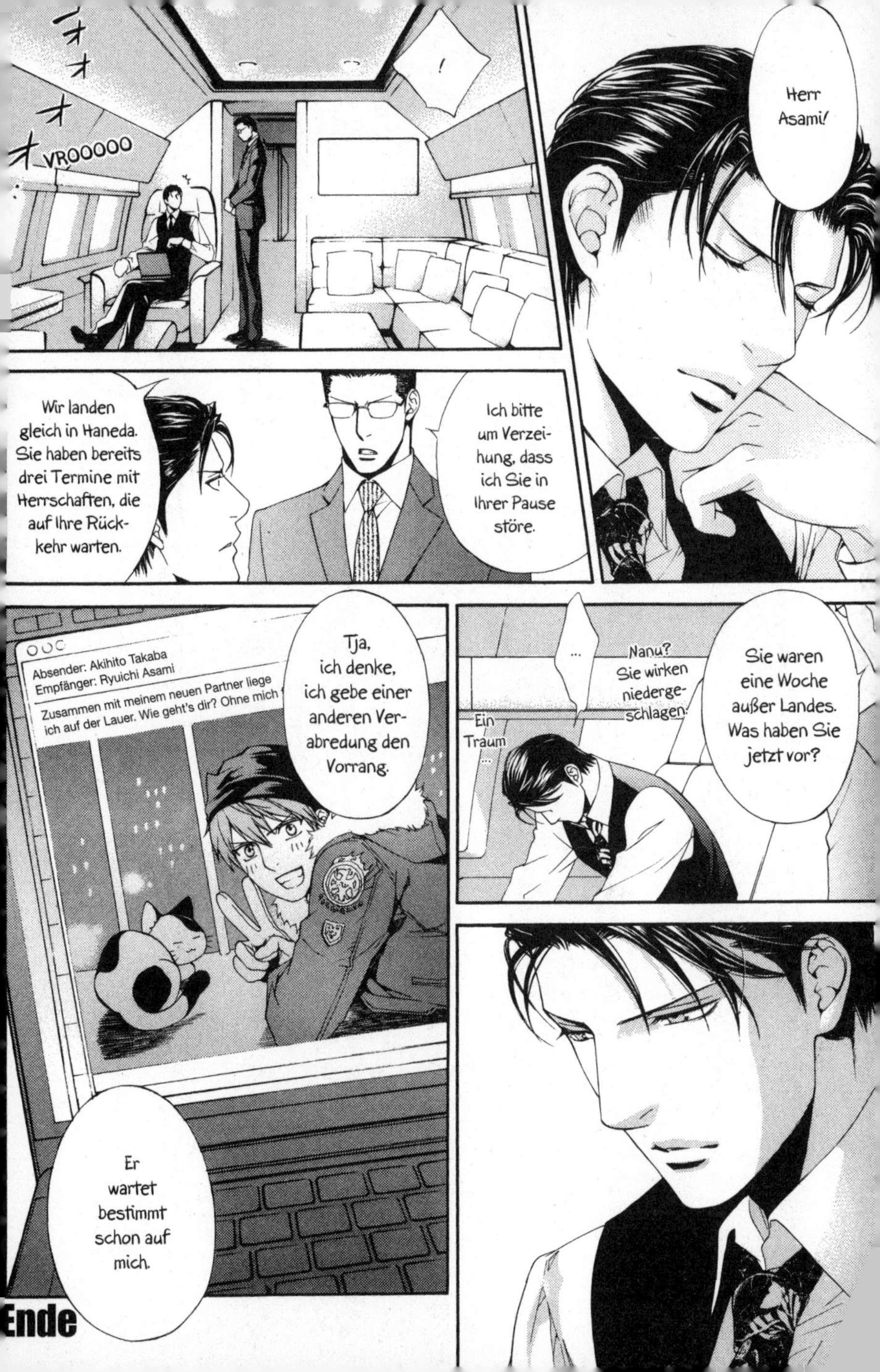
Herr Asami!
VROOOOO
!
Ich bitte um Verzeihung, dass ich Sie in Ihrer Pause störe.
Wir landen gleich in Haneda. Sie haben bereits drei Termine mit Herrschaften, die auf Ihre Rückkehr warten.
Sie waren eine Woche außer Landes. Was haben Sie jetzt vor?
Nanu? Sie wirken niedergeschlagen.
...
Ein Traum ...
Tja, ich denke, ich gebe einer anderen Verabredung den Vorrang.
Absender: Akihito Takaba
Empfänger: Ryuichi Asami
Zusammen mit meinem neuen Partner liege ich auf der Lauer. Wie geht's dir? Ohne mich
Er wartet bestimmt schon auf mich.
Ende

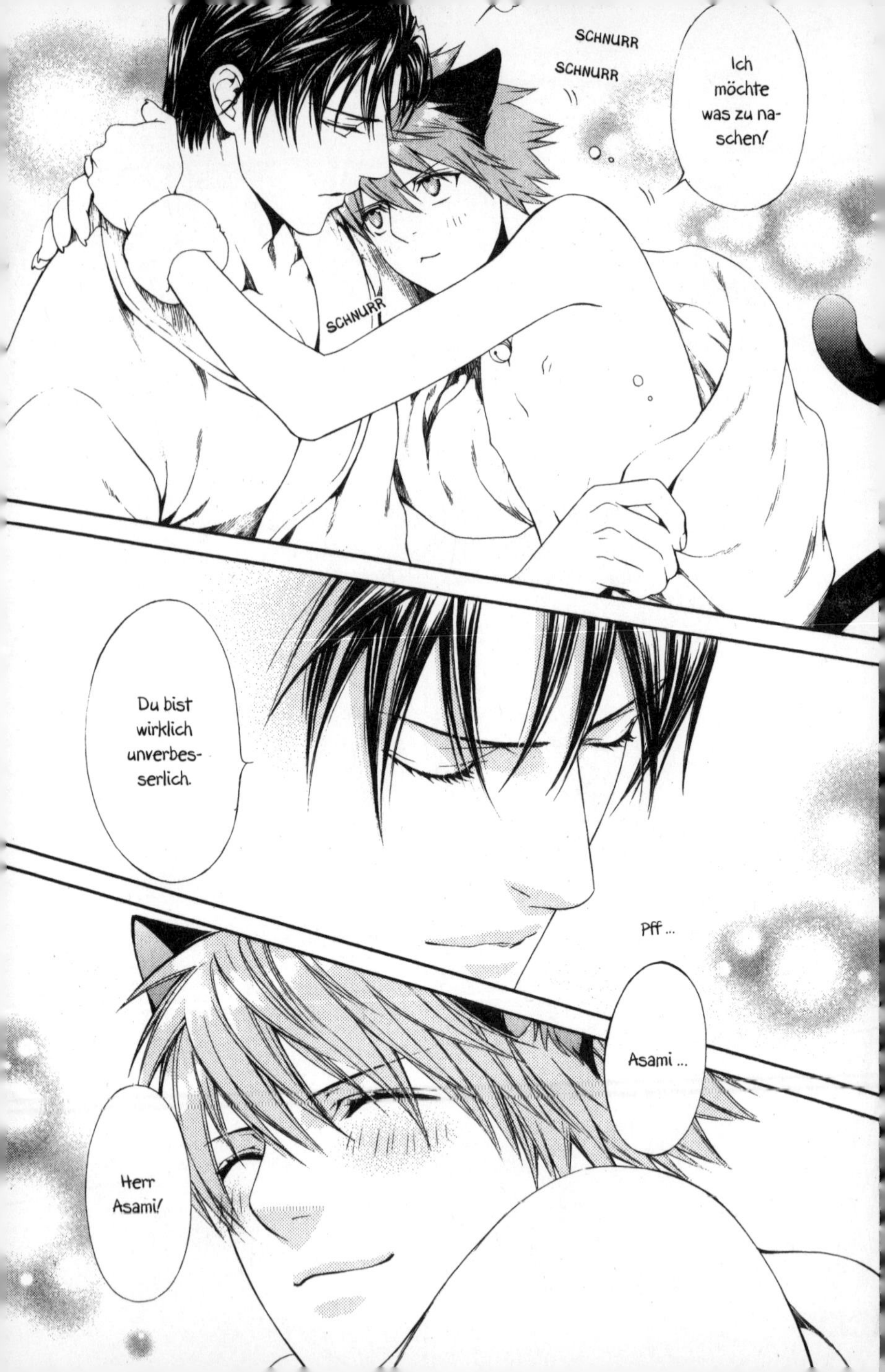
Ich möchte was zu naschen!
SCHNURR
SCHNURR
SCHNURR
Du bist wirklich unverbesserlich.
Pff ...
Asami ...
Herr Asami!

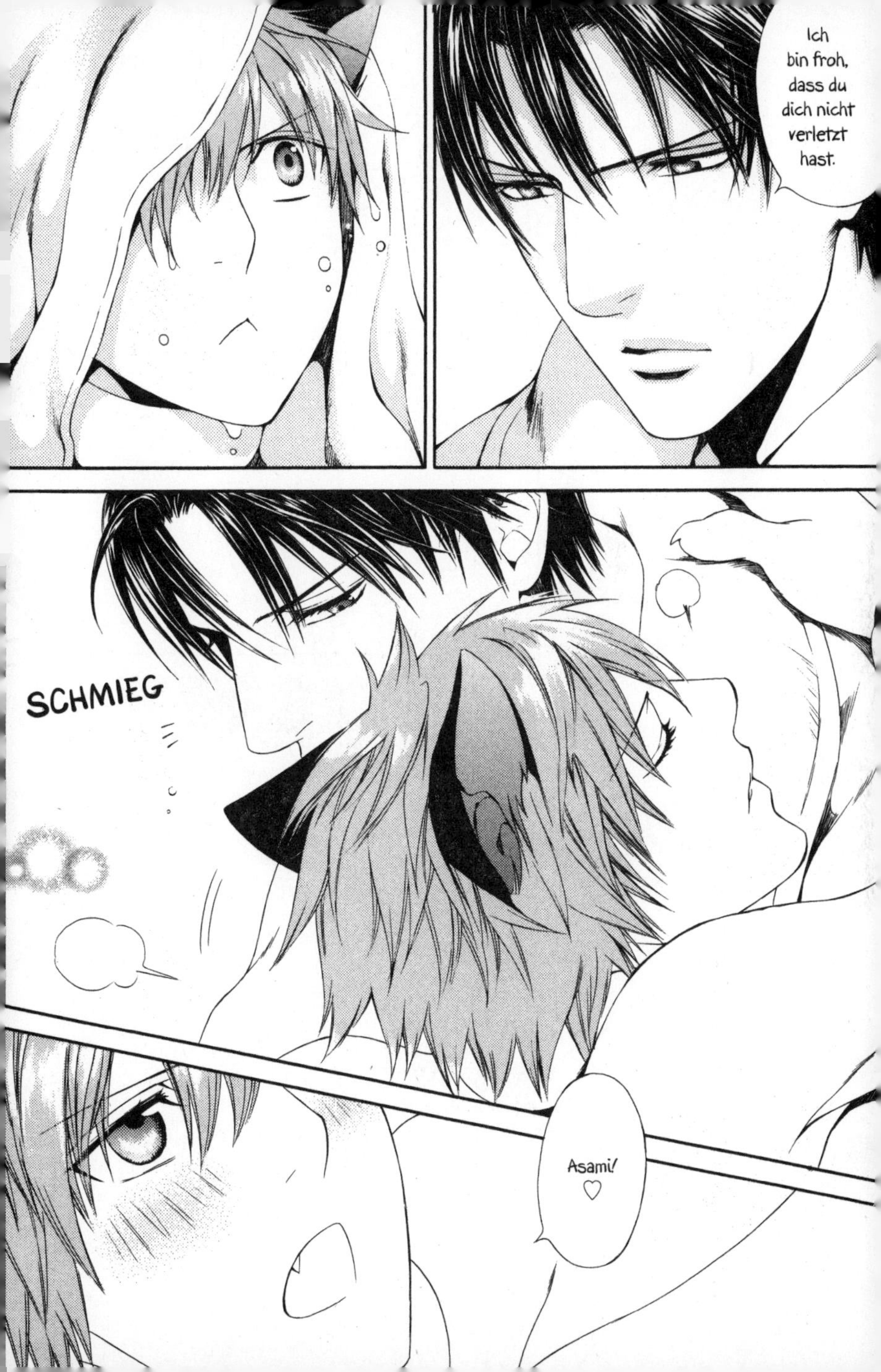
Ich bin froh, dass du dich nicht verletzt hast.
SCHMIEG
Asami! ♡

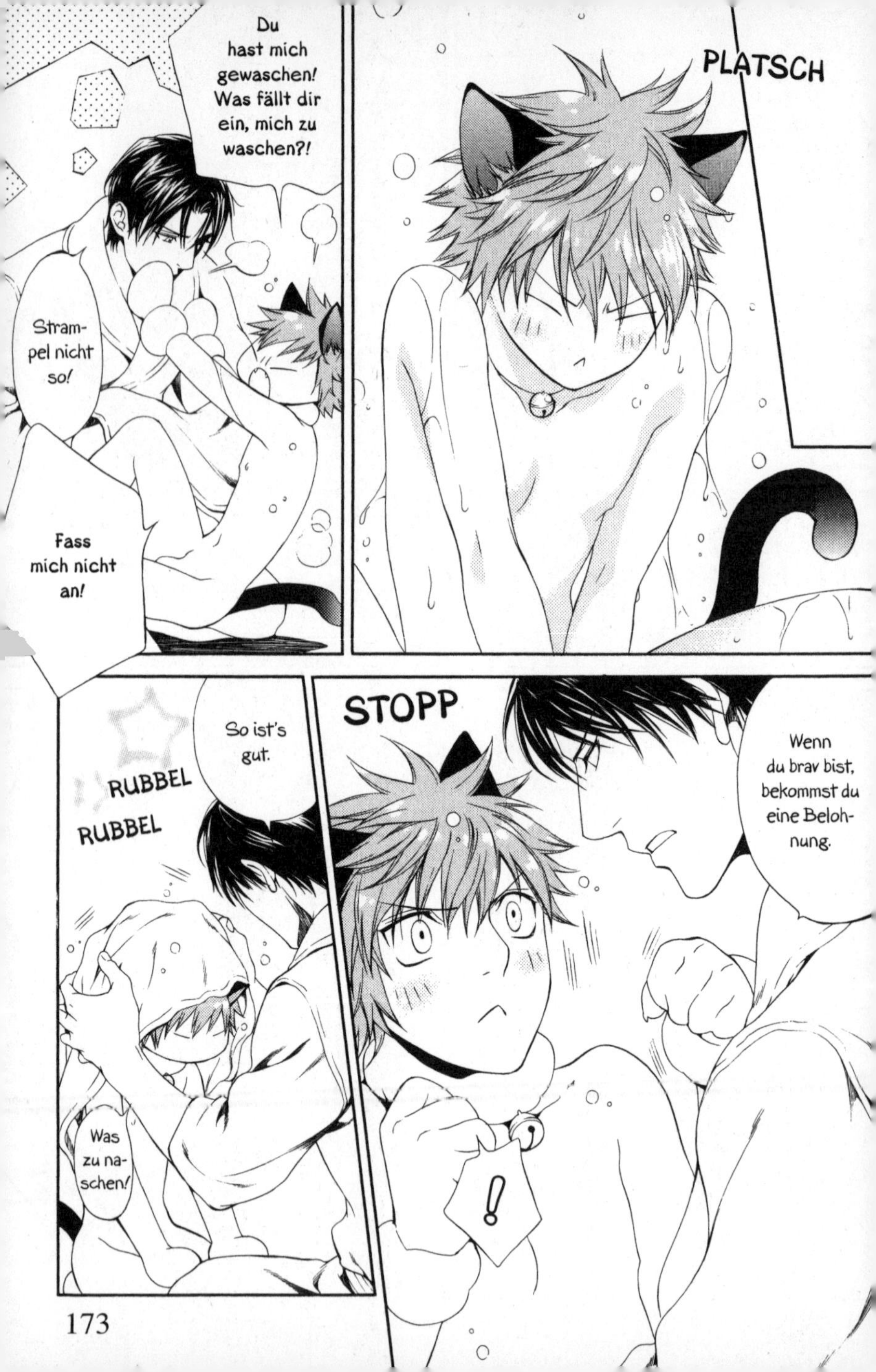
PLATSCH
Du hast mich gewaschen! Was fällt dir ein, mich zu waschen?!
Strampel nicht so!
Fass mich nicht an!
STOPP
Wenn du brav bist, bekommst du eine Belohnung.
!
So ist's gut.
RUBBEL
RUBBEL
Was zu naschen!

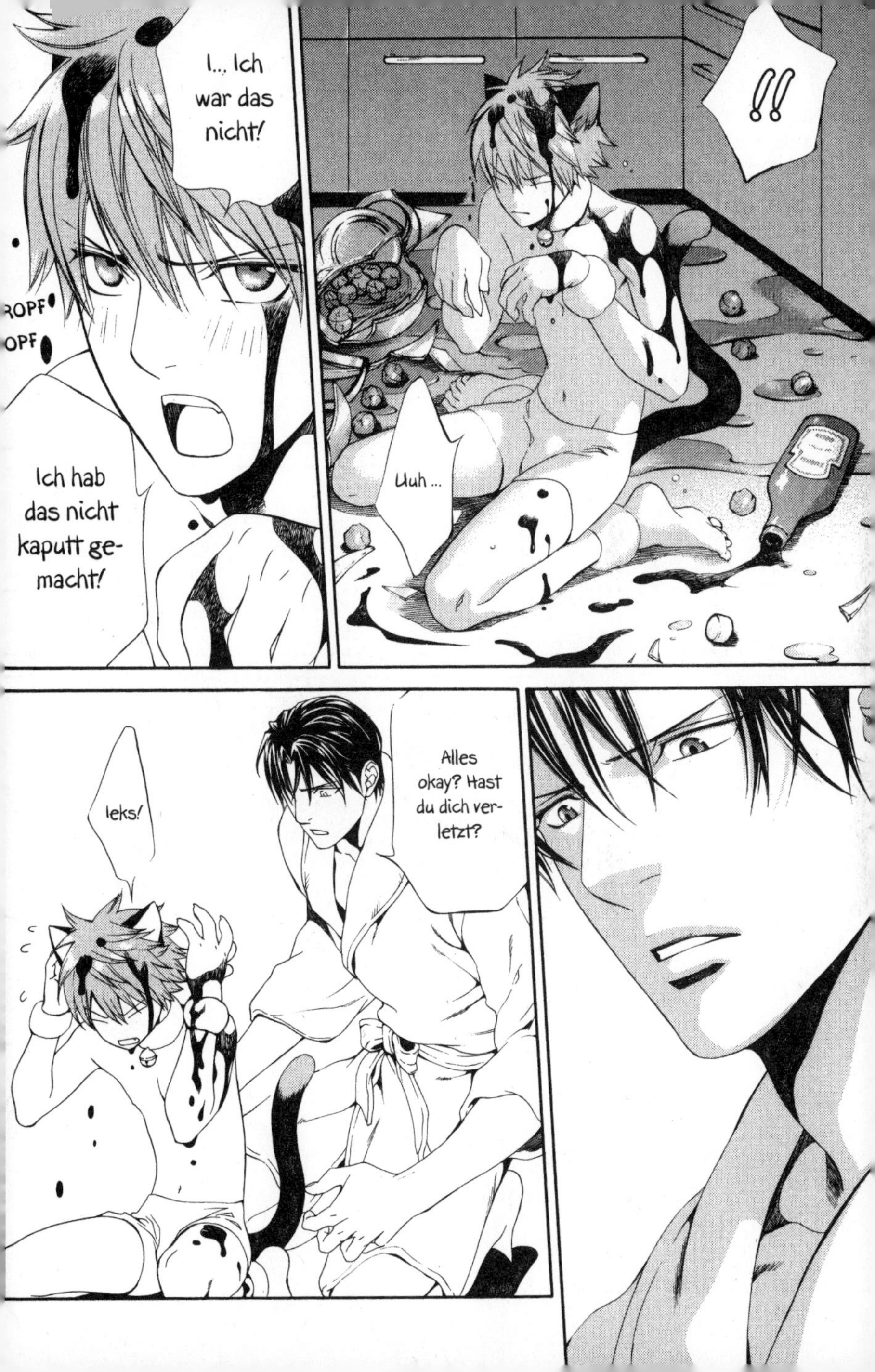
!!
Uuh ...
I... Ich war das nicht!
Ich hab das nicht kaputt gemacht!
Alles okay? Hast du dich verletzt?
Ieks!

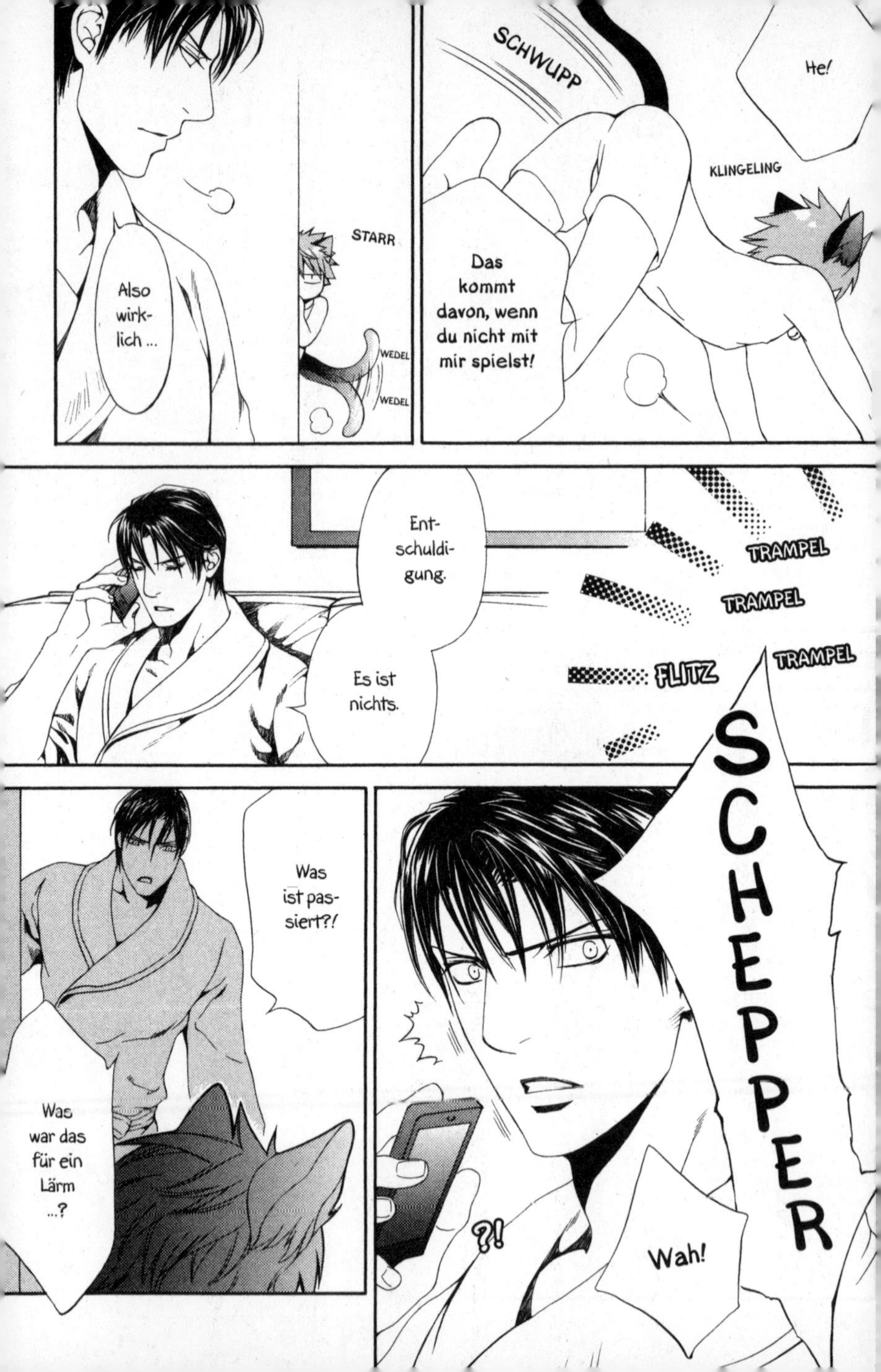
He!
KLINGELING
SCHWUPP
Das kommt davon, wenn du nicht mit mir spielst!
STARR
WEDEL
WEDEL
Also wirklich ...
TRAMPEL
TRAMPEL
TRAMPEL
FLITZ
Entschuldigung.
Es ist nichts.
SCHEPPER
?!
Wah!
Was ist passiert?!
Was war das für ein Lärm ...?

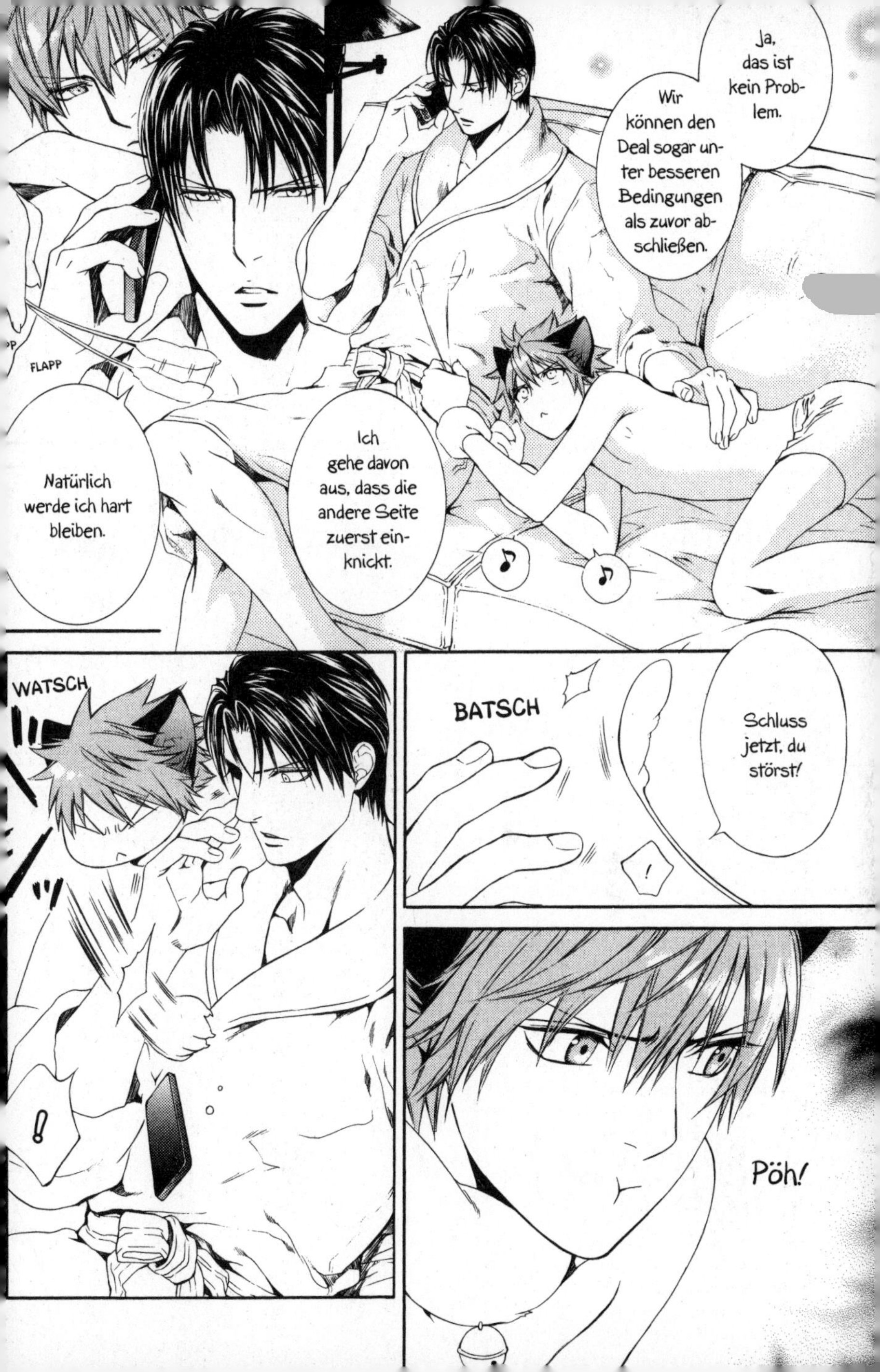
Ja, das ist kein Problem.
Wir können den Deal sogar unter besseren Bedingungen als zuvor abschließen.
Ich gehe davon aus, dass die andere Seite zuerst einknickt.
Natürlich werde ich hart bleiben.
FLAPP
Schluss jetzt, du störst!
BATSCH
WATSCH
Pöh!

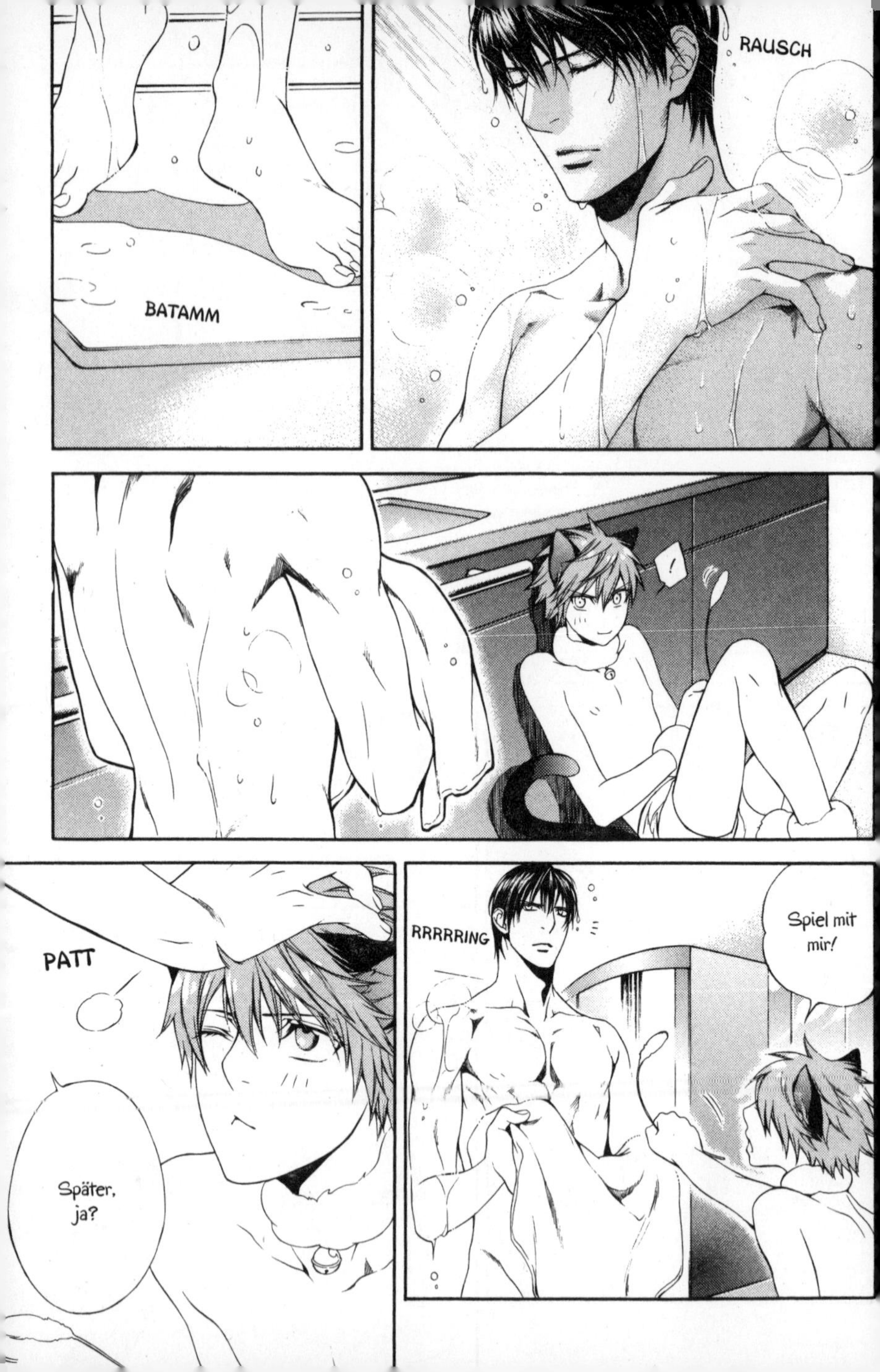
RAUSCH
BATAMM
Spiel mit mir!
RRRRRING
PATT
Später, ja?

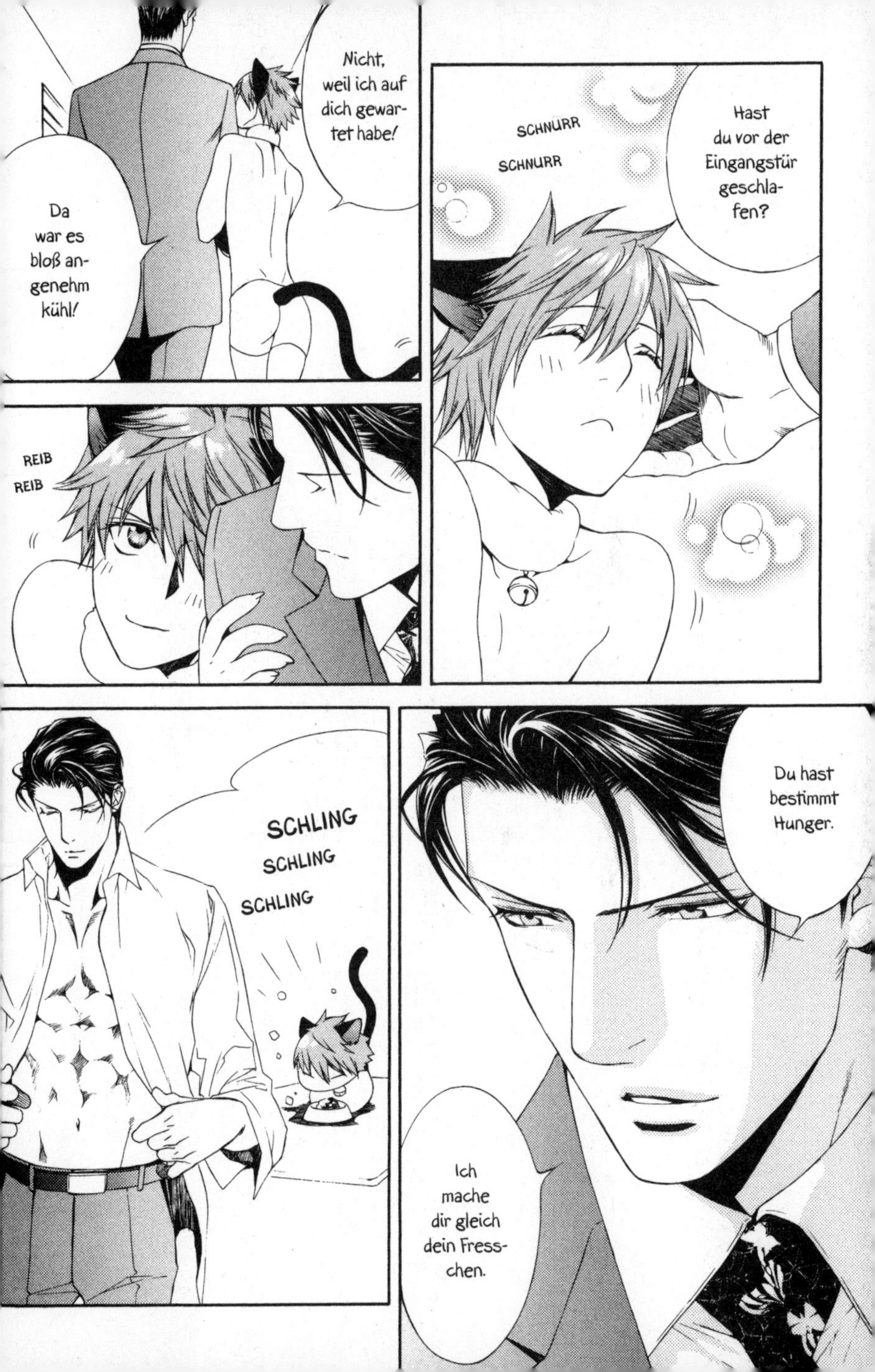
Nicht, weil ich auf dich gewartet habe!
Da war es bloß angenehm kühl!
SCHNURR
SCHNURR
Hast du vor der Eingangstür geschlafen?
REIB
REIB
Du hast bestimmt Hunger.
Ich mache dir gleich dein Fresschen.
SCHLING
SCHLING
SCHLING

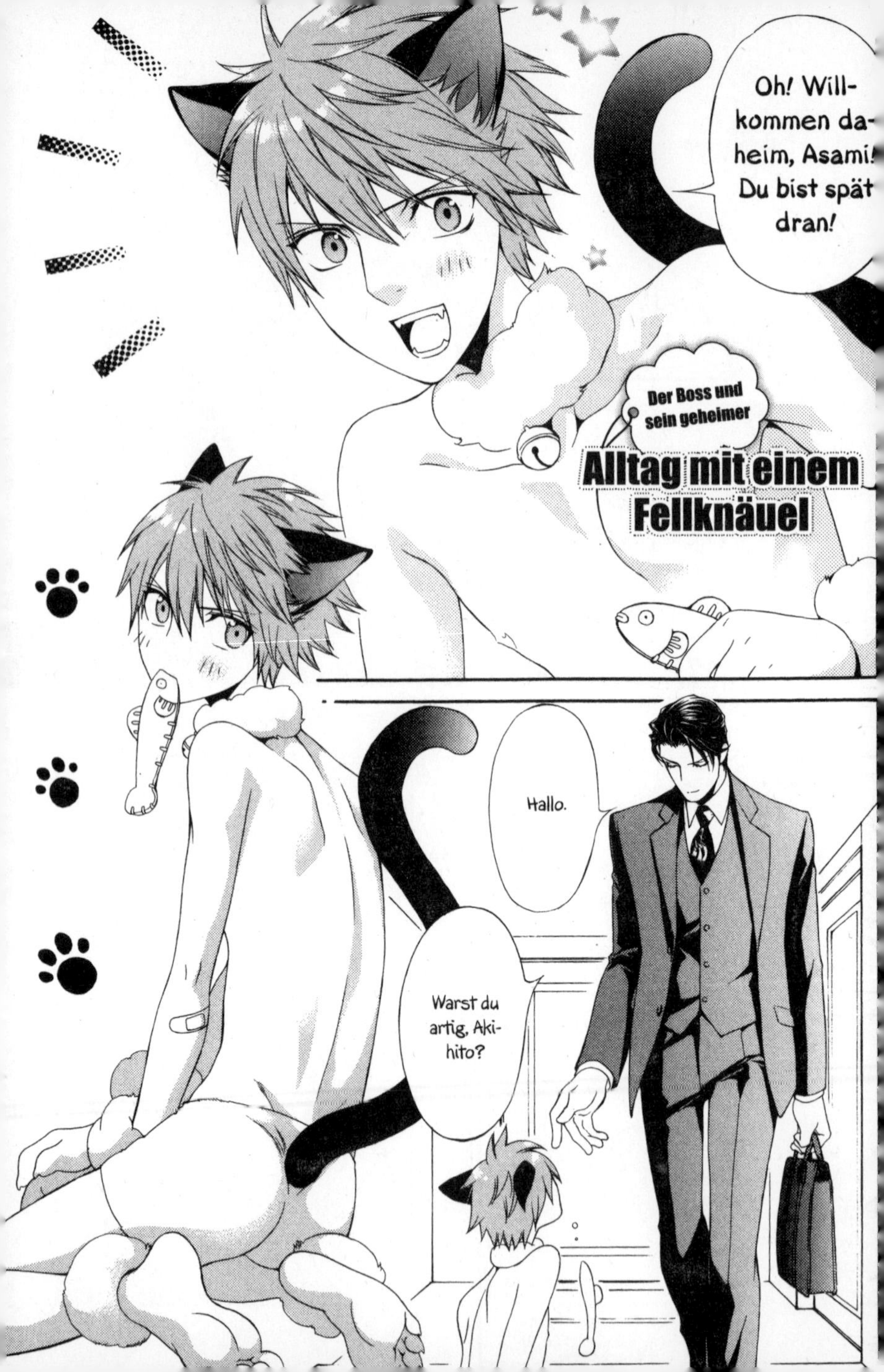
Oh! Willkommen daheim, Asami! Du bist spät dran!
Der Boss und sein geheimer
Alltag mit einem Fellknäuel
Hallo.
Warst du artig, Akihito?

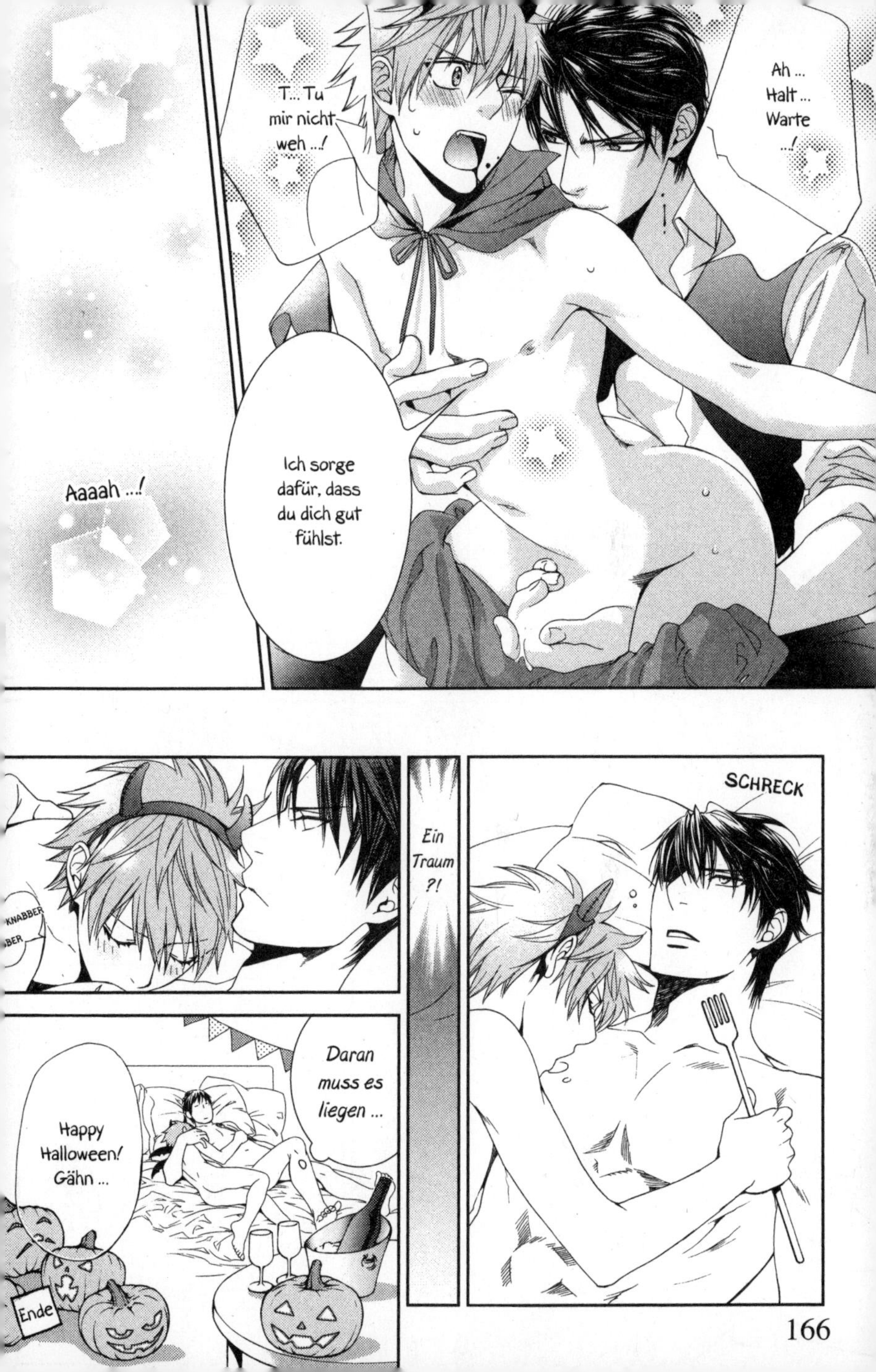
Ah ... Halt ... Warte ...!
T... Tu mir nicht weh ...!
Ich sorge dafür, dass du dich gut fühlst.
Aaaah ...!
SCHRECK
Ein Traum ?!
KNABBER
Daran muss es liegen ...
Happy Halloween! Gähn ...
Ende

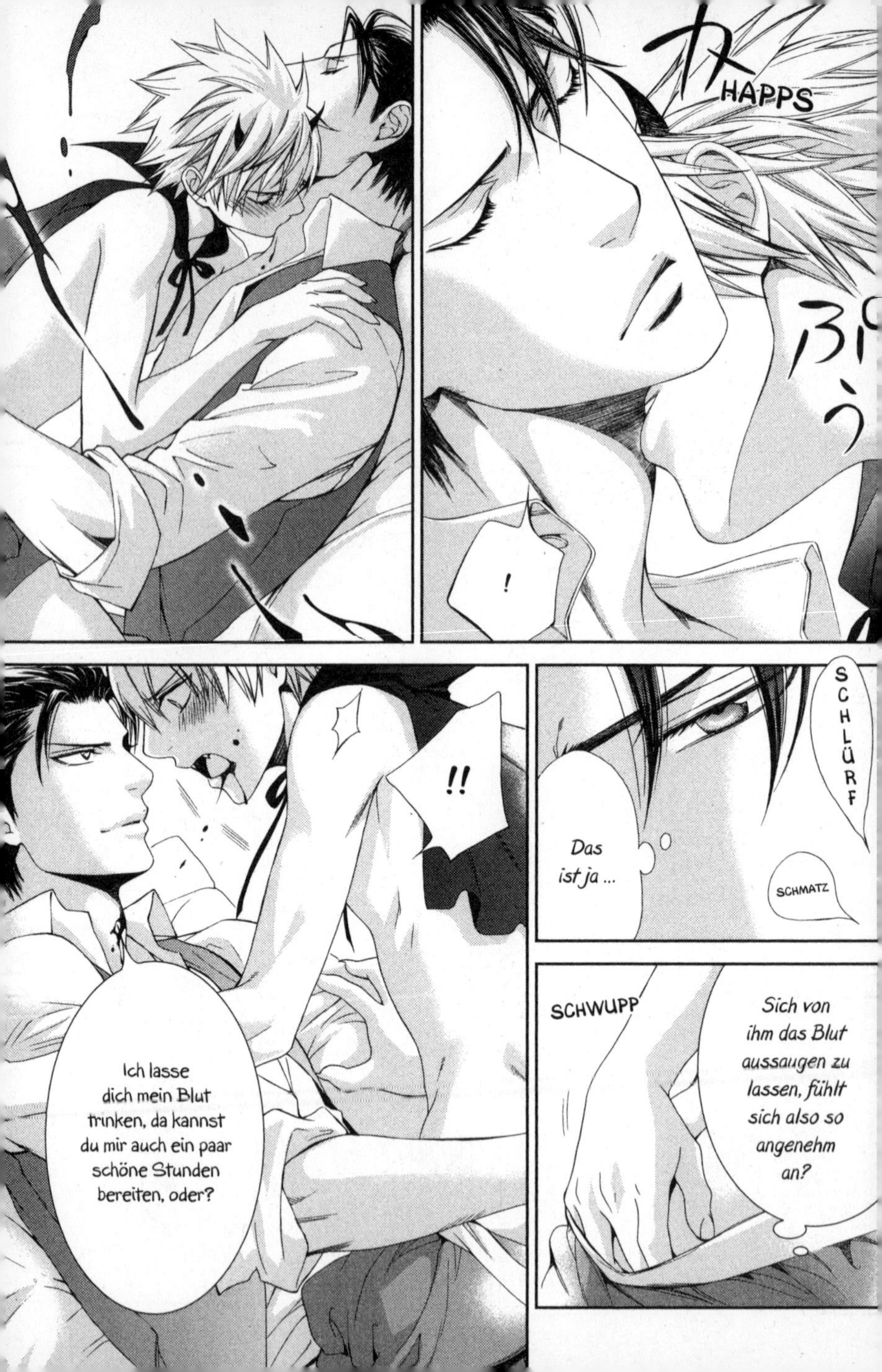
HAPPS
SCHLÜRF
Das ist ja ...
SCHMATZ
SCHWUPP
Sich von ihm das Blut aussaugen zu lassen, fühlt sich also so angenehm an?
!!
Ich lasse dich mein Blut trinken, da kannst du mir auch ein paar schöne Stunden bereiten, oder?

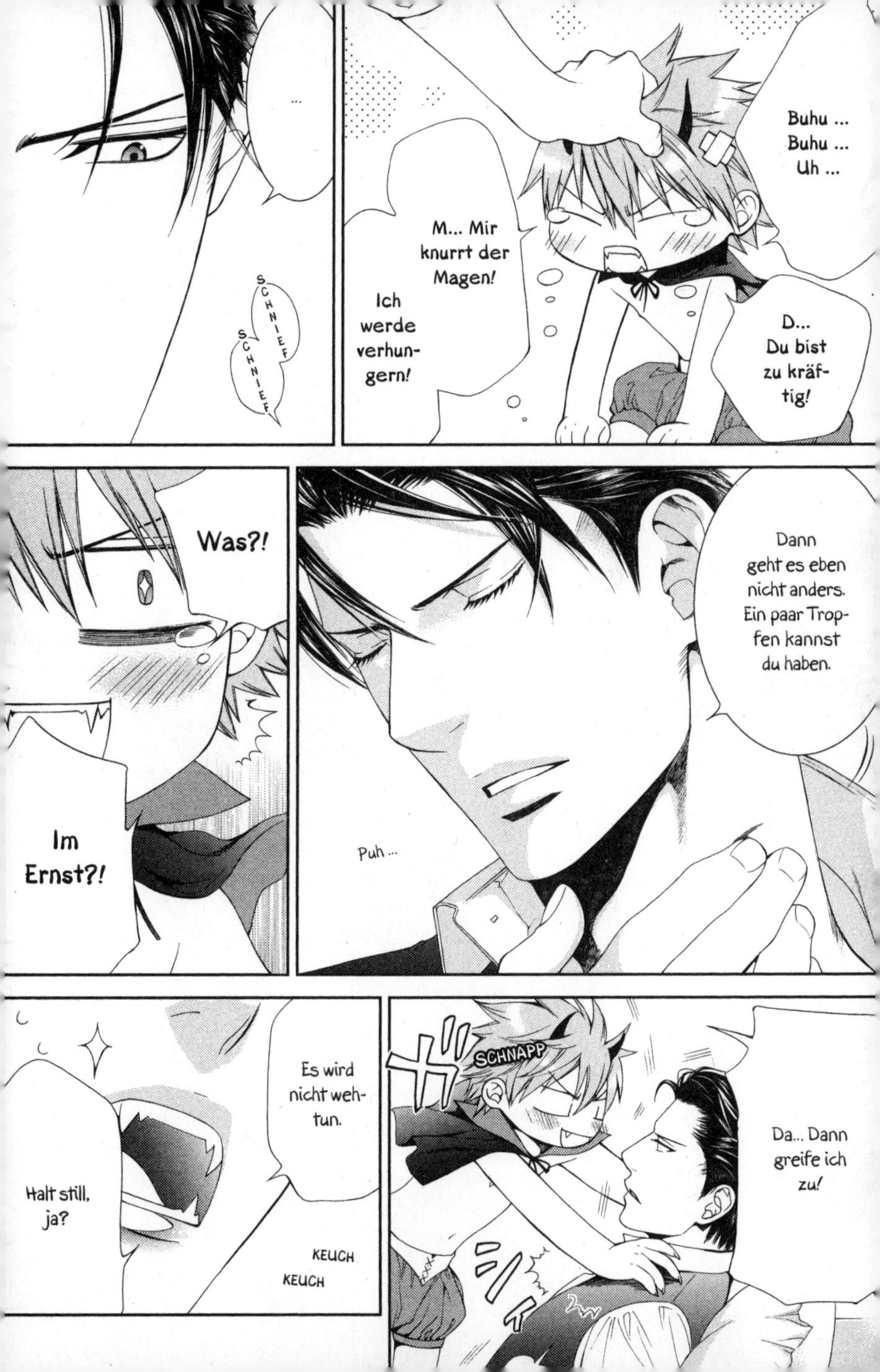
Buhu ... Buhu ... Uh ...
D... Du bist zu kräftig!
M... Mir knurrt der Magen!
Ich werde verhungern!
...
SCHNIEF
SCHNIEF
Dann geht es eben nicht anders. Ein paar Tropfen kannst du haben.
Puh ...
Was?!
Im Ernst?!
SCHNAPP
Da... Dann greife ich zu!
Es wird nicht wehtun.
Halt still, ja?
KEUCH
KEUCH

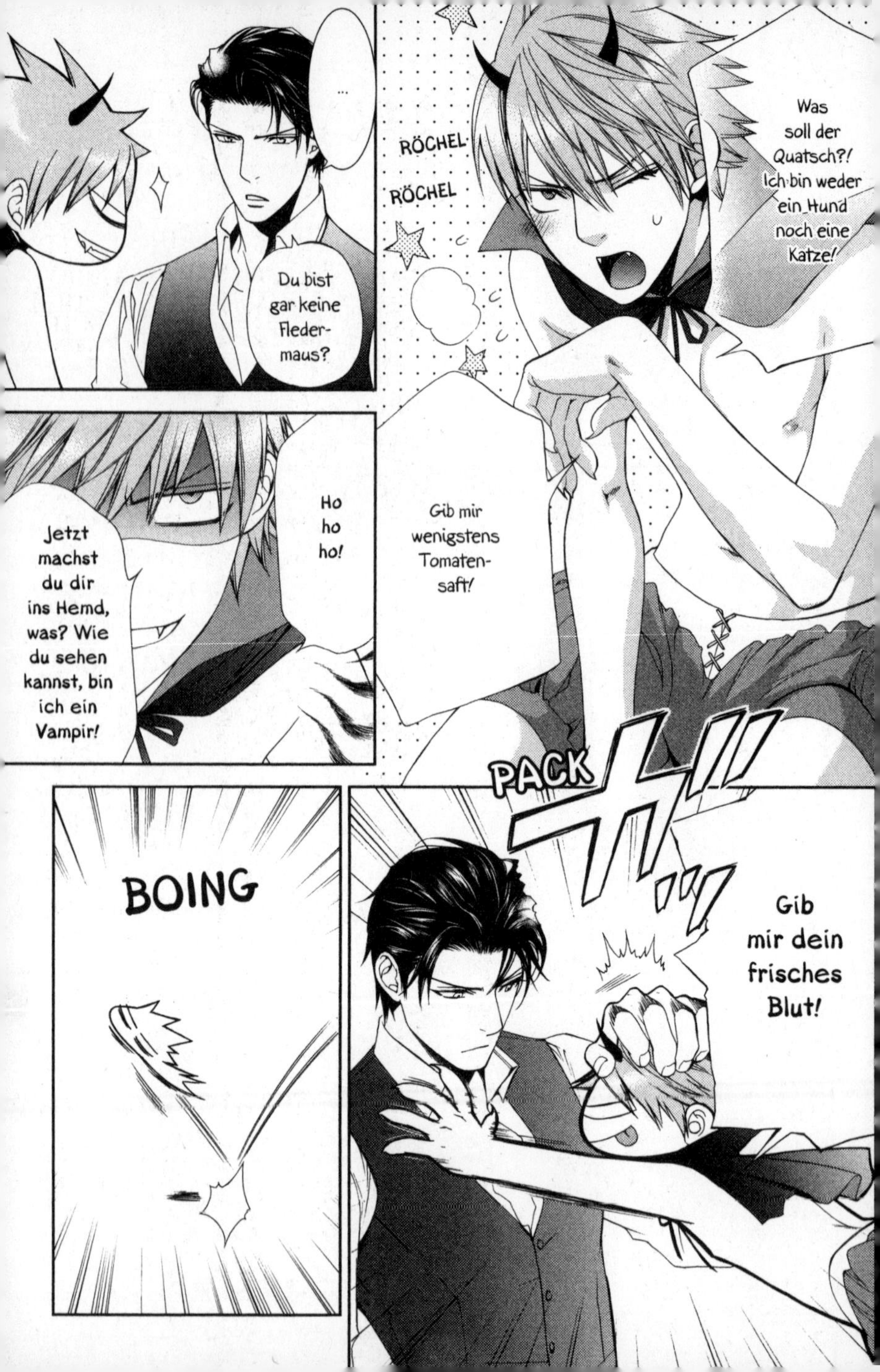
RÖCHEL
RÖCHEL
Was soll der Quatsch?! Ich bin weder ein Hund noch eine Katze!
...
Du bist gar keine Fledermaus?
Gib mir wenigstens Tomatensaft!
Ho ho ho!
Jetzt machst du dir ins Hemd, was? Wie du sehen kannst, bin ich ein Vampir!
PACK
Gib mir dein frisches Blut!
BOING

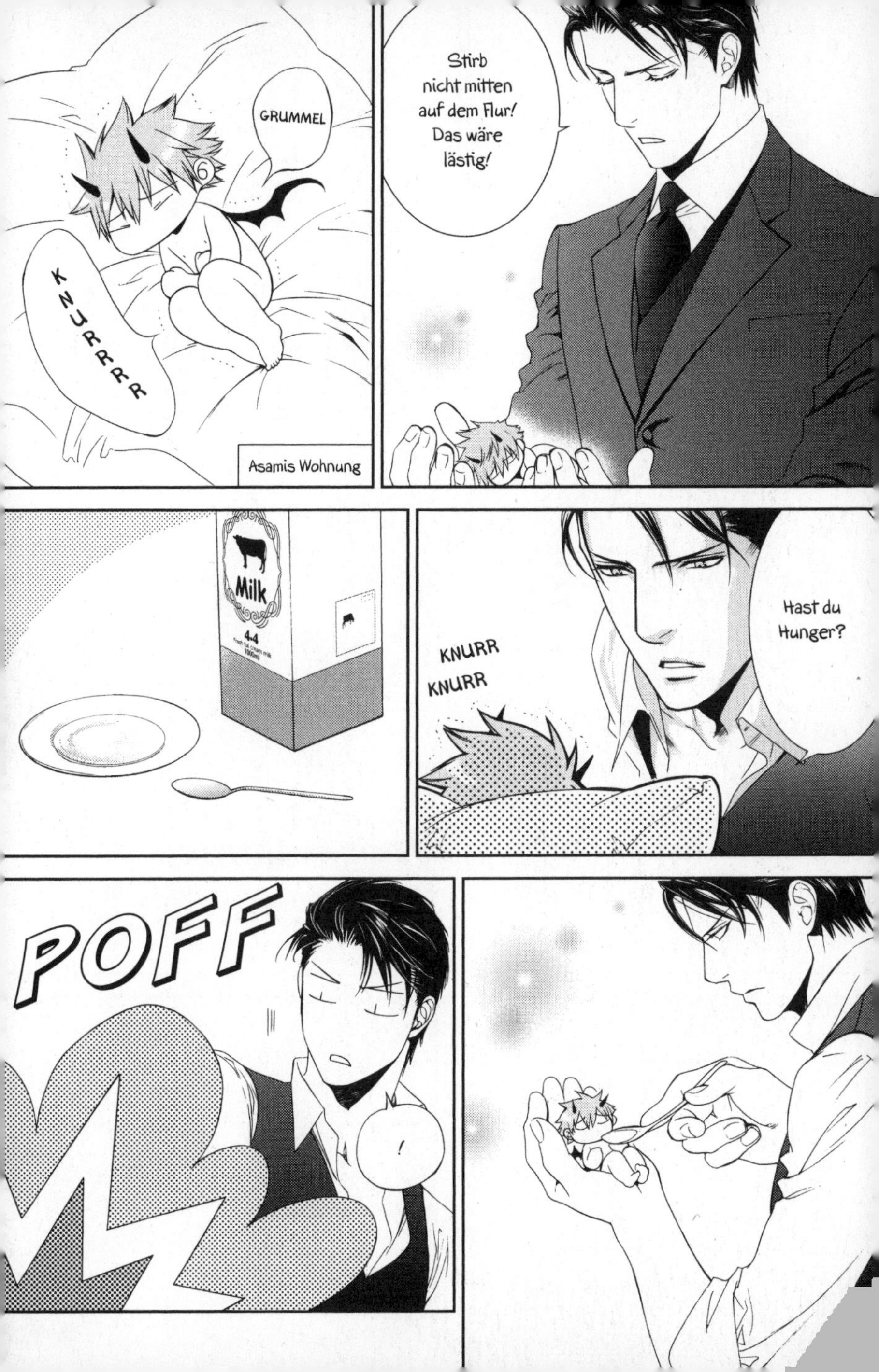
Stirb nicht mitten auf dem Flur! Das wäre lästig!
GRUMMEL
KNURRRRR
Asamis Wohnung
Hast du Hunger?
KNURR KNURR
Milk
POFF
!

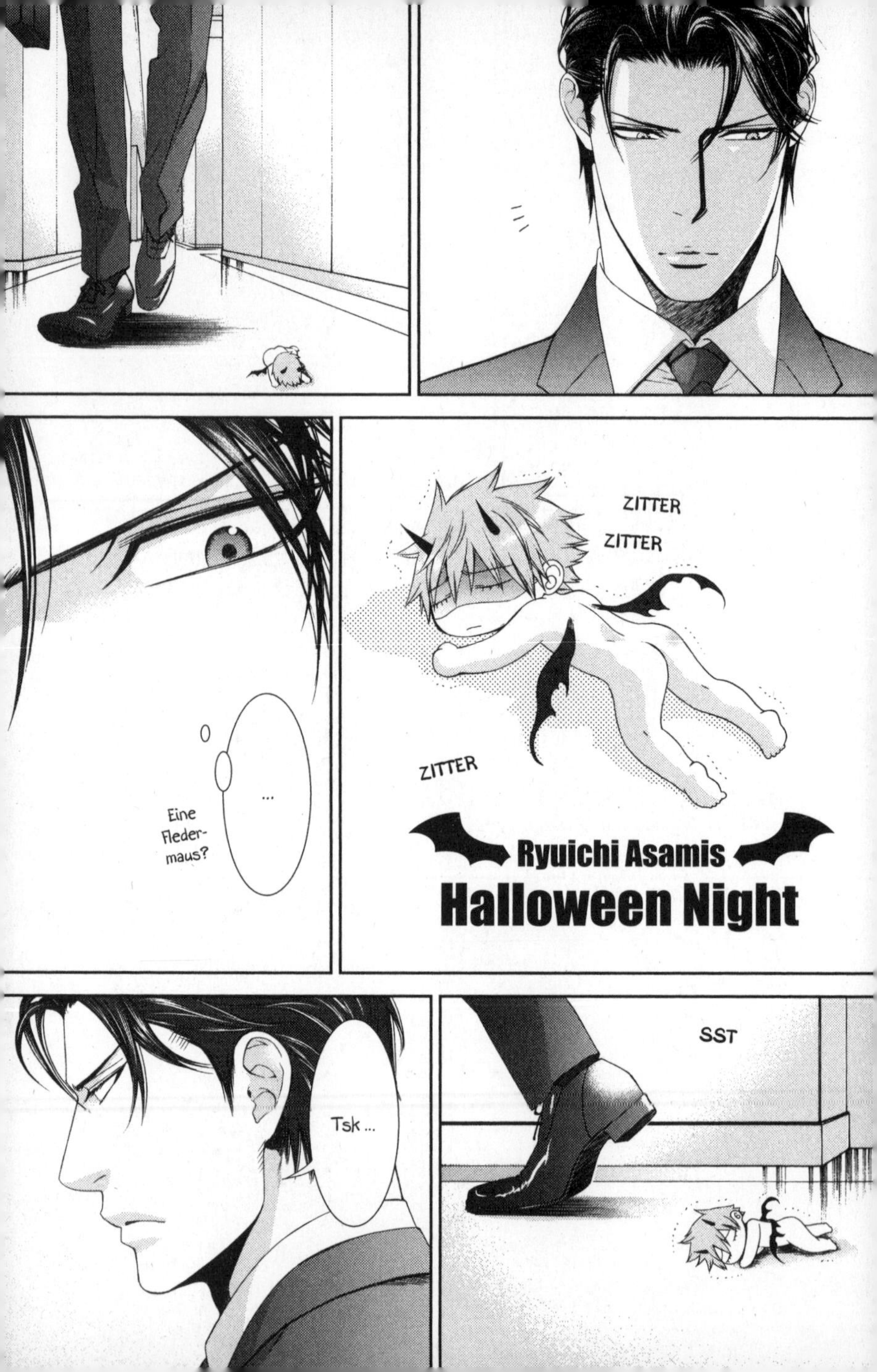
ZITTER
ZITTER
ZITTER
Ryuichi Asamis
Halloween Night
...
Eine Fleder-maus?
SST
Tsk ...

Pray in Abyss

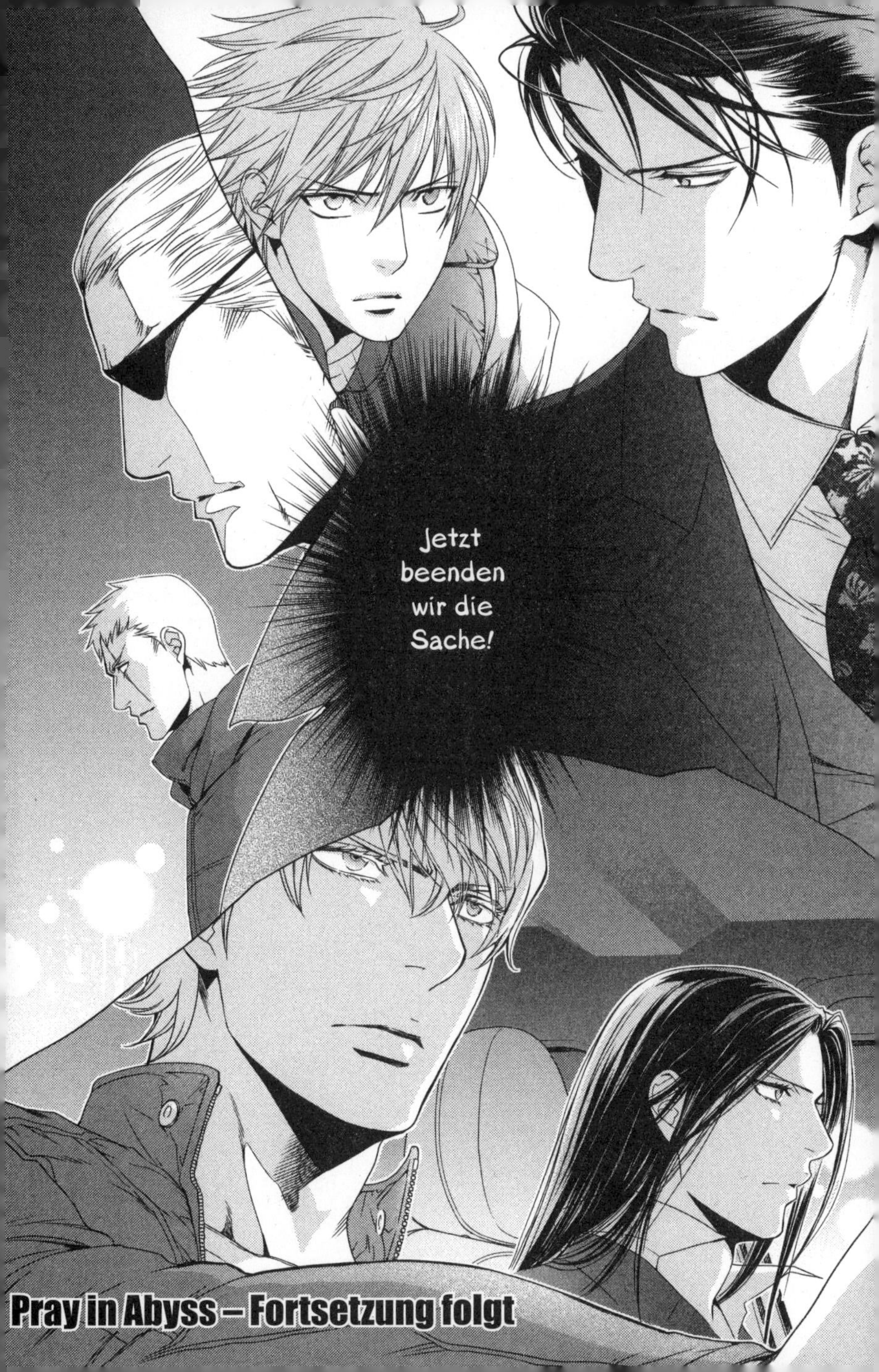
Jetzt beenden wir die Sache!
Pray in Abyss – Fortsetzung folgt

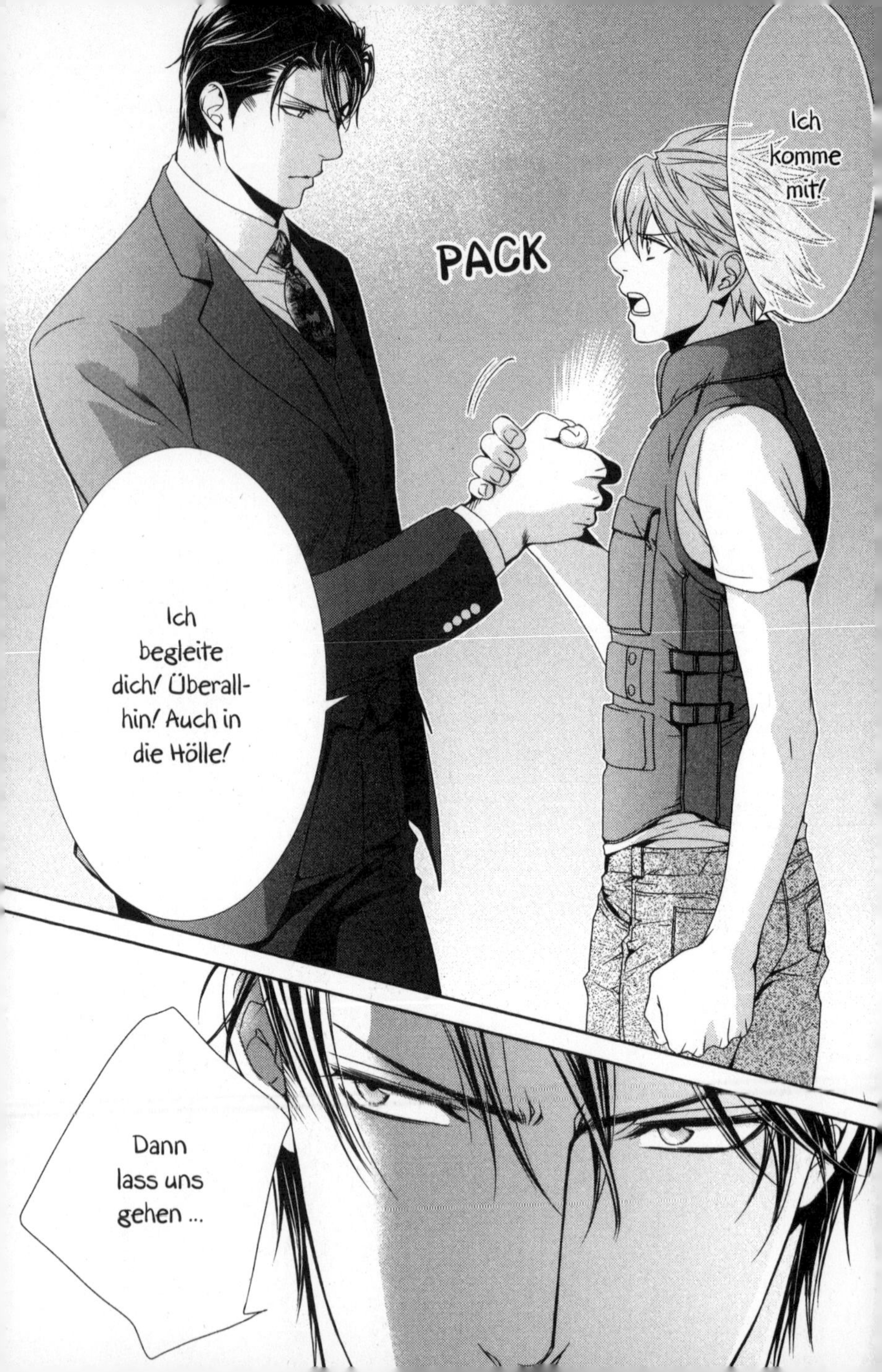
Ich komme mit!
PACK
Ich begleite dich! Überallhin! Auch in die Hölle!
Dann lass uns gehen ...

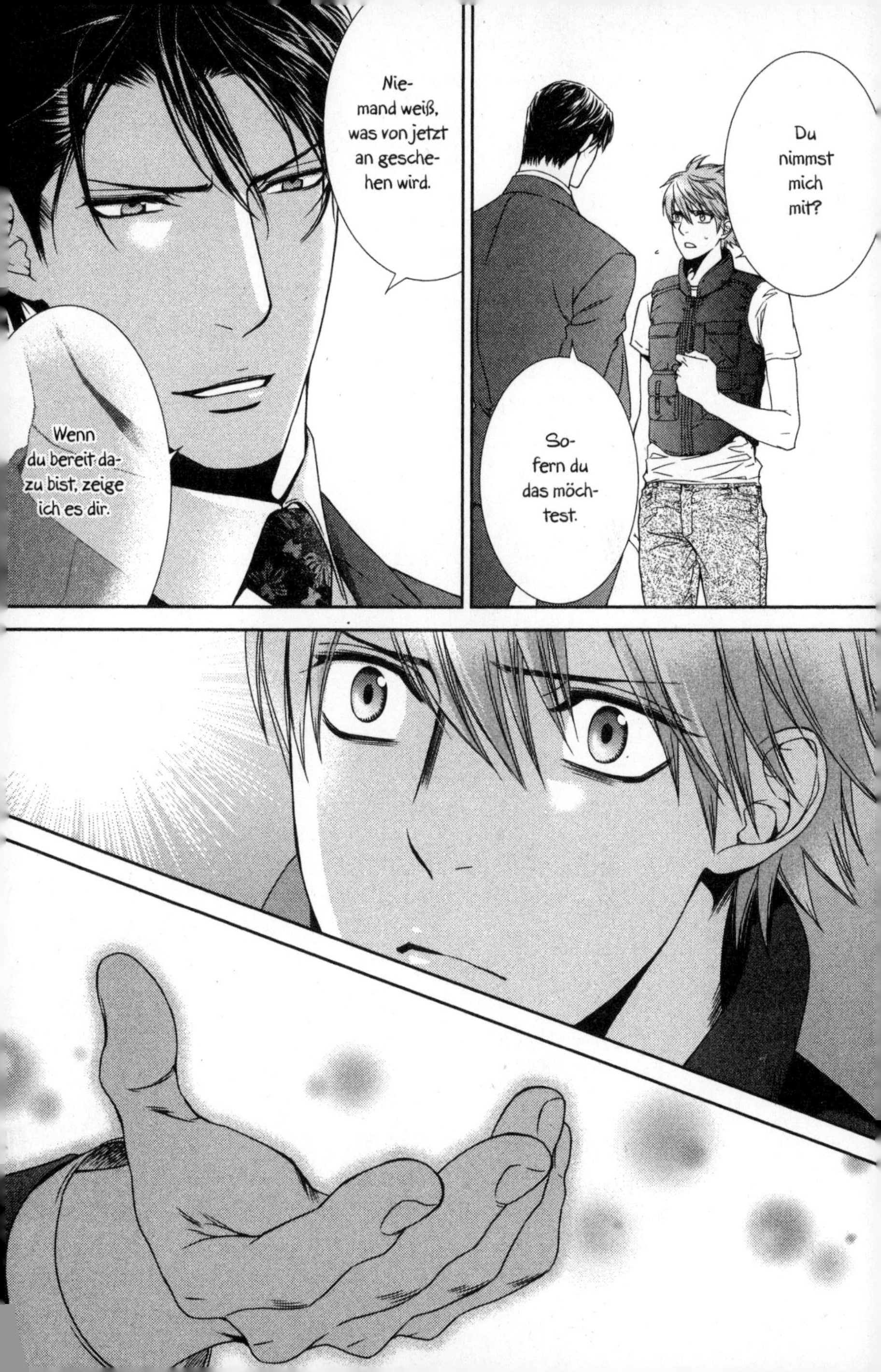
Du nimmst mich mit?
Sofern du das möchtest.
Niemand weiß, was von jetzt an geschehen wird.
Wenn du bereit dazu bist, zeige ich es dir.

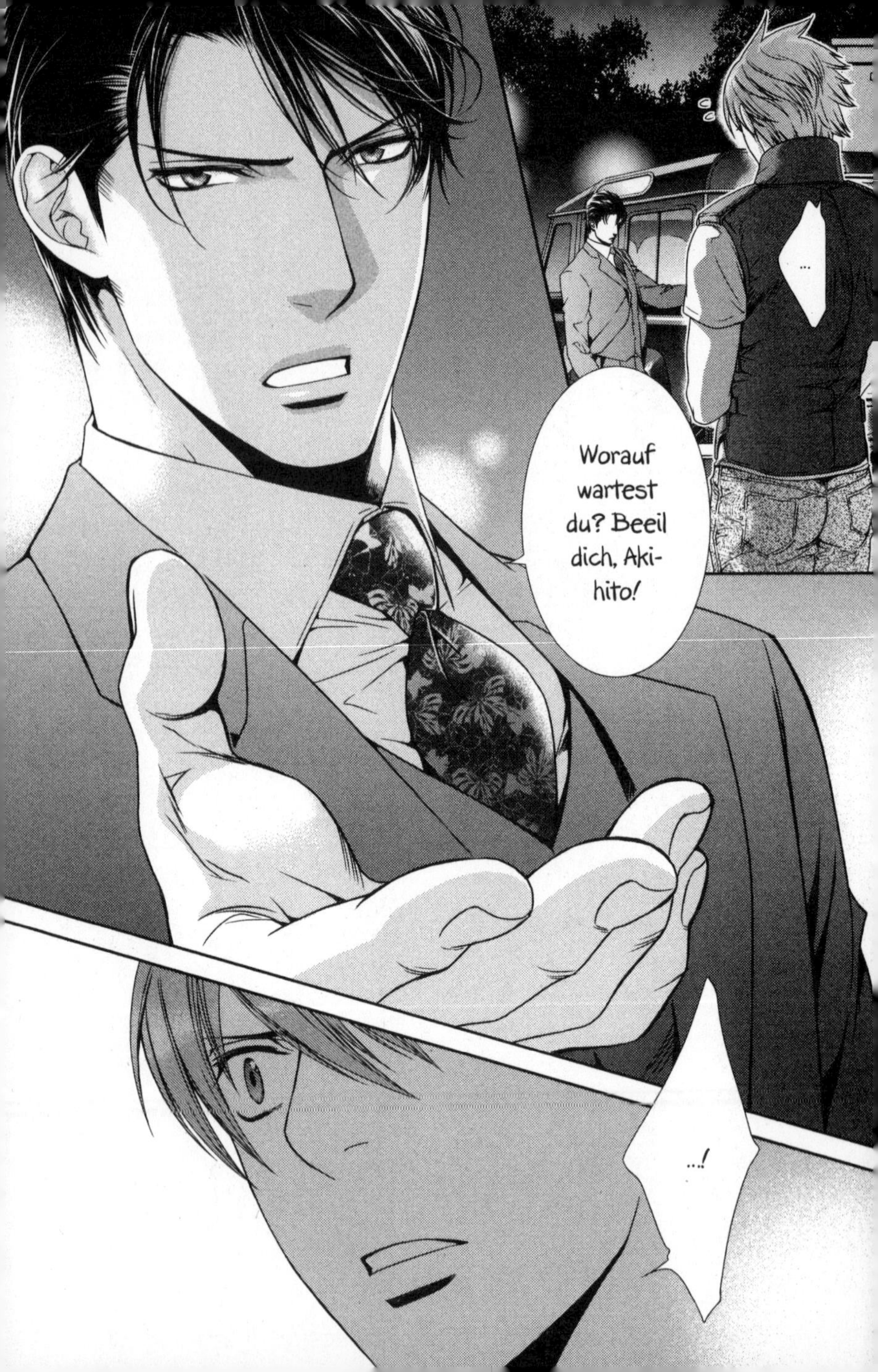
...
Worauf wartest du? Beeil dich, Aki-hito!
...!

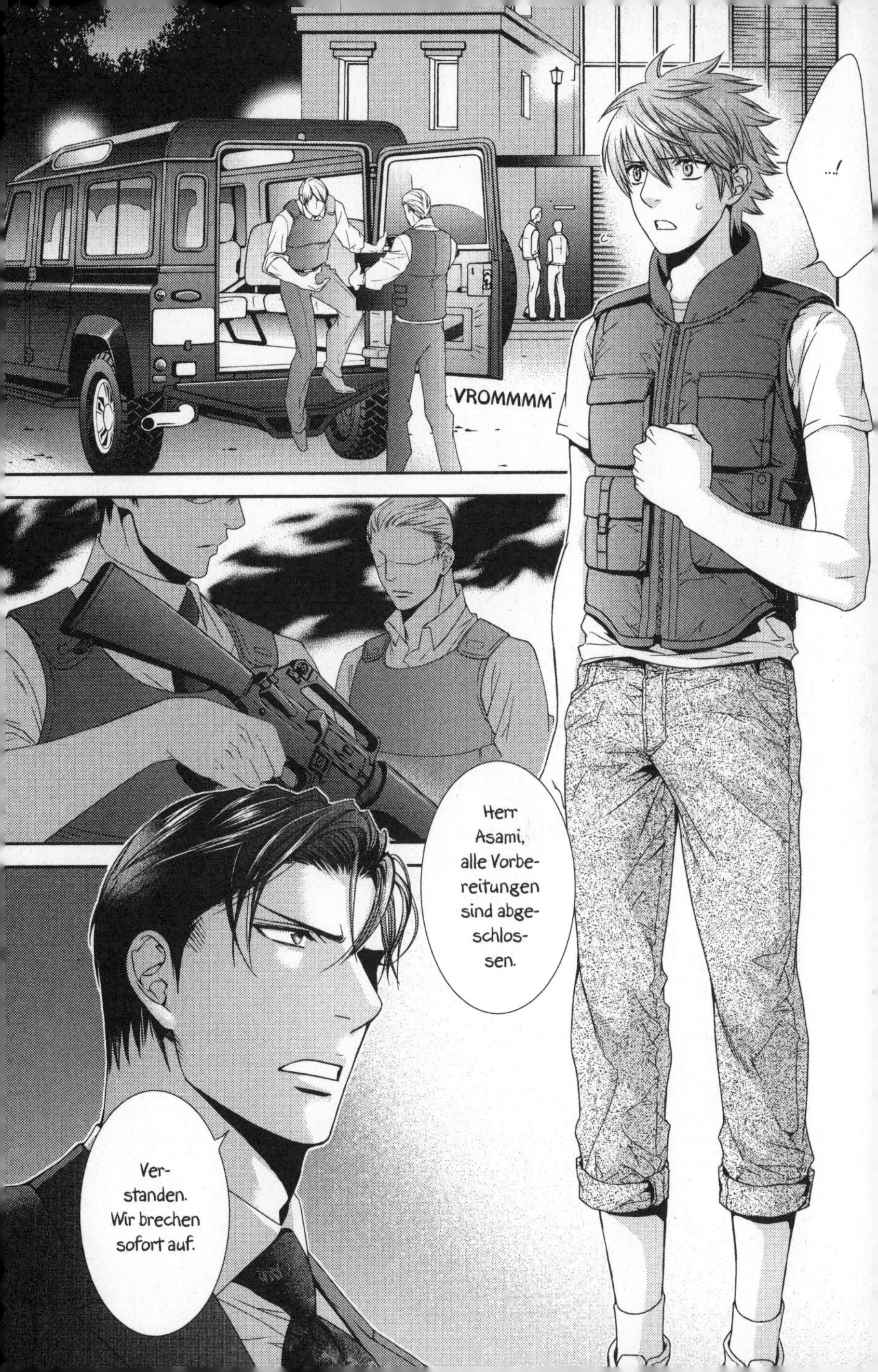
...!
VROMMMM
Herr Asami, alle Vorbereitungen sind abgeschlossen.
Verstanden. Wir brechen sofort auf.

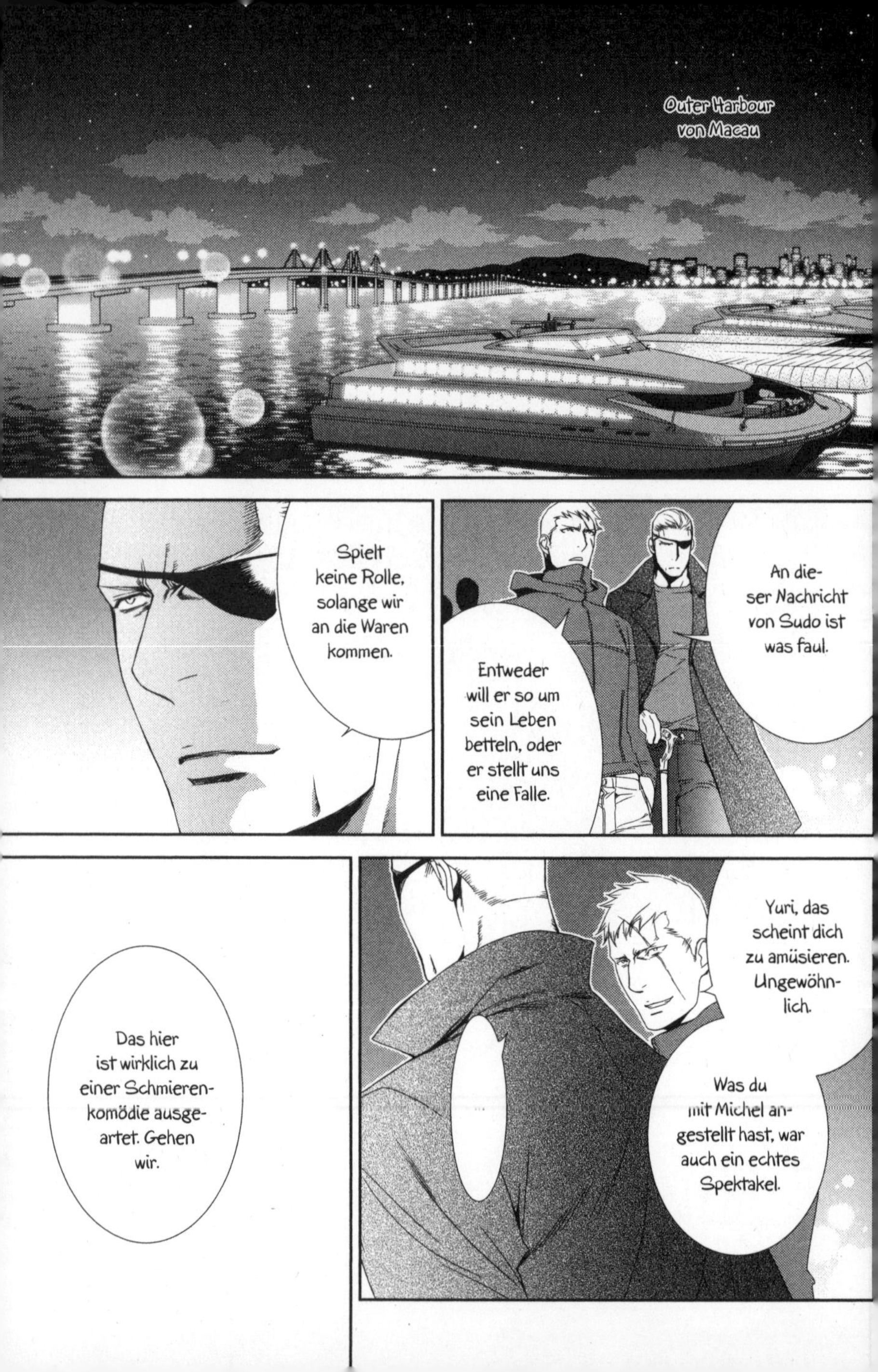

Outer Harbour von Macau
An dieser Nachricht von Sudo ist was faul.
Entweder will er so um sein Leben betteln, oder er stellt uns eine Falle.
Spielt keine Rolle, solange wir an die Waren kommen.
Yuri, das scheint dich zu amüsieren. Ungewöhnlich.
Was du mit Michel angestellt hast, war auch ein echtes Spektakel.
...
Das hier ist wirklich zu einer Schmierenkomödie ausgeartet. Gehen wir.

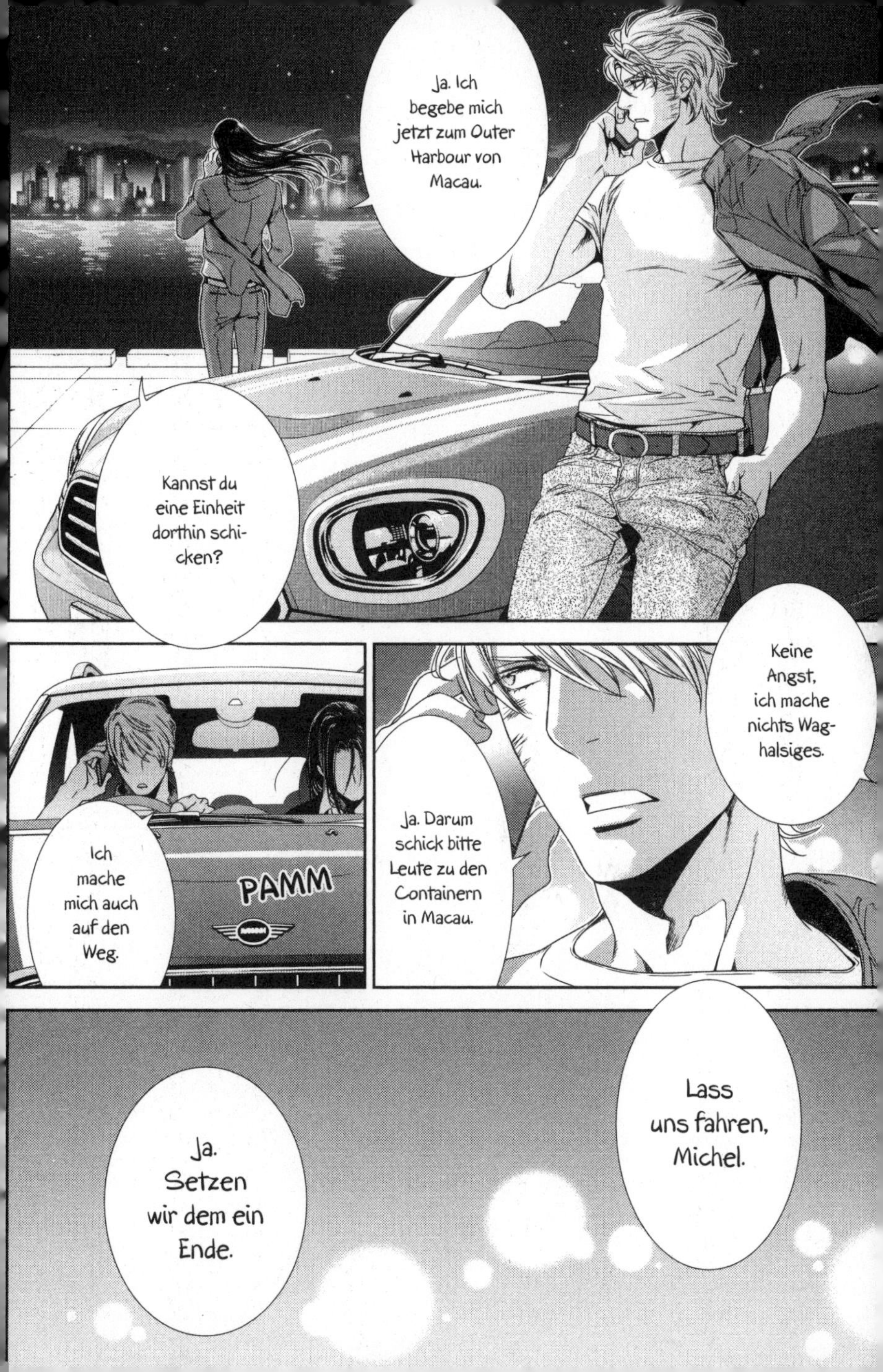

Ja. Ich begebe mich jetzt zum Outer Harbour von Macau.
Kannst du eine Einheit dorthin schi-cken?
Ich mache mich auch auf den Weg.
PAMM
Ja. Darum schick bitte Leute zu den Containern in Macau.
Keine Angst, ich mache nichts Wag-halsiges.
Ja. Setzen wir dem ein Ende.
Lass uns fahren, Michel.

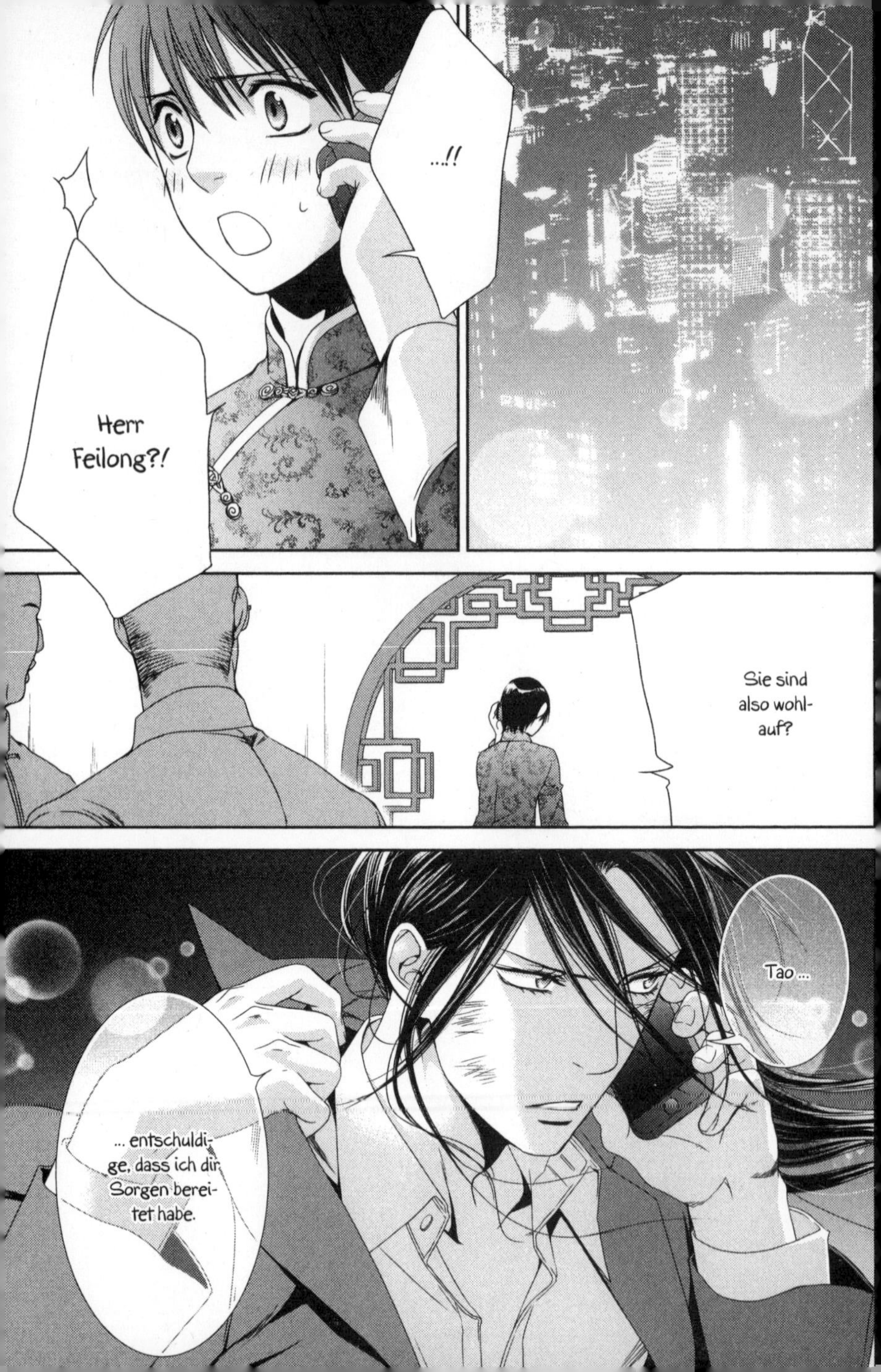
...!!
Herr Feilong?!
Sie sind also wohl-auf?
Tao ...
... entschuldi-ge, dass ich dir Sorgen berei-tet habe.

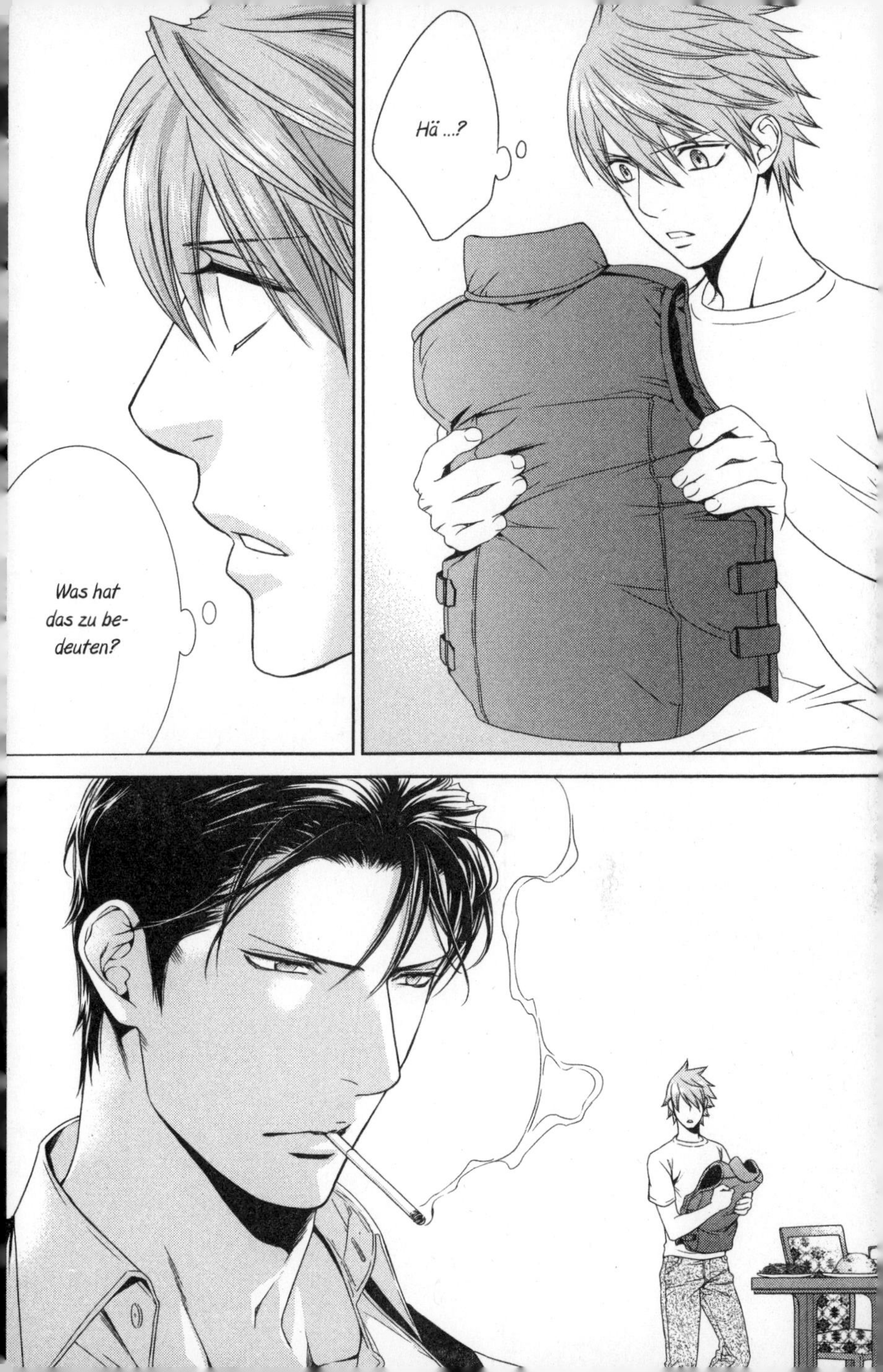
Hä ...?
Was hat das zu bedeuten?

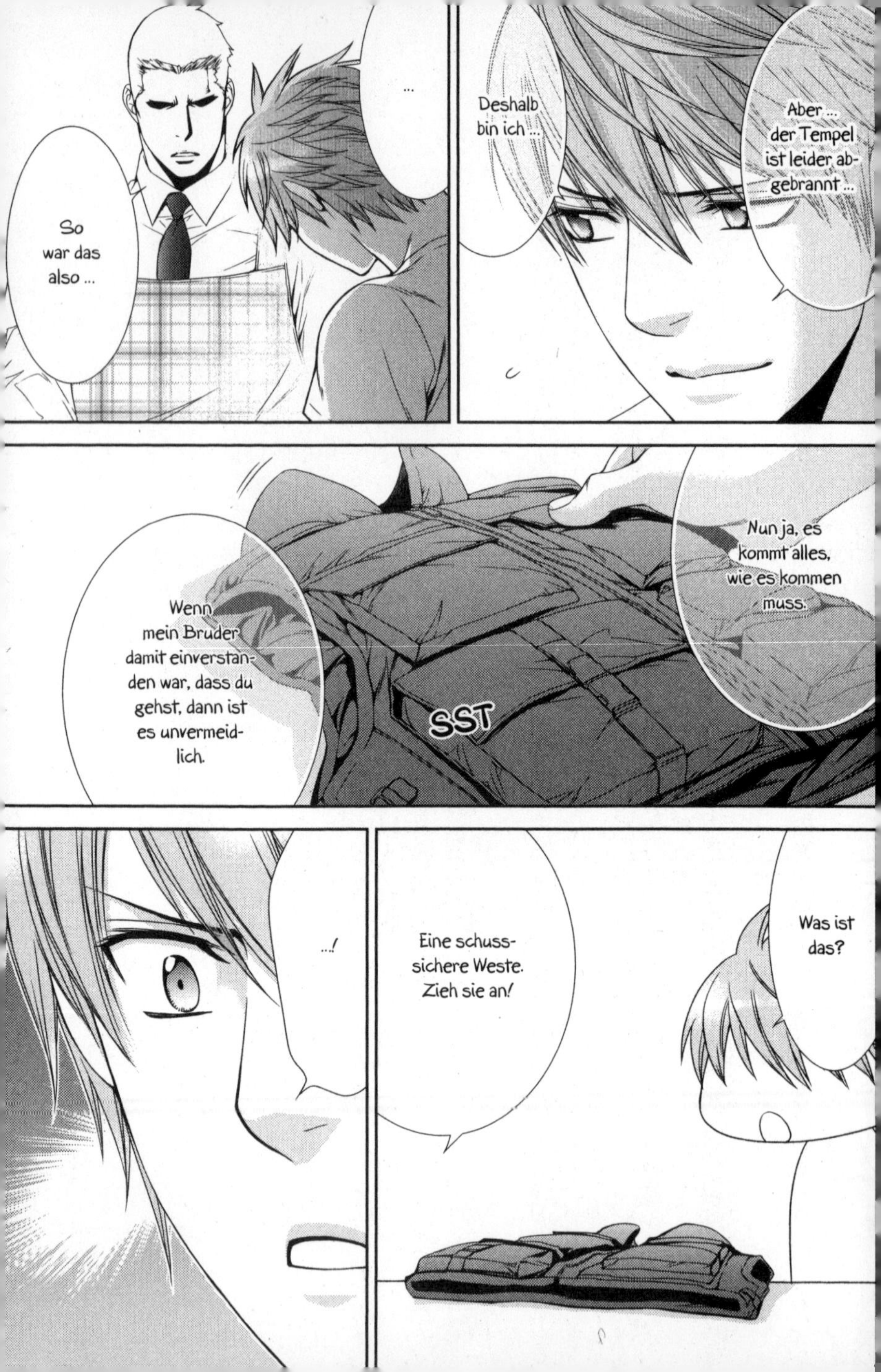
Aber ... der Tempel ist leider abgebrannt ...
Deshalb bin ich ...
...
So war das also ...
Nun ja, es kommt alles, wie es kommen muss.
SST
Wenn mein Bruder damit einverstanden war, dass du gehst, dann ist es unvermeidlich.
Was ist das?
Eine schusssichere Weste. Zieh sie an!
...!

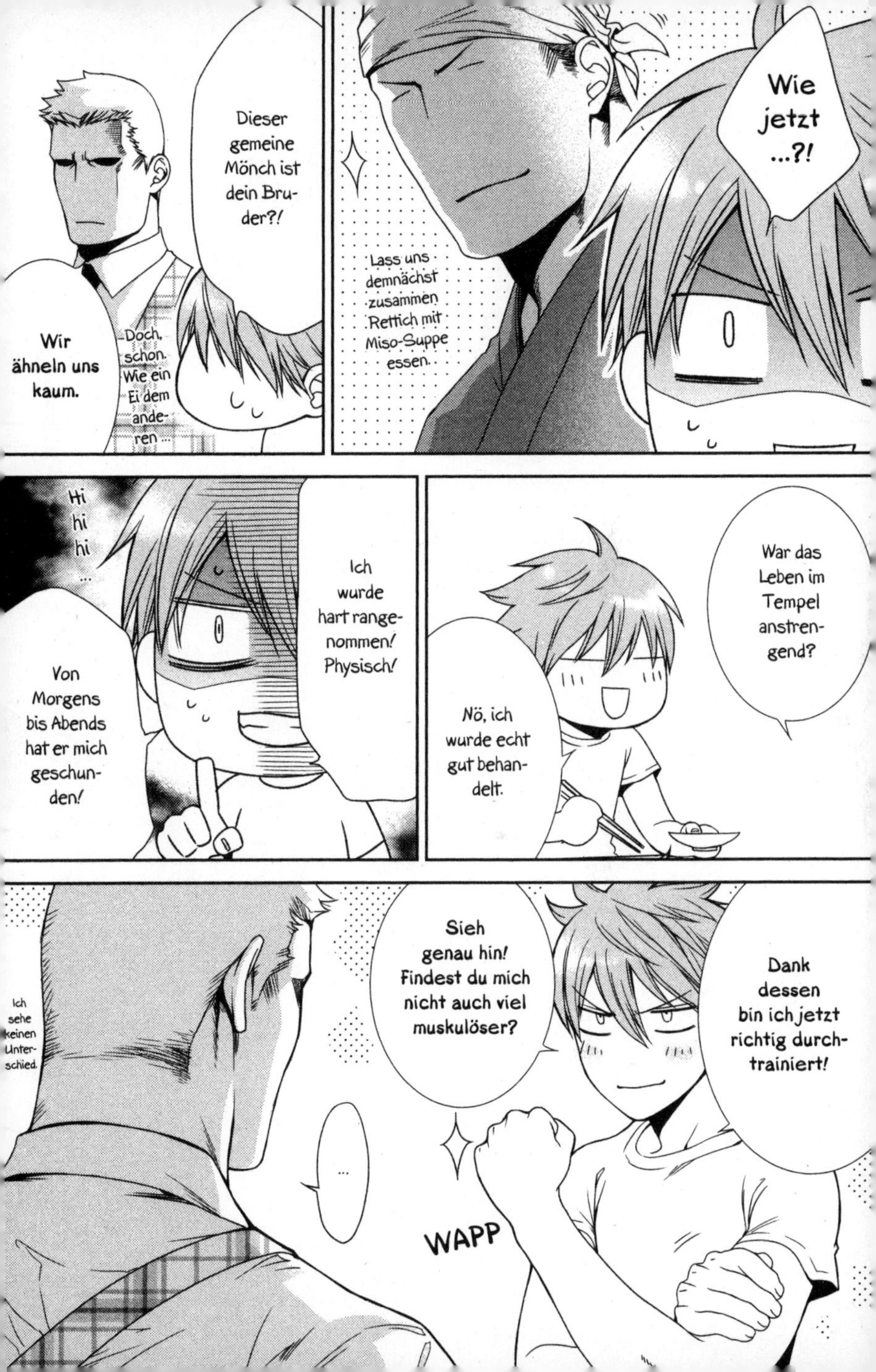

Wie jetzt ...?!
Lass uns demnächst zusammen Rettich mit Miso-Suppe essen.
Dieser gemeine Mönch ist dein Bruder?!
Wir ähneln uns kaum.
Doch, schon. Wie ein Ei dem anderen ...
War das Leben im Tempel anstrengend?
Nö, ich wurde echt gut behandelt.
Ich wurde hart rangenommen! Physisch!
Von Morgens bis Abends hat er mich geschunden!
Hi hi hi ...
Dank dessen bin ich jetzt richtig durchtrainiert!
Sieh genau hin! Findest du mich nicht auch viel muskulöser?
WAPP
...
Ich sehe keinen Unterschied.

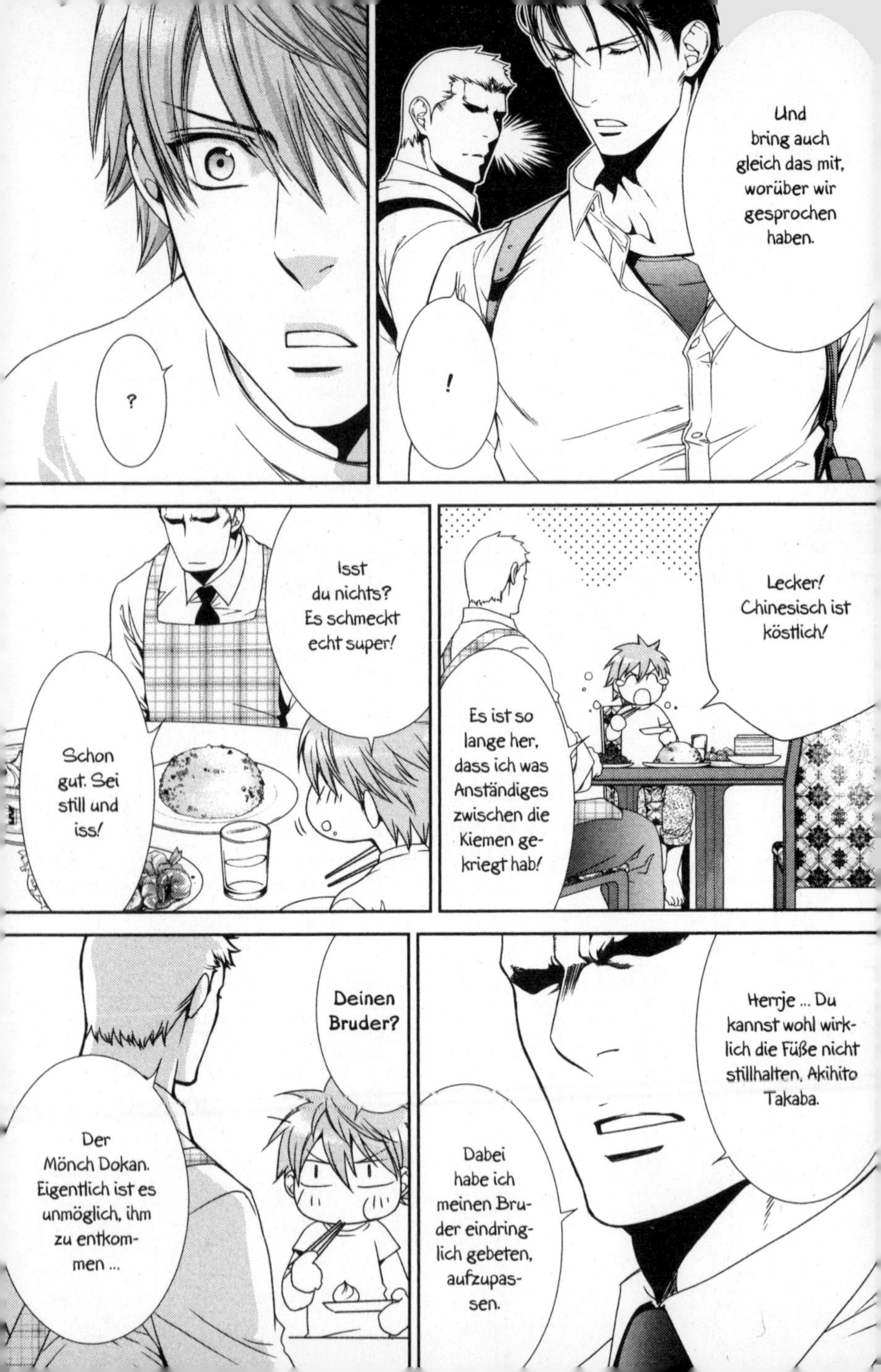
Und bring auch gleich das mit, worüber wir gesprochen haben.
!
?
Lecker! Chinesisch ist köstlich!
Es ist so lange her, dass ich was Anständiges zwischen die Kiemen gekriegt hab!
Isst du nichts? Es schmeckt echt super!
Schon gut. Sei still und iss!
Herrje ... Du kannst wohl wirklich die Füße nicht stillhalten, Akihito Takaba.
Dabei habe ich meinen Bruder eindringlich gebeten, aufzupassen.
Deinen Bruder?
Der Mönch Dokan. Eigentlich ist es unmöglich, ihm zu entkommen ...

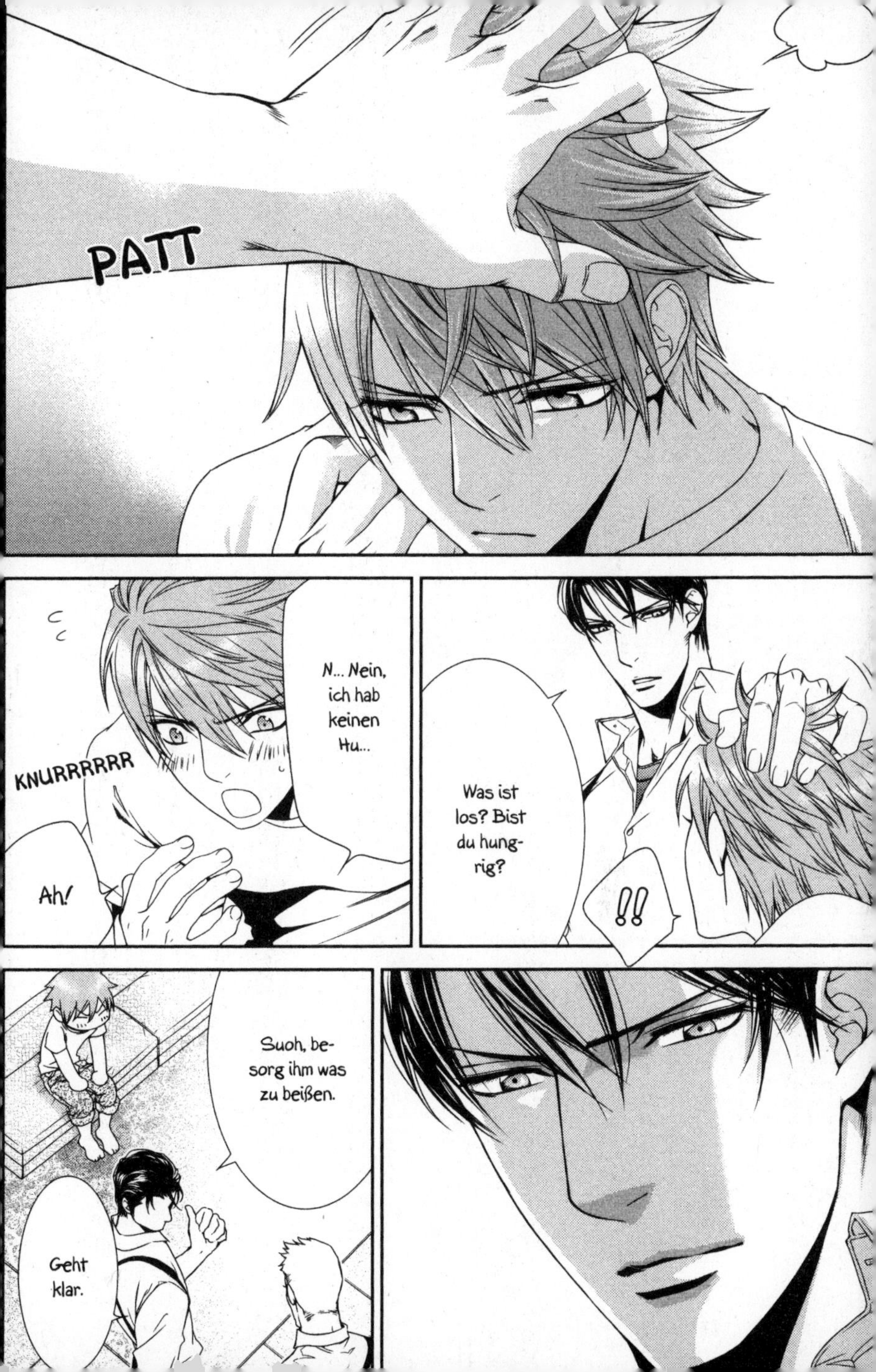
PATT
Was ist los? Bist du hungrig?
!!
KNURRRRRR
N... Nein, ich hab keinen Hu...
Ah!
Suoh, besorg ihm was zu beißen.
Geht klar.

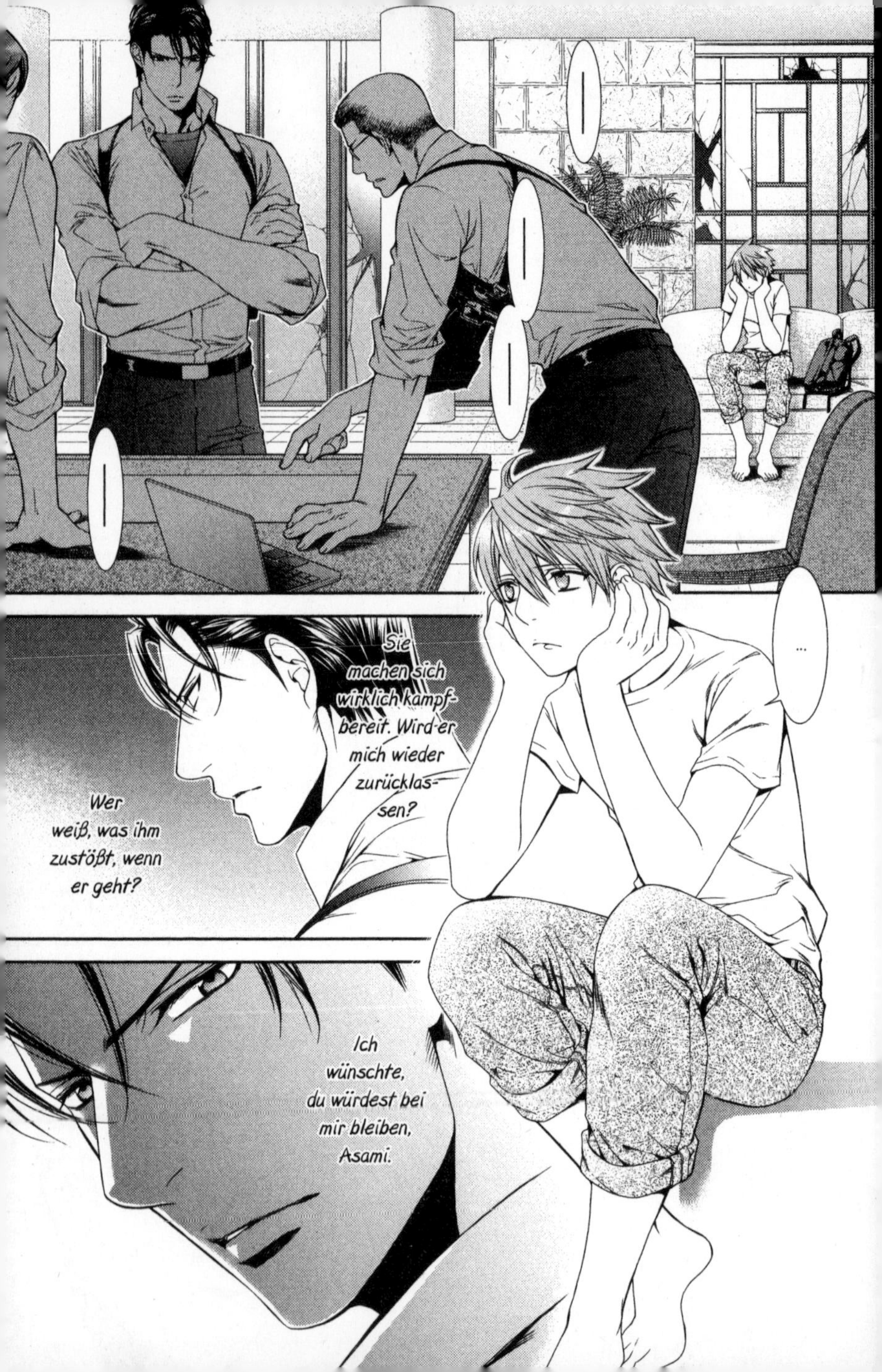
…
Sie machen sich wirklich kampf-bereit. Wird er mich wieder zurücklas-sen?
Wer weiß, was ihm zustößt, wenn er geht?
Ich wünschte, du würdest bei mir bleiben, Asami.

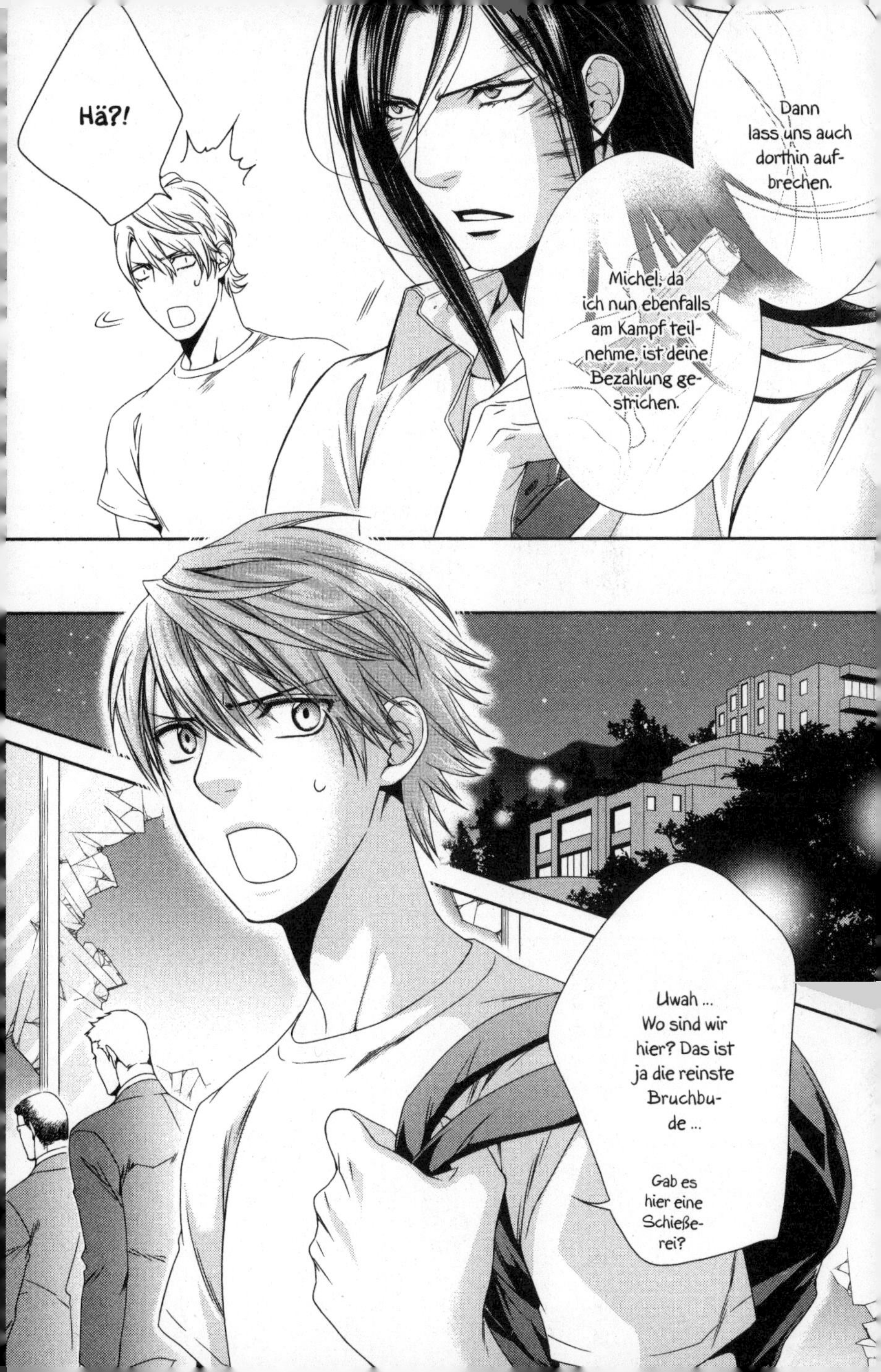
Dann lass uns auch dorthin auf-brechen.
Michel, da ich nun ebenfalls am Kampf teil-nehme, ist deine Bezahlung ge-strichen.
Hä?!
Uwah ... Wo sind wir hier? Das ist ja die reinste Bruchbu-de ...
Gab es hier eine Schieße-rei?

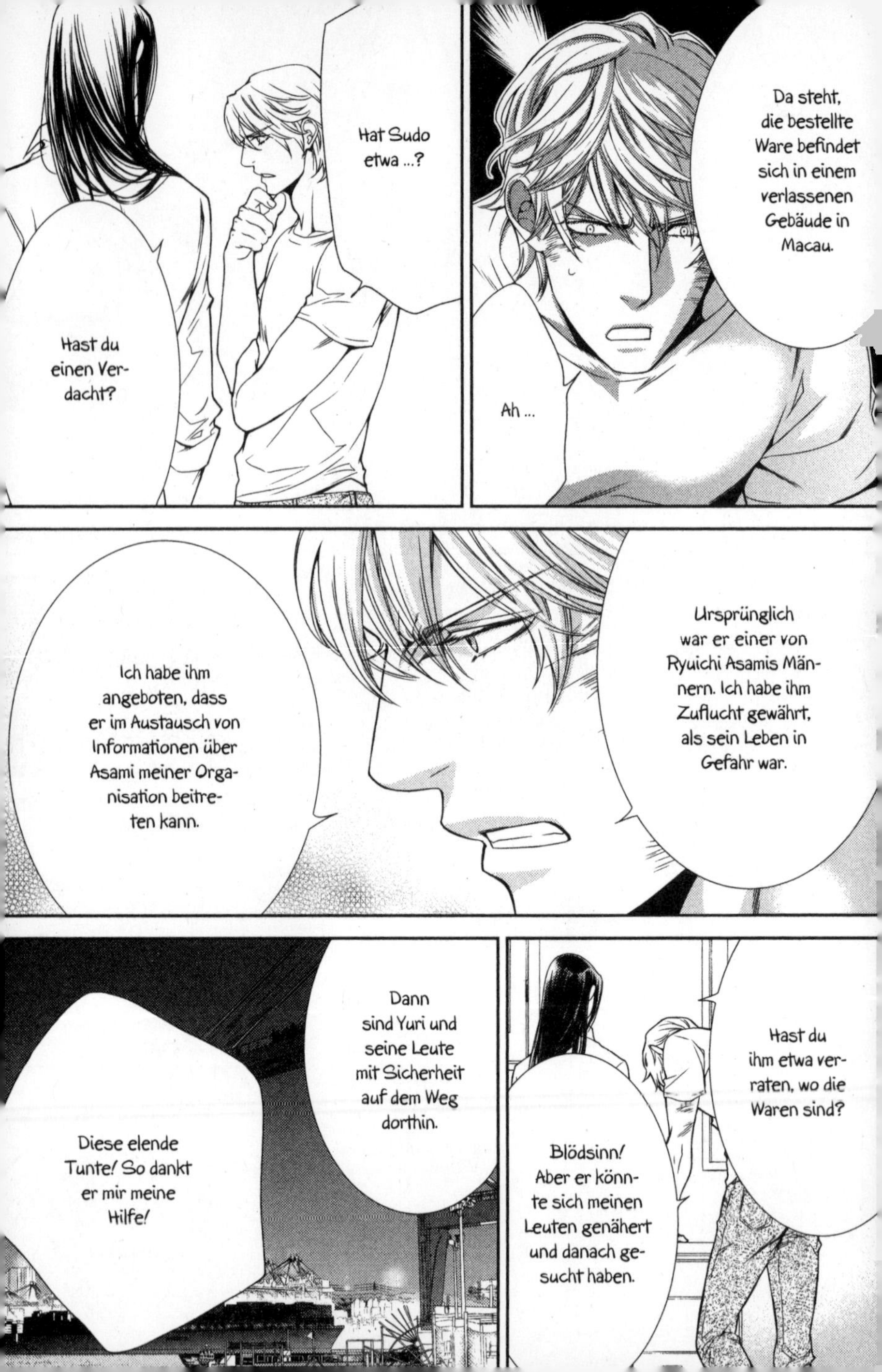
Da steht, die bestellte Ware befindet sich in einem verlassenen Gebäude in Macau.
Ah ...
Hat Sudo etwa ...?
Hast du einen Verdacht?
Ursprünglich war er einer von Ryuichi Asamis Männern. Ich habe ihm Zuflucht gewährt, als sein Leben in Gefahr war.
Ich habe ihm angeboten, dass er im Austausch von Informationen über Asami meiner Organisation beitreten kann.
Hast du ihm etwa verraten, wo die Waren sind?
Blödsinn! Aber er könnte sich meinen Leuten genähert und danach gesucht haben.
Dann sind Yuri und seine Leute mit Sicherheit auf dem Weg dorthin.
Diese elende Tunte! So dankt er mir meine Hilfe!

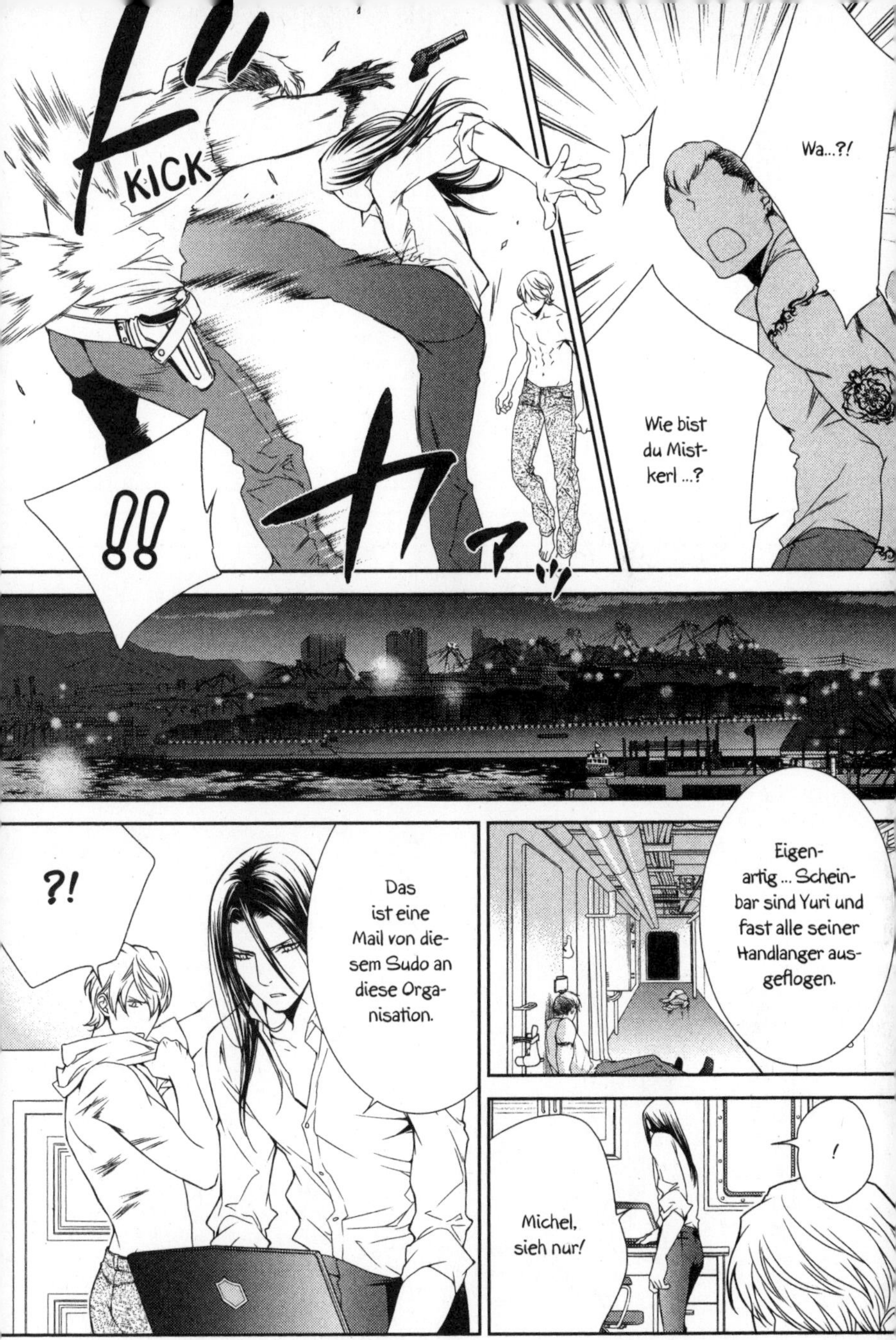
KICK
!!
Wa...?!
Wie bist du Mistkerl ...?
?!
Das ist eine Mail von diesem Sudo an diese Organisation.
Eigenartig ... Scheinbar sind Yuri und fast alle seiner Handlanger ausgeflogen.
!
Michel, sieh nur!

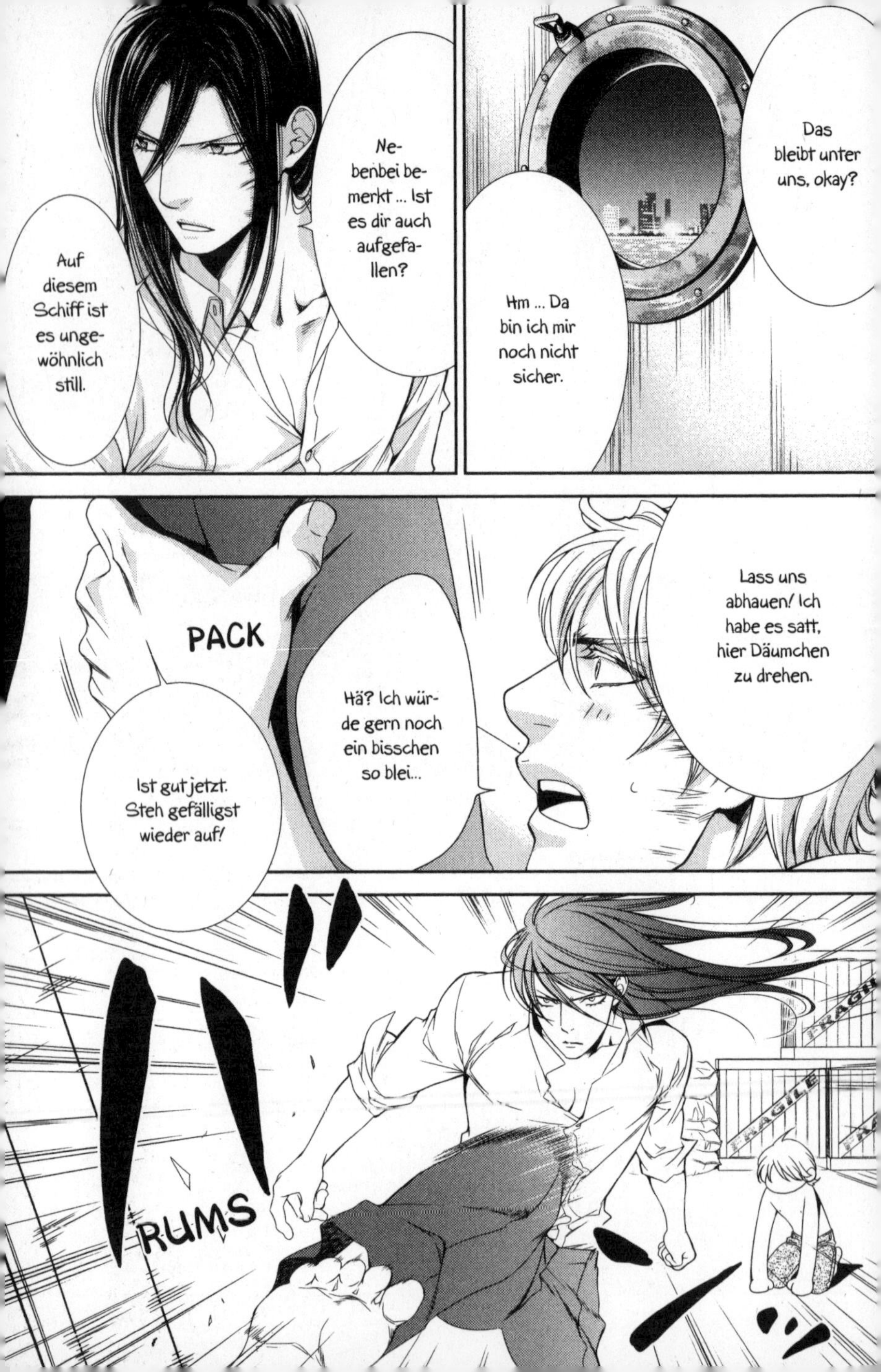

Das bleibt unter uns, okay?
Hm ... Da bin ich mir noch nicht sicher.
Nebenbei bemerkt ... Ist es dir auch aufgefallen?
Auf diesem Schiff ist es ungewöhnlich still.
Lass uns abhauen! Ich habe es satt, hier Däumchen zu drehen.
Hä? Ich würde gern noch ein bisschen so blei...
PACK
Ist gut jetzt. Steh gefälligst wieder auf!
RUMS
FRAGILE

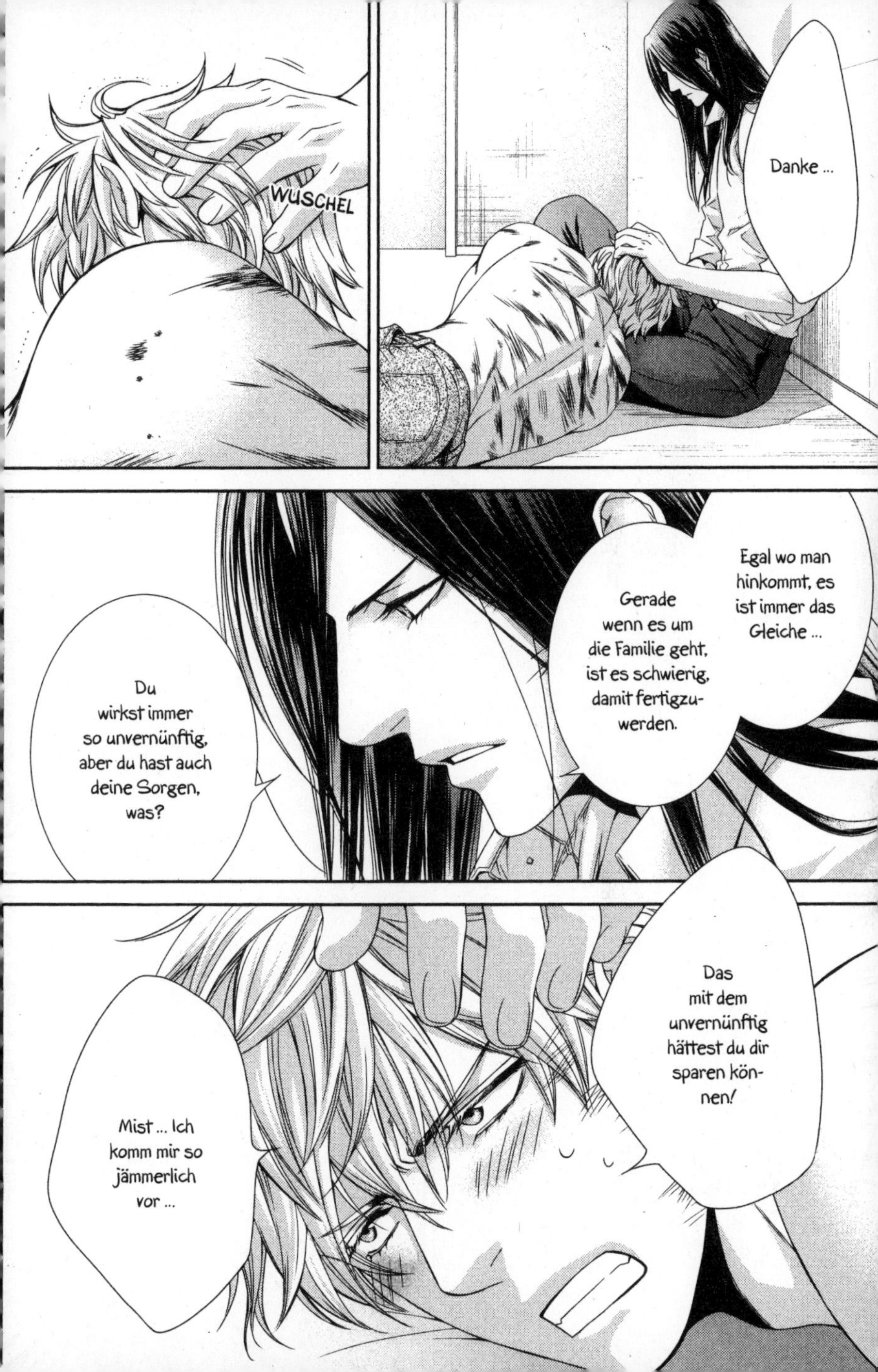
Danke ...
WUSCHEL
Egal wo man hinkommt, es ist immer das Gleiche ...
Gerade wenn es um die Familie geht, ist es schwierig, damit fertigzuwerden.
Du wirkst immer so unvernünftig, aber du hast auch deine Sorgen, was?
Das mit dem unvernünftig hättest du dir sparen können!
Mist ... Ich komm mir so jämmerlich vor ...

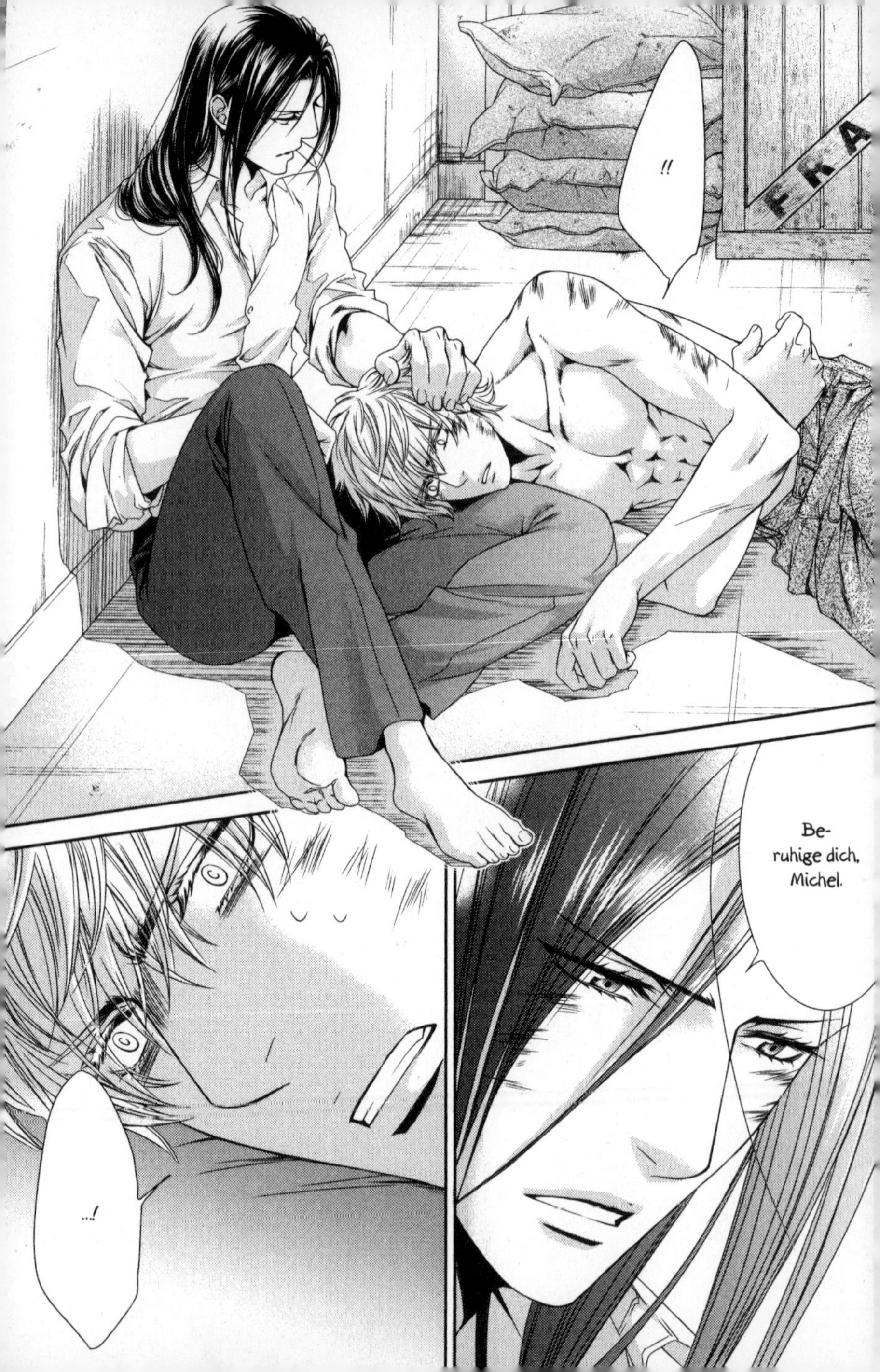
FRA
!!
Be-
ruhige dich,
Michel.
...!

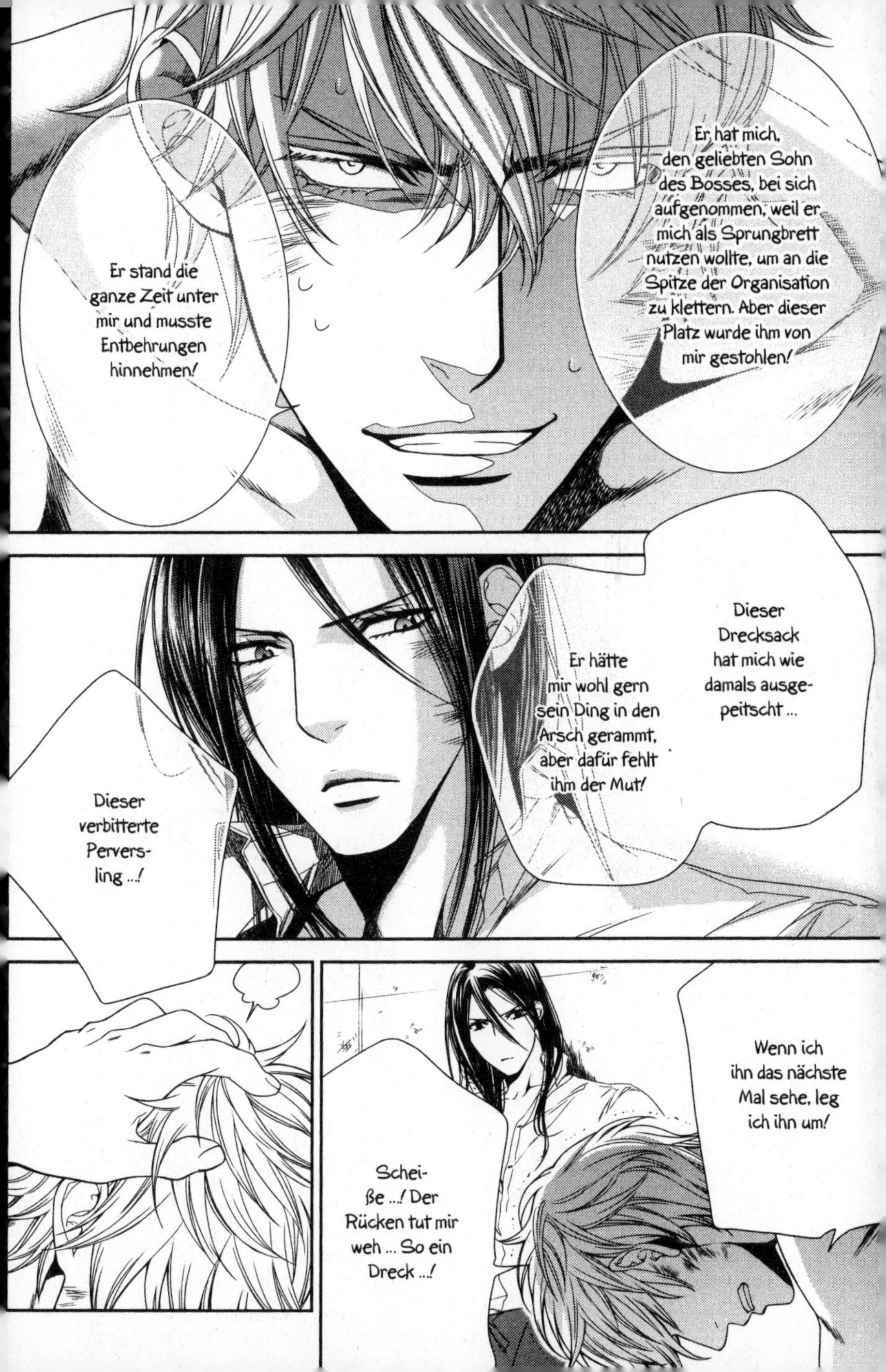
Er hat mich, den geliebten Sohn des Bosses, bei sich aufgenommen, weil er mich als Sprungbrett nutzen wollte, um an die Spitze der Organisation zu klettern. Aber dieser Platz wurde ihm von mir gestohlen!
Er stand die ganze Zeit unter mir und musste Entbehrungen hinnehmen!
Dieser Drecksack hat mich wie damals ausgepeitscht ...
Er hätte mir wohl gern sein Ding in den Arsch gerammt, aber dafür fehlt ihm der Mut!
Dieser verbitterte Perversling ...!
Wenn ich ihn das nächste Mal sehe, leg ich ihn um!
Scheiße ...! Der Rücken tut mir weh ... So ein Dreck ...!

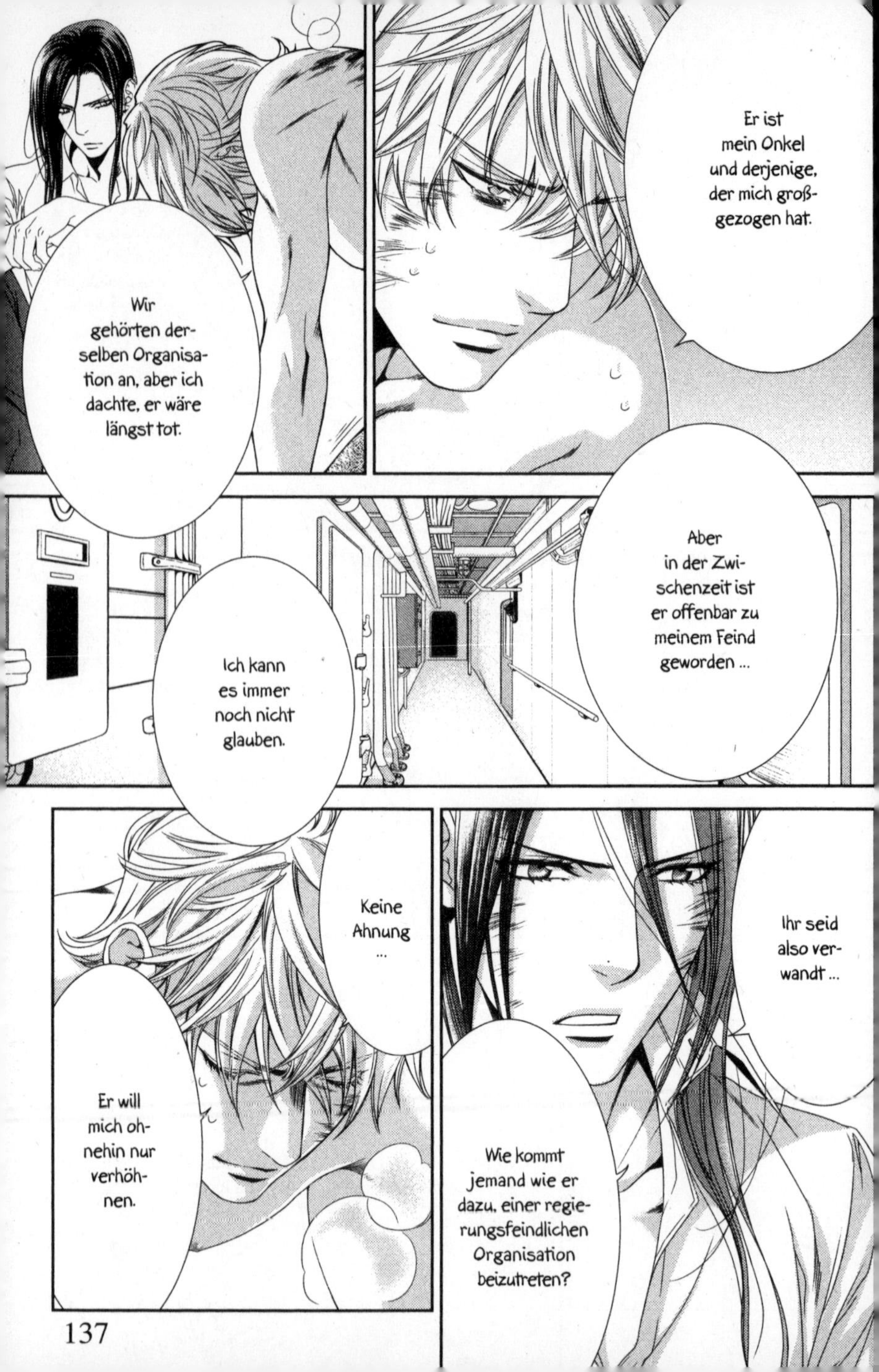
Er ist mein Onkel und derjenige, der mich großgezogen hat.
Wir gehörten derselben Organisation an, aber ich dachte, er wäre längst tot.
Aber in der Zwischenzeit ist er offenbar zu meinem Feind geworden ...
Ich kann es immer noch nicht glauben.
Ihr seid also verwandt ...
Wie kommt jemand wie er dazu, einer regierungsfeindlichen Organisation beizutreten?
Keine Ahnung ...
Er will mich ohnehin nur verhöhnen.

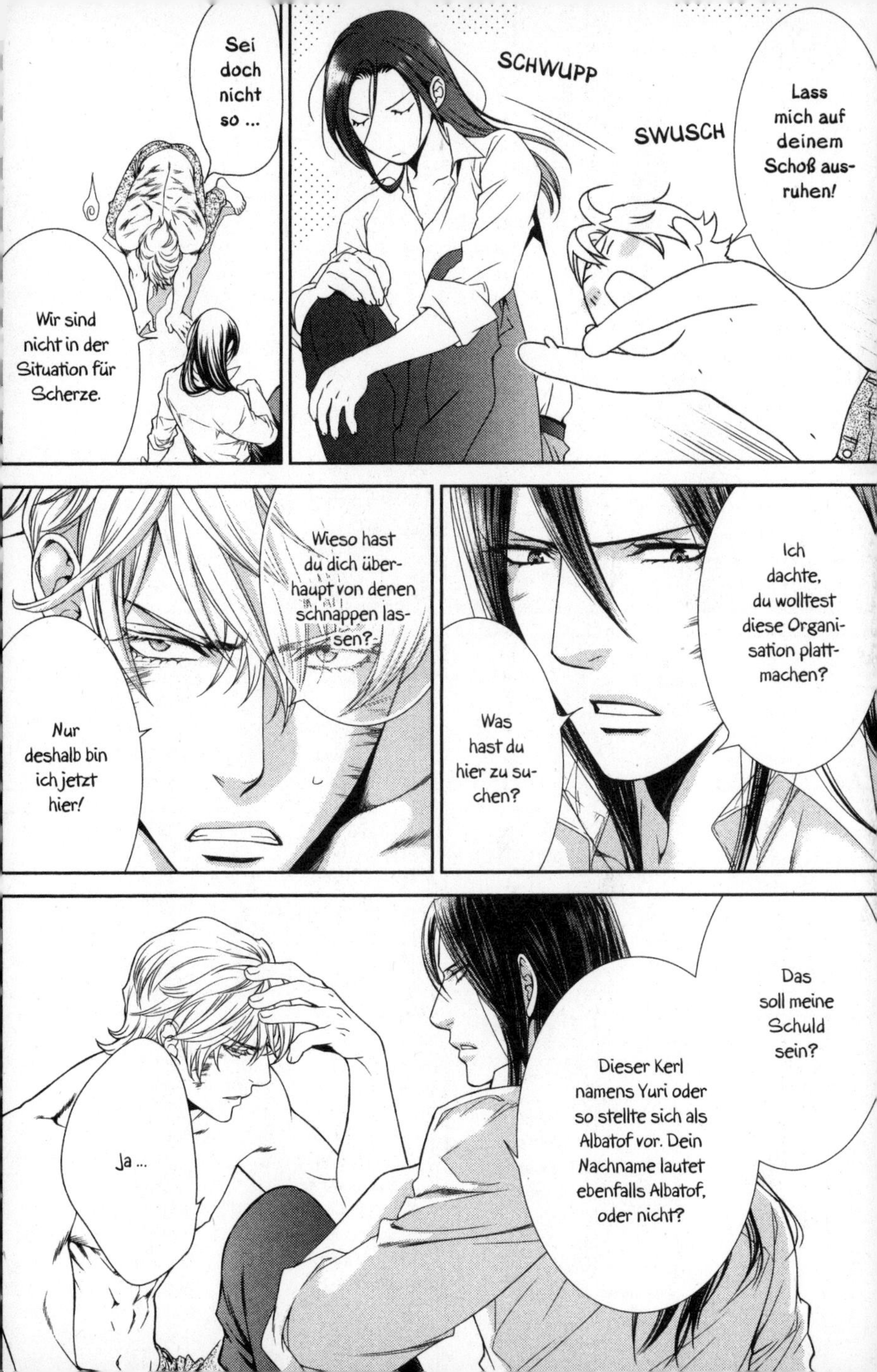
Lass mich auf deinem Schoß ausruhen!
SCHWUPP
SWUSCH
Sei doch nicht so ...
Wir sind nicht in der Situation für Scherze.
Ich dachte, du wolltest diese Organisation plattmachen?
Was hast du hier zu suchen?
Wieso hast du dich überhaupt von denen schnappen lassen?
Nur deshalb bin ich jetzt hier!
Das soll meine Schuld sein?
Dieser Kerl namens Yuri oder so stellte sich als Albatof vor. Dein Nachname lautet ebenfalls Albatof, oder nicht?
Ja ...

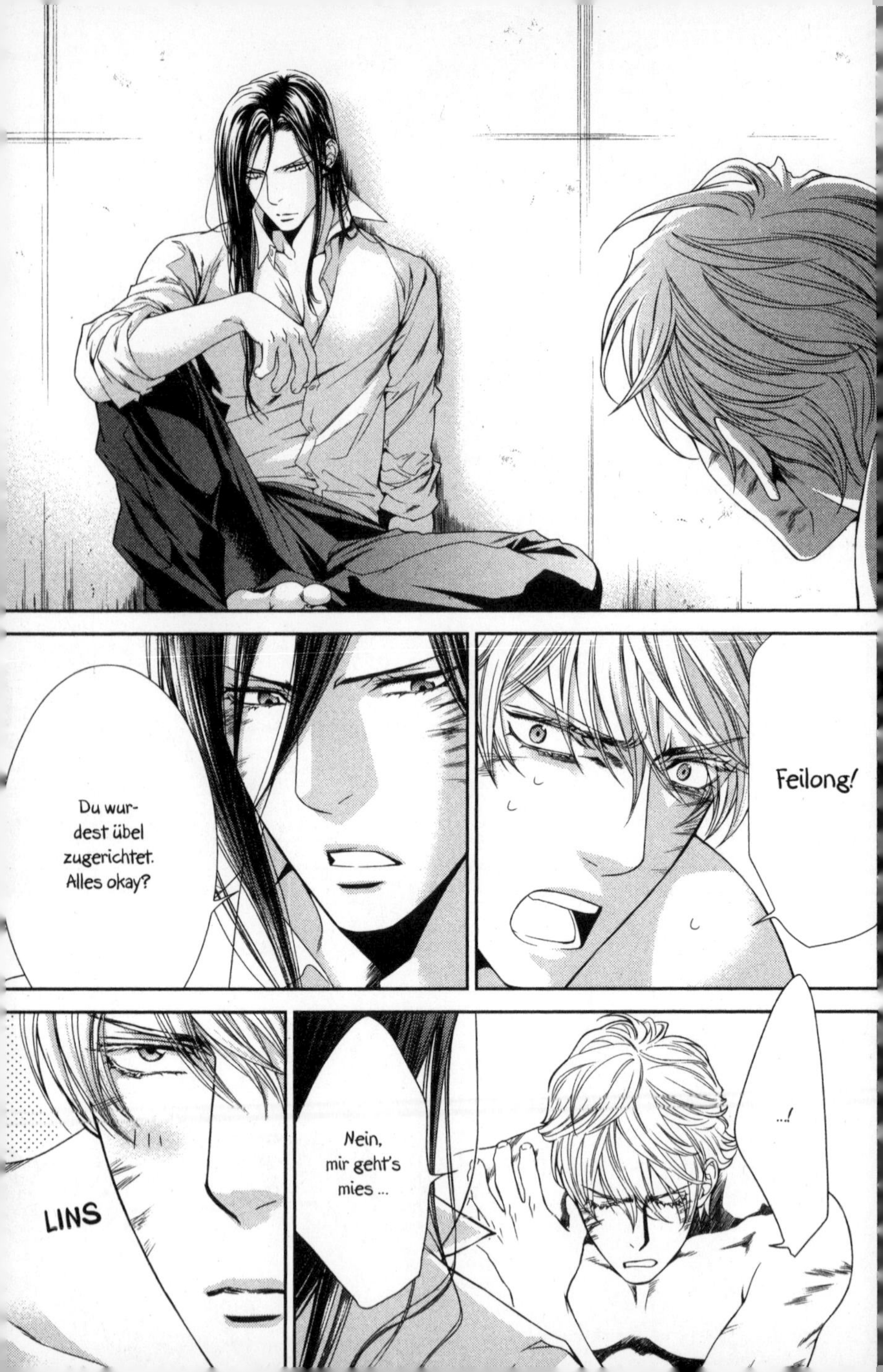

Feilong!
Du wurdest übel zugerichtet. Alles okay?
...!
Nein, mir geht's mies ...
LINS

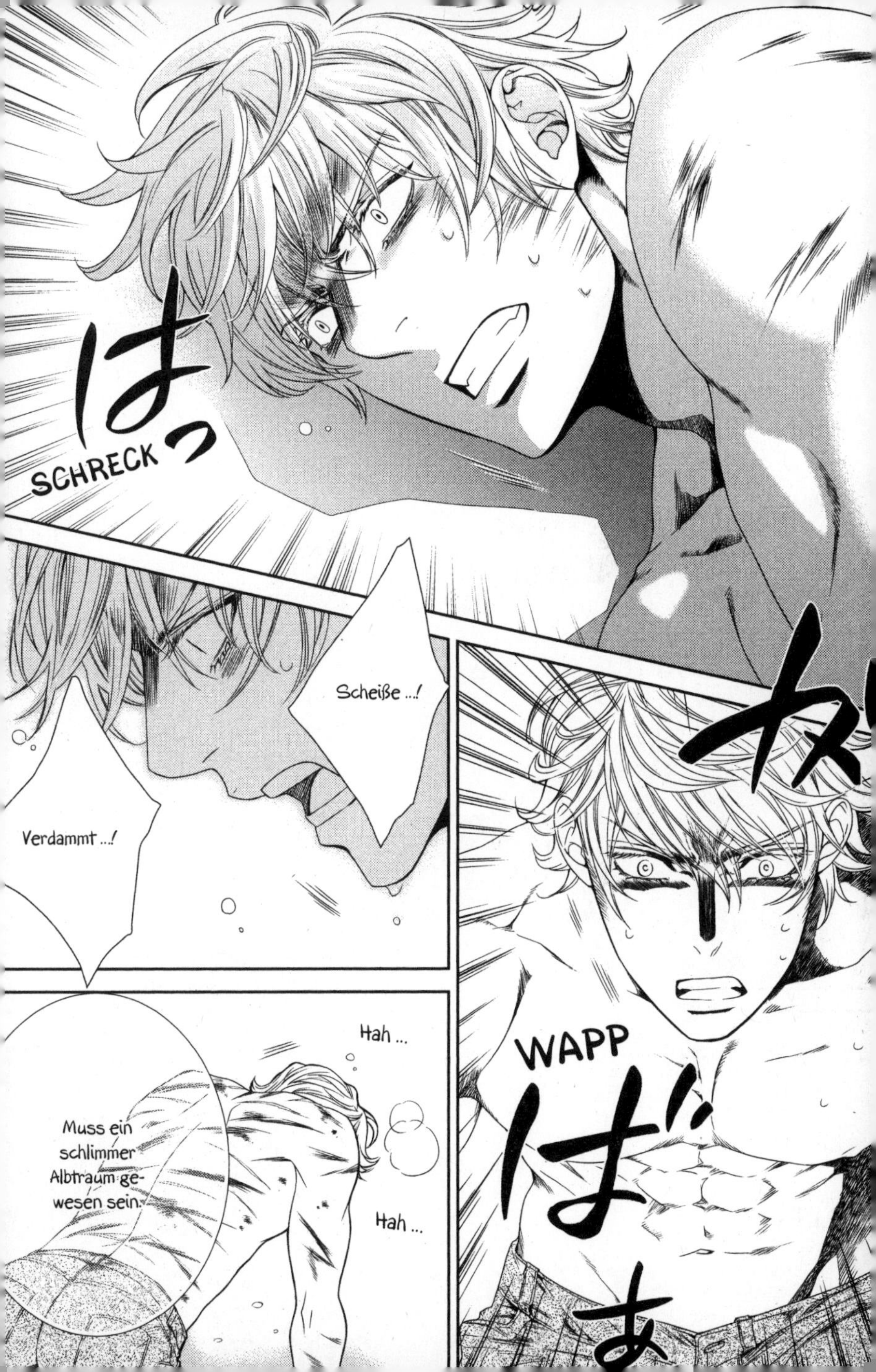

はっ
SCHRECK
WAPP
Scheiße ...!
Verdammt ...!
Hah ...
Hah ...
Muss ein schlimmer Albtraum gewesen sein.

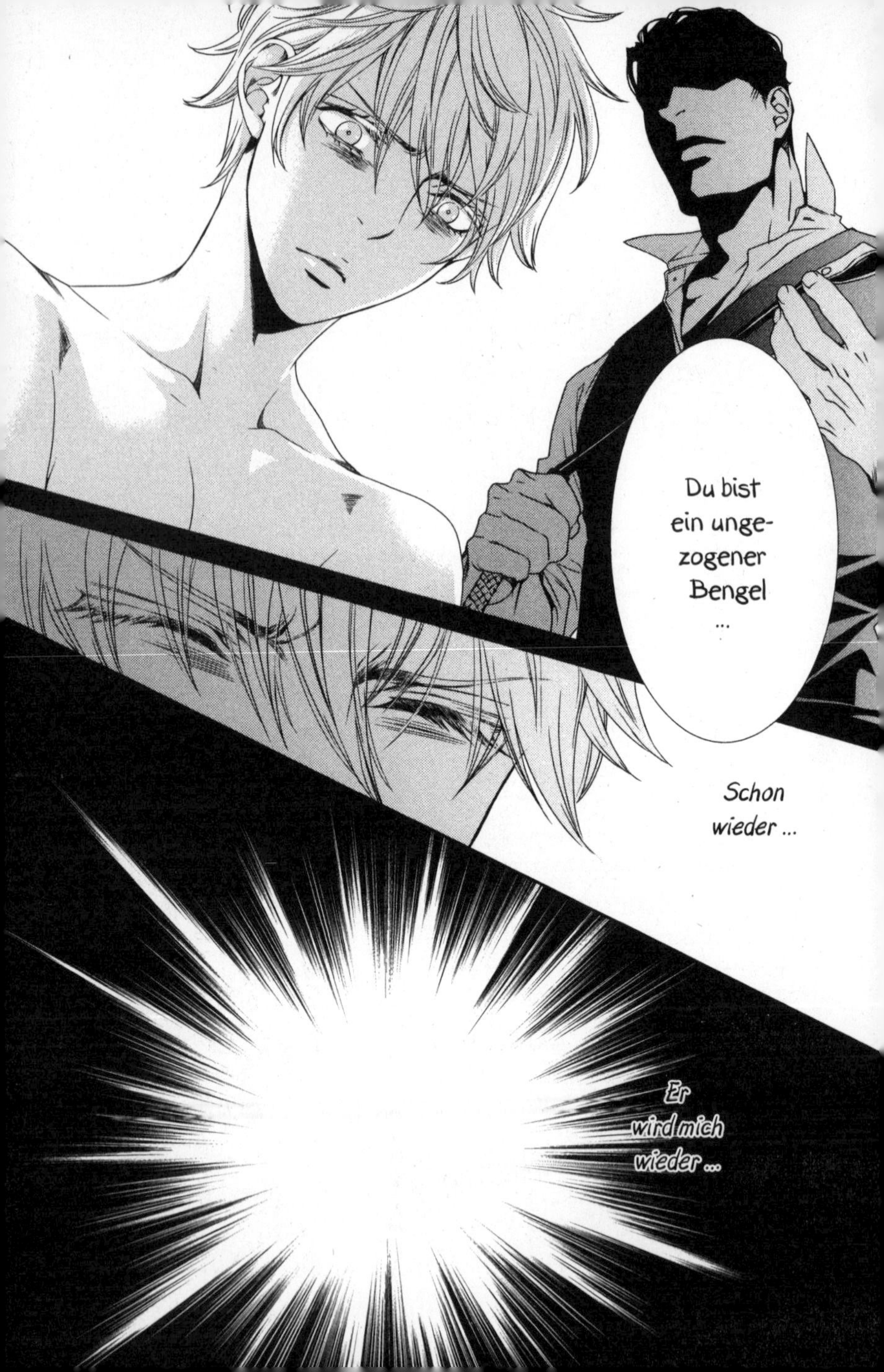
Du bist ein unge- zogener Bengel …
Schon wieder …
Er wird mich wieder …

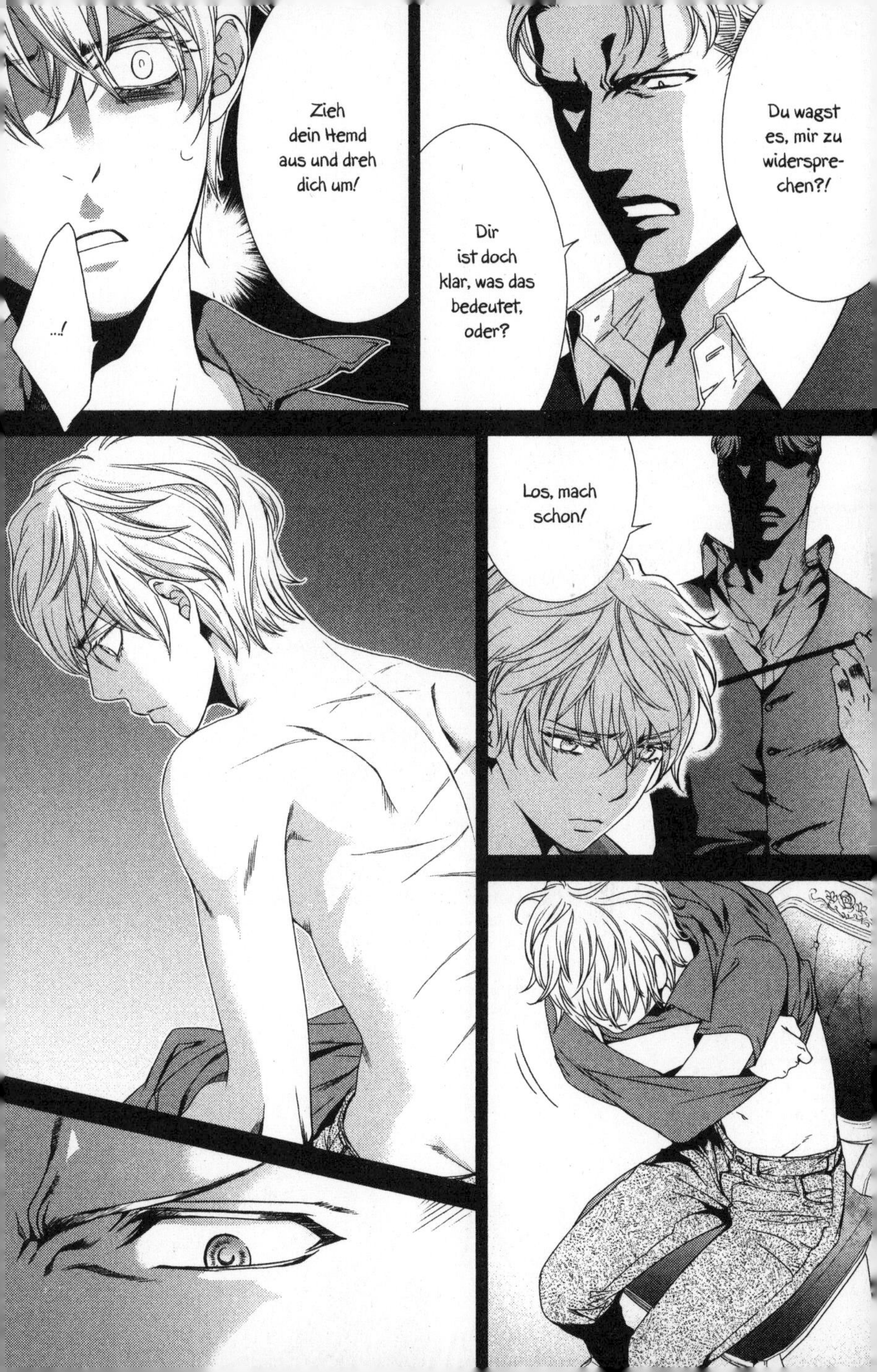
Du wagst es, mir zu widersprechen?!
Dir ist doch klar, was das bedeutet, oder?
Zieh dein Hemd aus und dreh dich um!
...!
Los, mach schon!

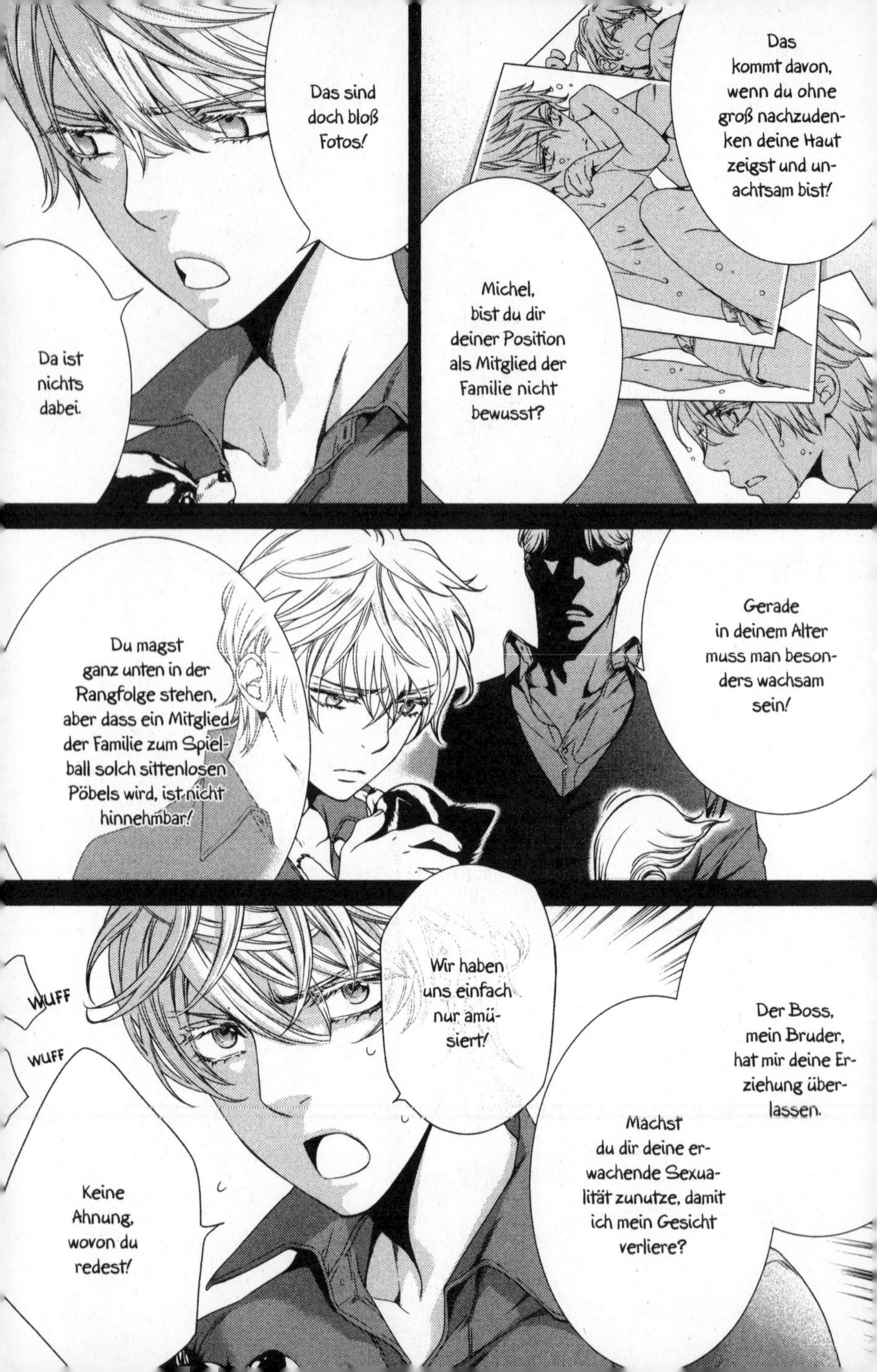
Das kommt davon, wenn du ohne groß nachzudenken deine Haut zeigst und unachtsam bist!
Michel, bist du dir deiner Position als Mitglied der Familie nicht bewusst?
Das sind doch bloß Fotos!
Da ist nichts dabei.
Gerade in deinem Alter muss man besonders wachsam sein!
Du magst ganz unten in der Rangfolge stehen, aber dass ein Mitglied der Familie zum Spielball solch sittenlosen Pöbels wird, ist nicht hinnehmbar!
Der Boss, mein Bruder, hat mir deine Erziehung überlassen.
Machst du dir deine erwachende Sexualität zunutze, damit ich mein Gesicht verliere?
Wir haben uns einfach nur amüsiert!
WUFF
WUFF
Keine Ahnung, wovon du redest!

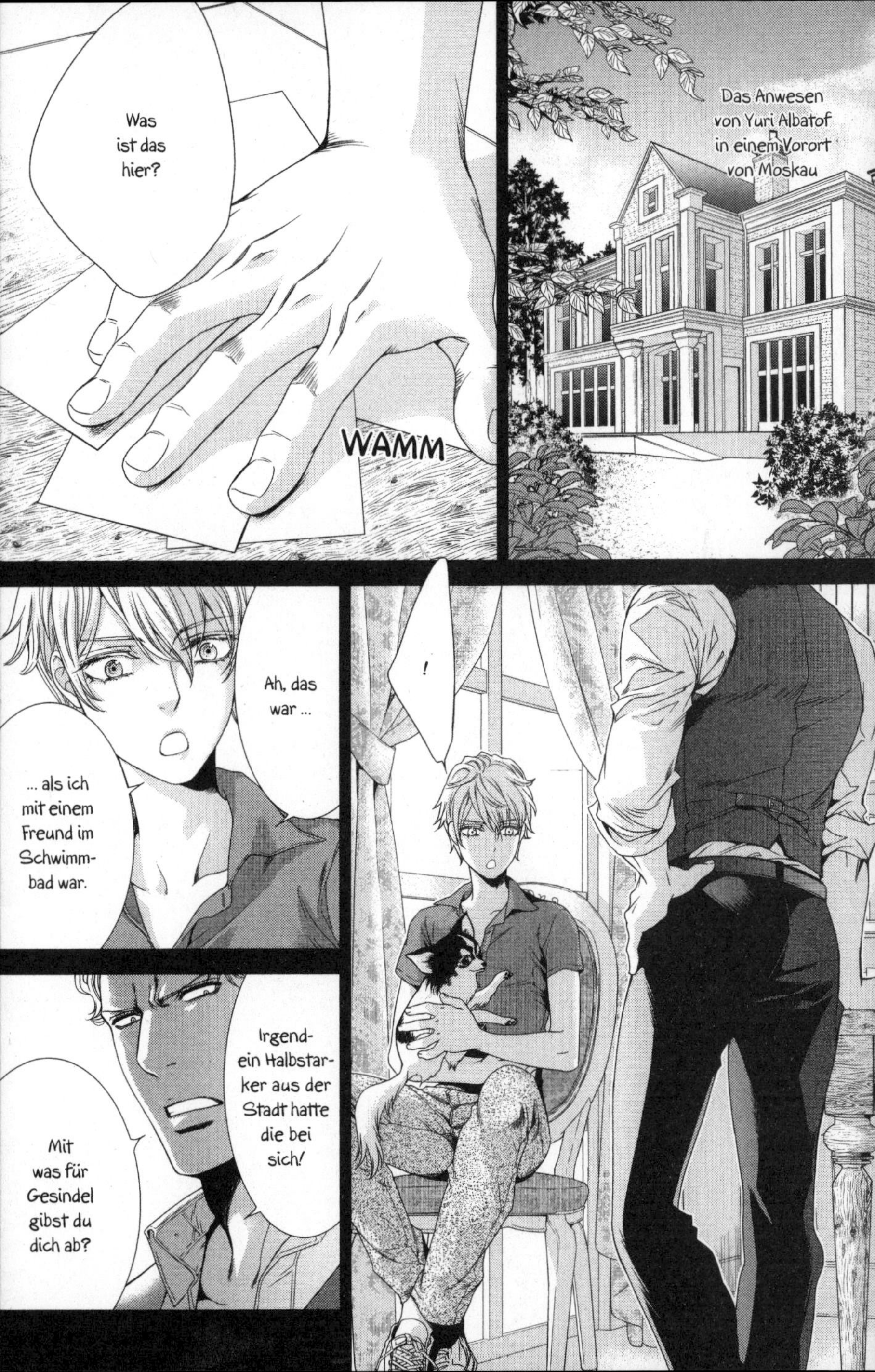
Das Anwesen von Yuri Albatof in einem Vorort von Moskau
Was ist das hier?
WAMM
!
Ah, das war ...
... als ich mit einem Freund im Schwimmbad war.
Irgend-ein Halbstarker aus der Stadt hatte die bei sich!
Mit was für Gesindel gibst du dich ab?

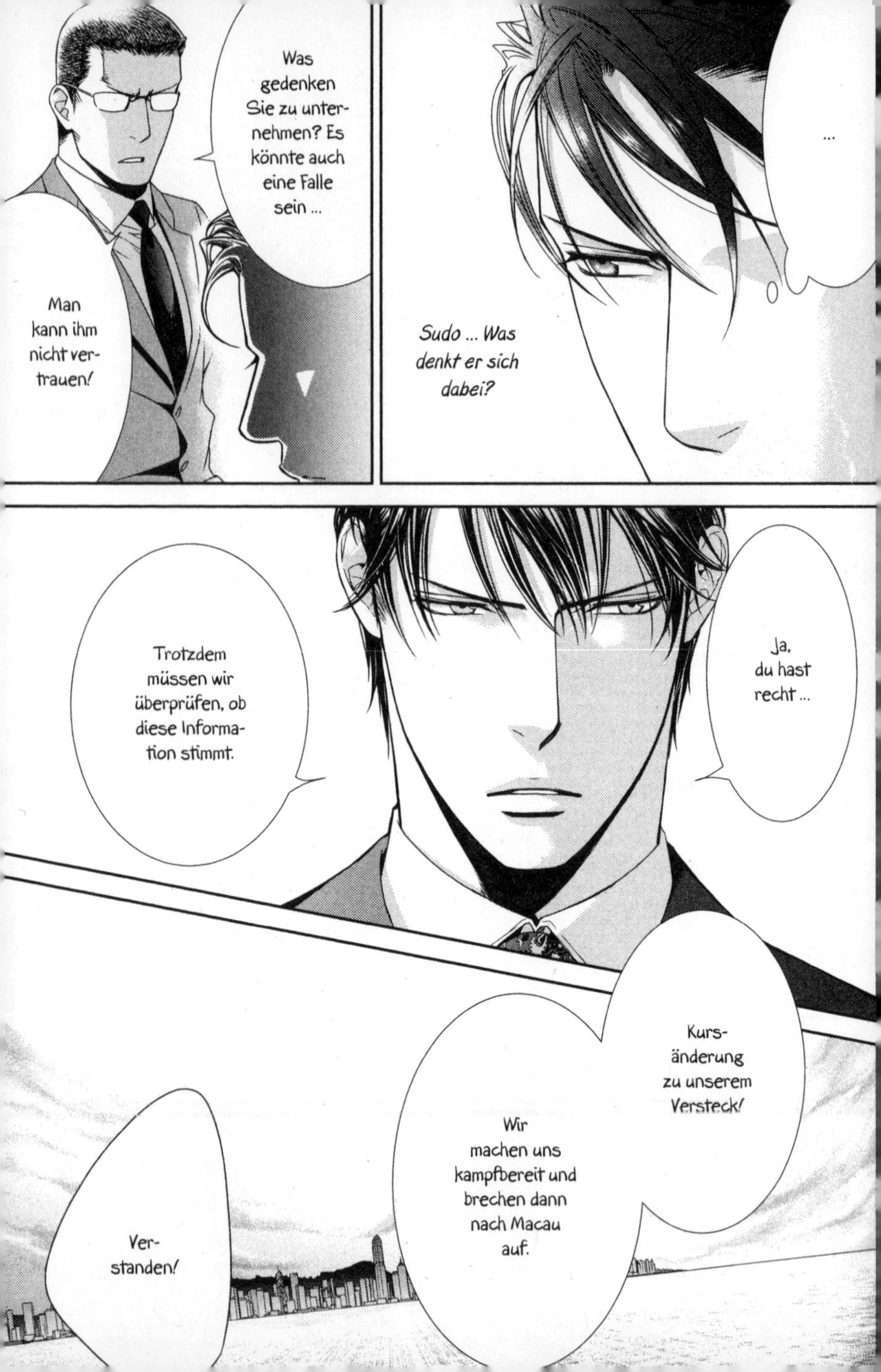
...
Sudo ... Was denkt er sich dabei?
Was gedenken Sie zu unternehmen? Es könnte auch eine Falle sein ...
Man kann ihm nicht vertrauen!
Ja, du hast recht ...
Trotzdem müssen wir überprüfen, ob diese Information stimmt.
Kursänderung zu unserem Versteck!
Wir machen uns kampfbereit und brechen dann nach Macau auf.
Verstanden!

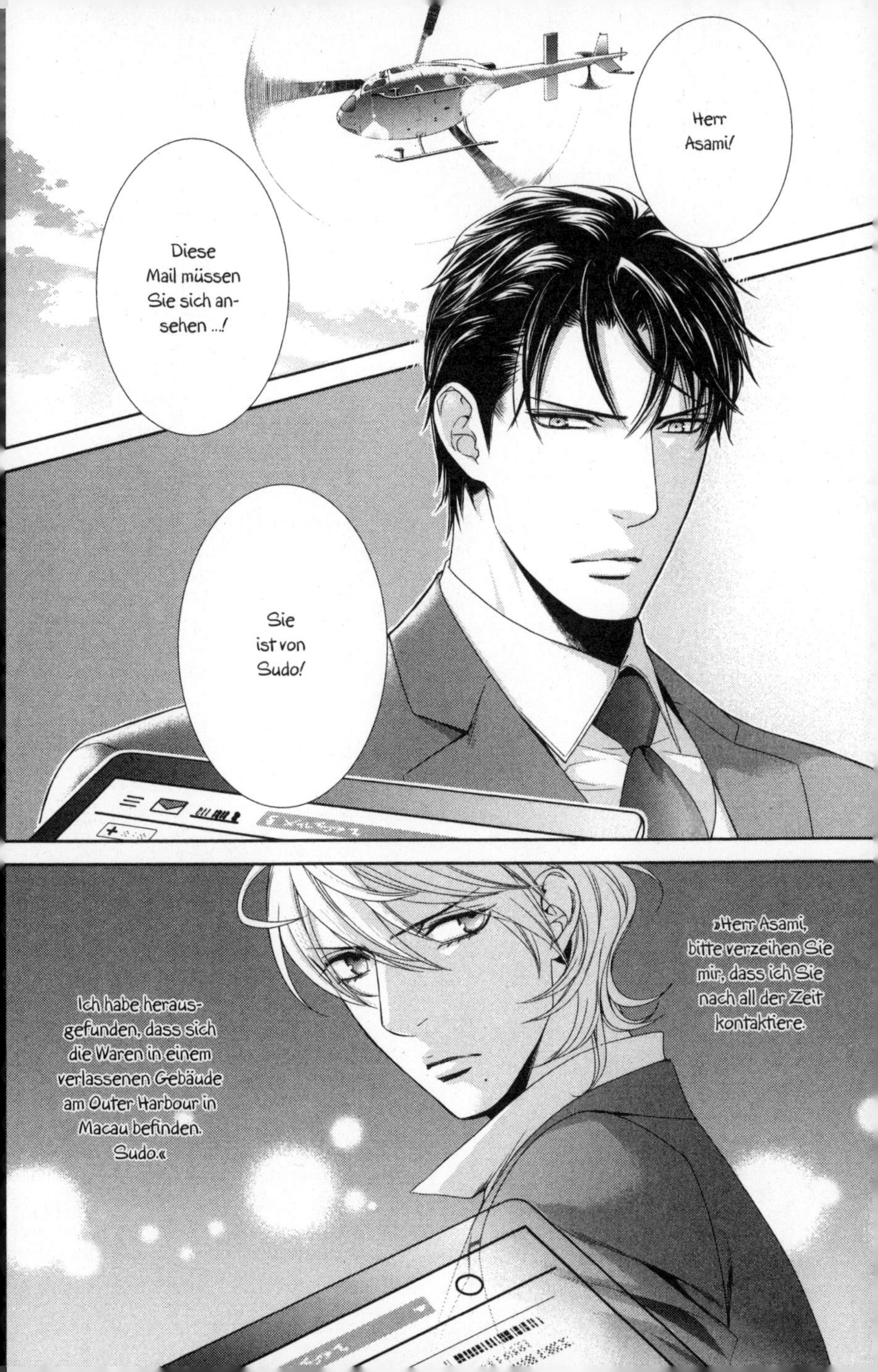
Herr Asami!
Diese Mail müssen Sie sich an- sehen ...!
Sie ist von Sudo!
»Herr Asami, bitte verzeihen Sie mir, dass ich Sie nach all der Zeit kontaktiere.
Ich habe heraus- gefunden, dass sich die Waren in einem verlassenen Gebäude am Outer Harbour in Macau befinden. Sudo.«

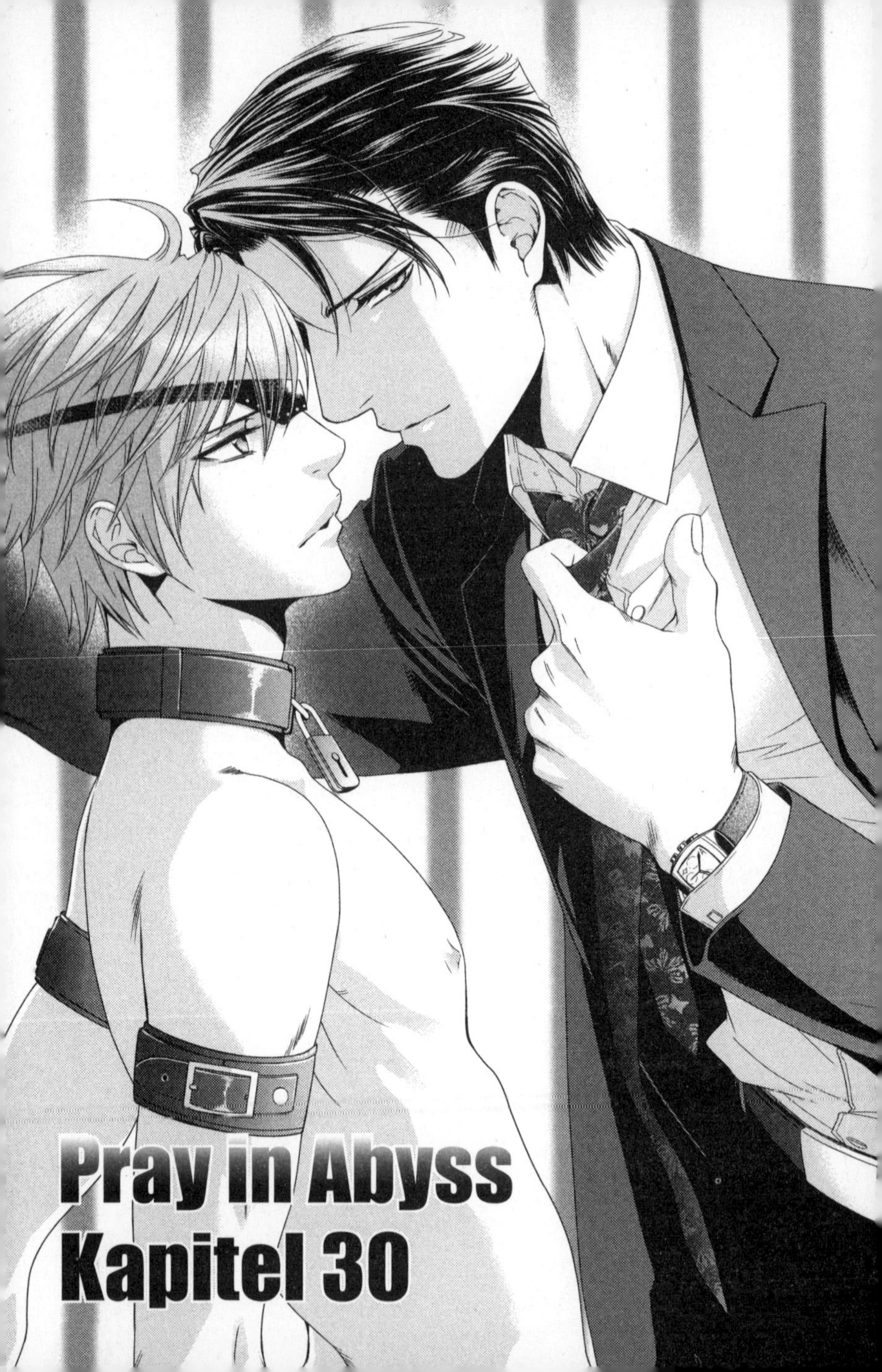
Pray in Abyss
Kapitel 30

Pray in Abyss

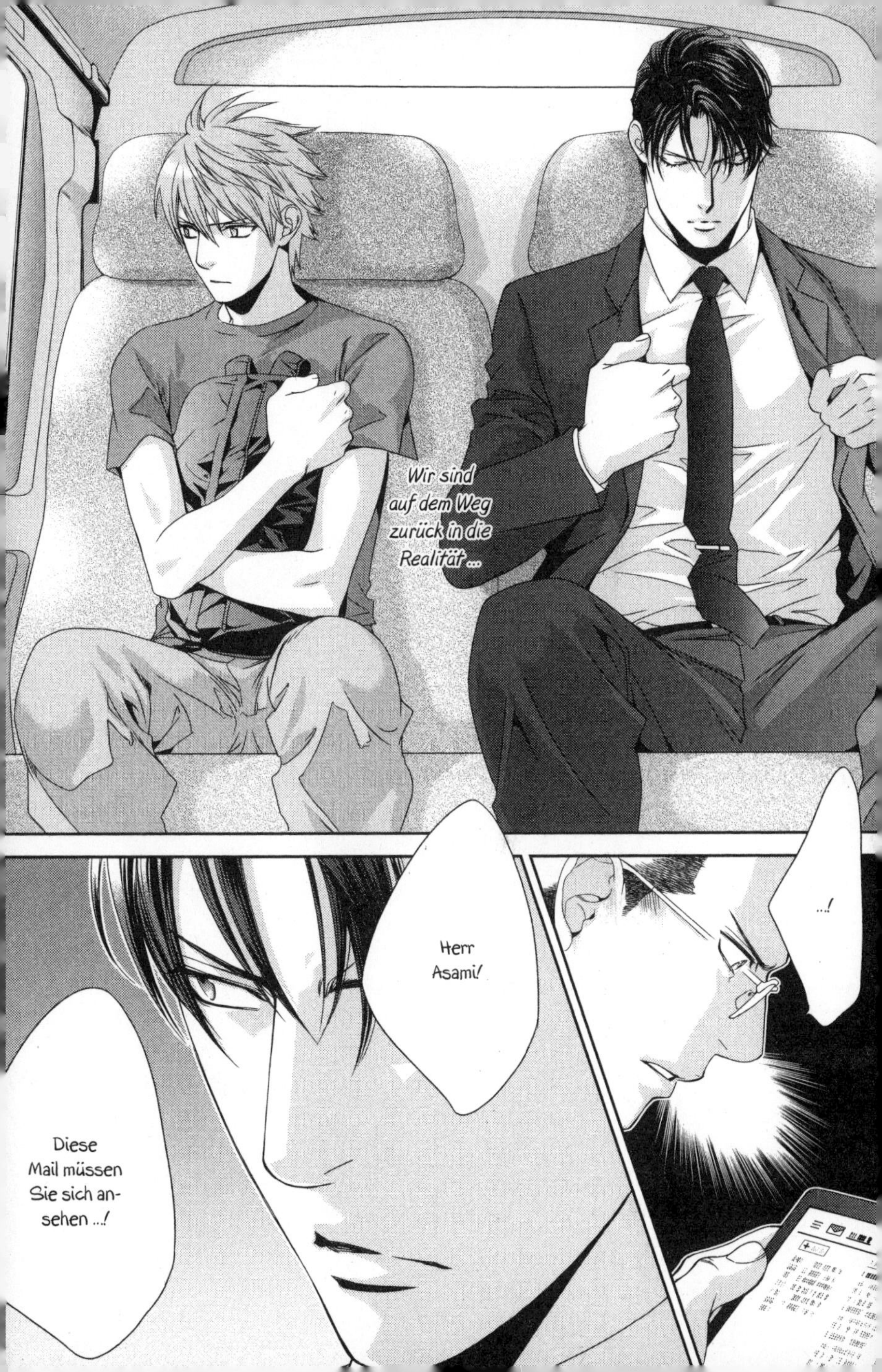
Wir sind auf dem Weg zurück in die Realität ...
...!
Herr Asami!
Diese Mail müssen Sie sich an-sehen ...!

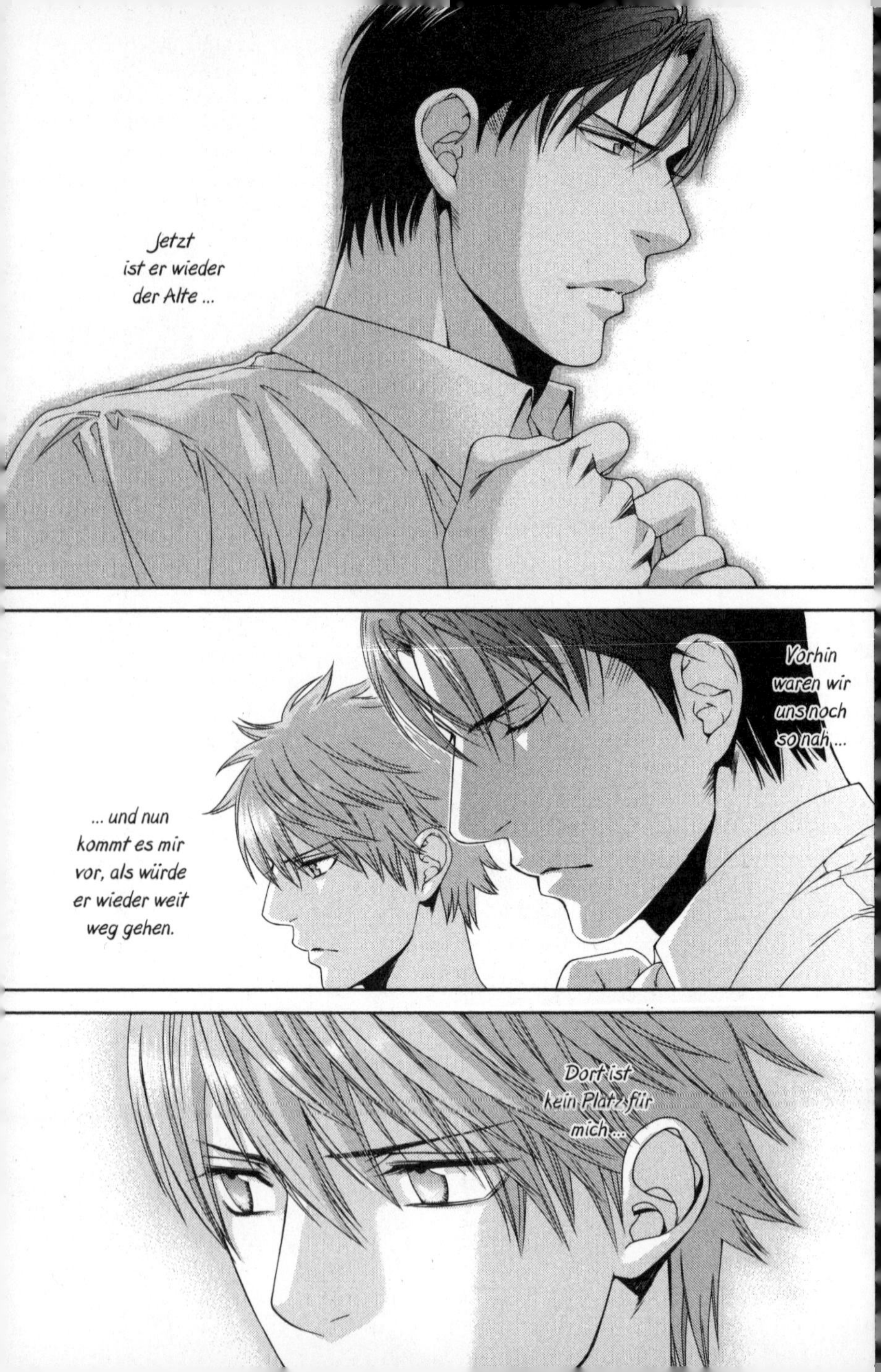
Jetzt ist er wieder der Alte ...
Vorhin waren wir uns noch so nah ...
... und nun kommt es mir vor, als würde er wieder weit weg gehen.
Dort ist kein Platz für mich ...

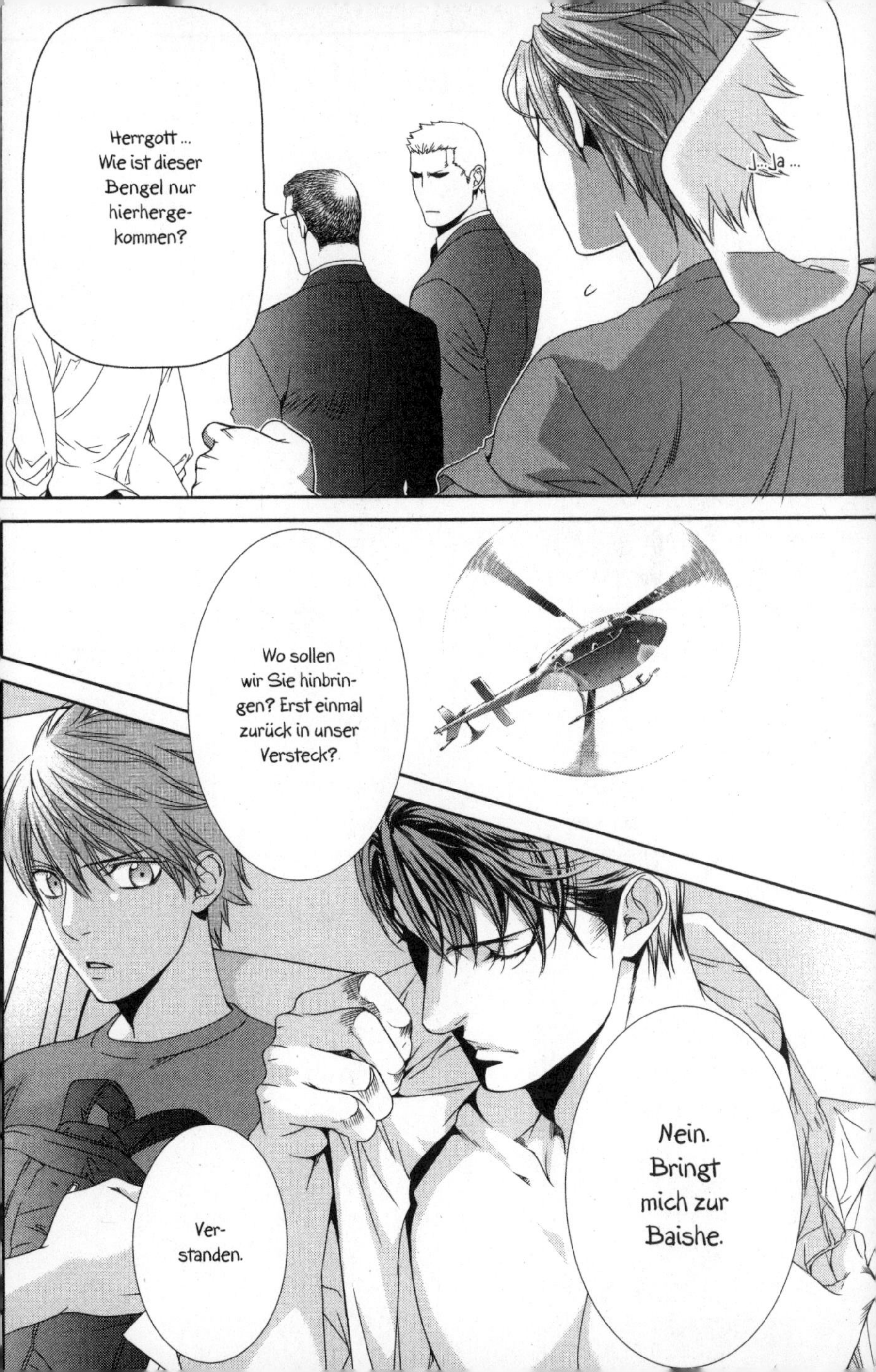
J... Ja ...
Herrgott ... Wie ist dieser Bengel nur hierhergekommen?
Wo sollen wir Sie hinbringen? Erst einmal zurück in unser Versteck?
Nein. Bringt mich zur Baishe.
Verstanden.

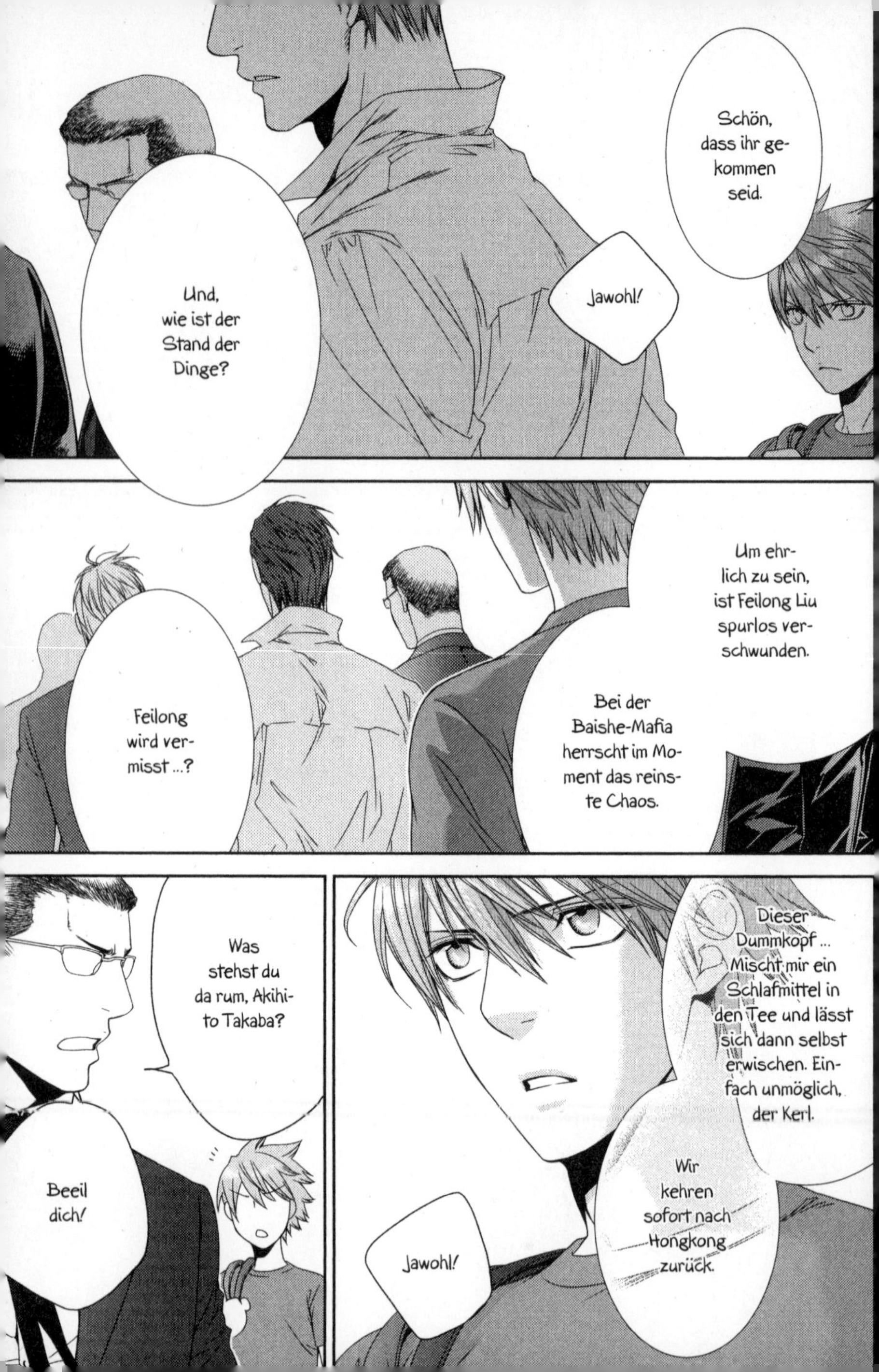
Schön, dass ihr gekommen seid.
Jawohl!
Und, wie ist der Stand der Dinge?
Um ehrlich zu sein, ist Feilong Liu spurlos verschwunden.
Bei der Baishe-Mafia herrscht im Moment das reinste Chaos.
Feilong wird vermisst ...?
Dieser Dummkopf ... Mischt mir ein Schlafmittel in den Tee und lässt sich dann selbst erwischen. Einfach unmöglich, der Kerl.
Wir kehren sofort nach Hongkong zurück.
Jawohl!
Was stehst du da rum, Akihito Takaba?
Beeil dich!

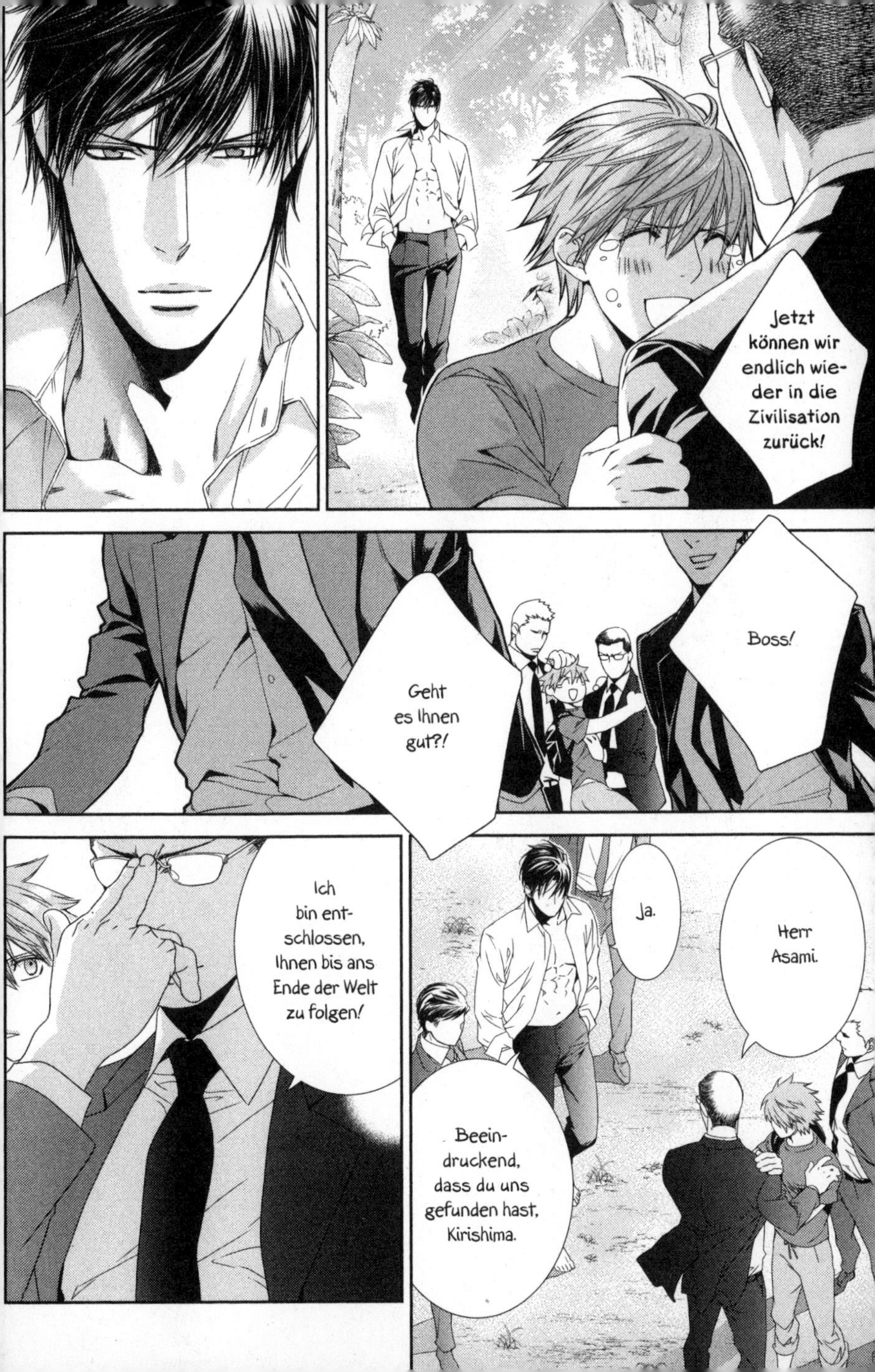
Jetzt können wir endlich wieder in die Zivilisation zurück!
Boss!
Geht es Ihnen gut?!
Herr Asami.
Ja.
Beeindruckend, dass du uns gefunden hast, Kirishima.
Ich bin entschlossen, Ihnen bis ans Ende der Welt zu folgen!

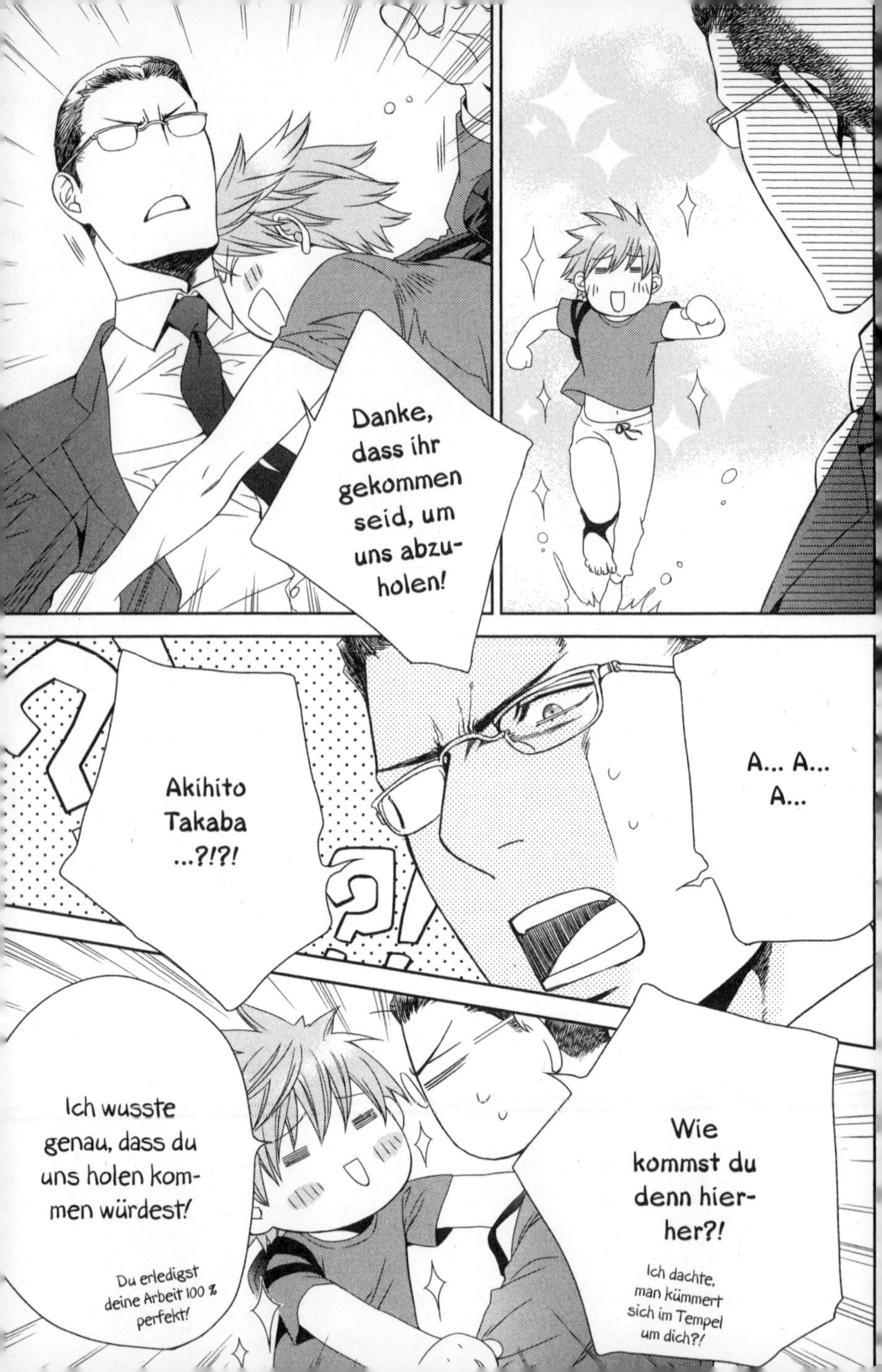
Danke, dass ihr gekommen seid, um uns abzuholen!
A... A... A...
Akihito Takaba ...?!?!
Wie kommst du denn hierher?!
Ich dachte, man kümmert sich im Tempel um dich?!
Ich wusste genau, dass du uns holen kommen würdest!
Du erledigst deine Arbeit 100 % perfekt!

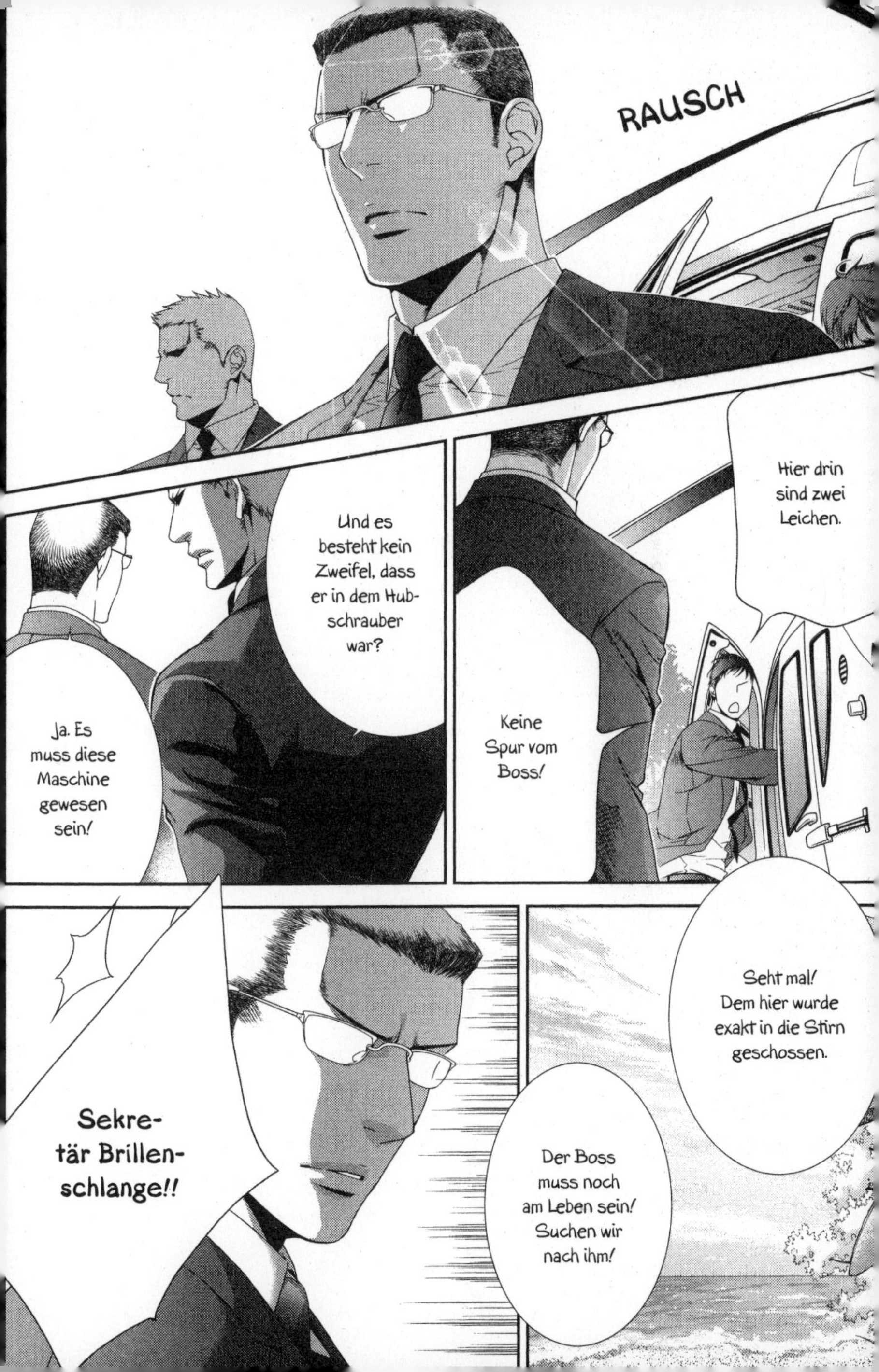
RAUSCH
Hier drin sind zwei Leichen.
Keine Spur vom Boss!
Und es besteht kein Zweifel, dass er in dem Hubschrauber war?
Ja. Es muss diese Maschine gewesen sein!
Seht mal! Dem hier wurde exakt in die Stirn geschossen.
Der Boss muss noch am Leben sein! Suchen wir nach ihm!
Sekretär Brillenschlange!!

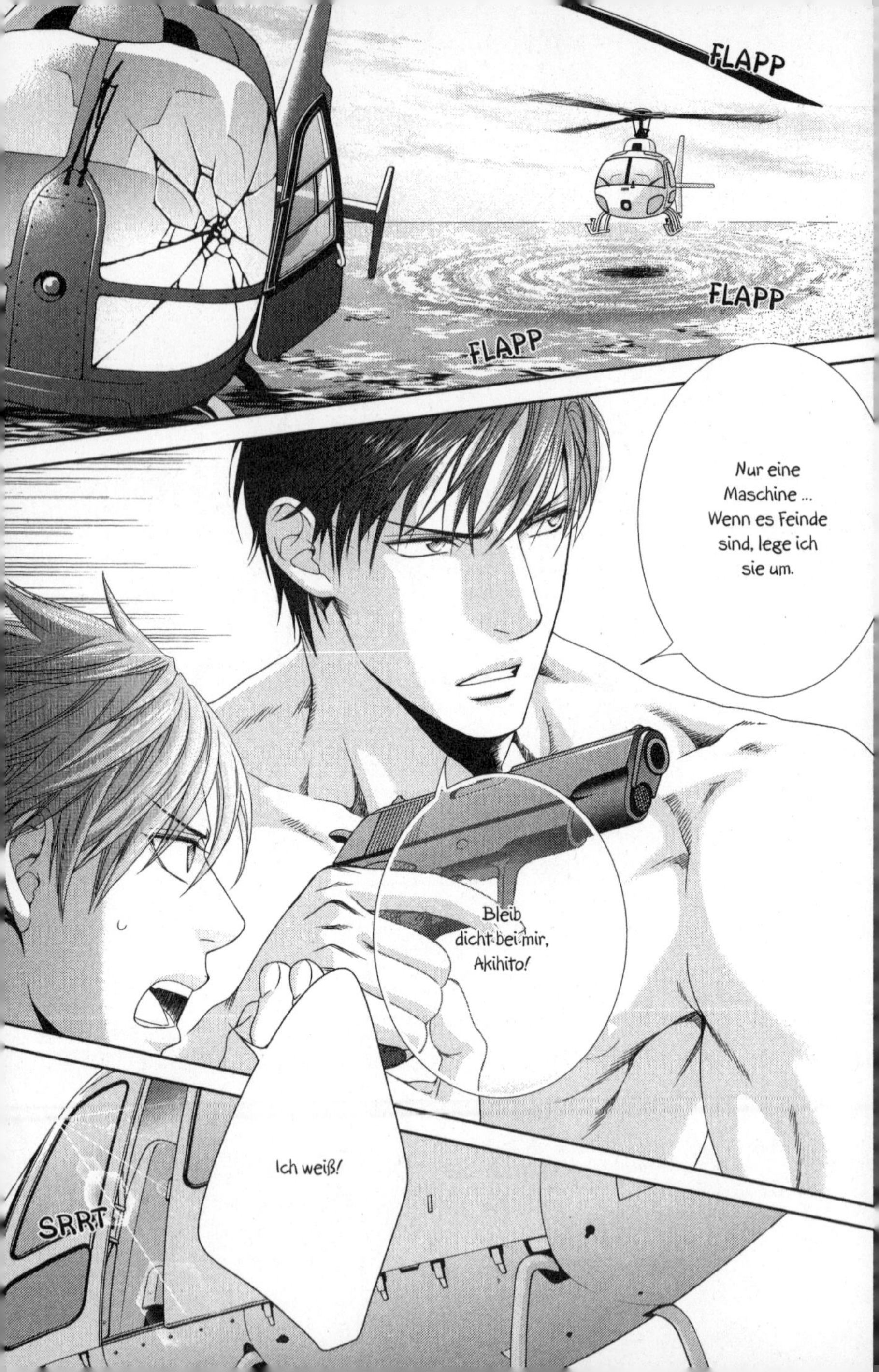
FLAPP
FLAPP
FLAPP
Nur eine Maschine ... Wenn es Feinde sind, lege ich sie um.
Bleib dicht bei mir, Akihito!
Ich weiß!
SRRT

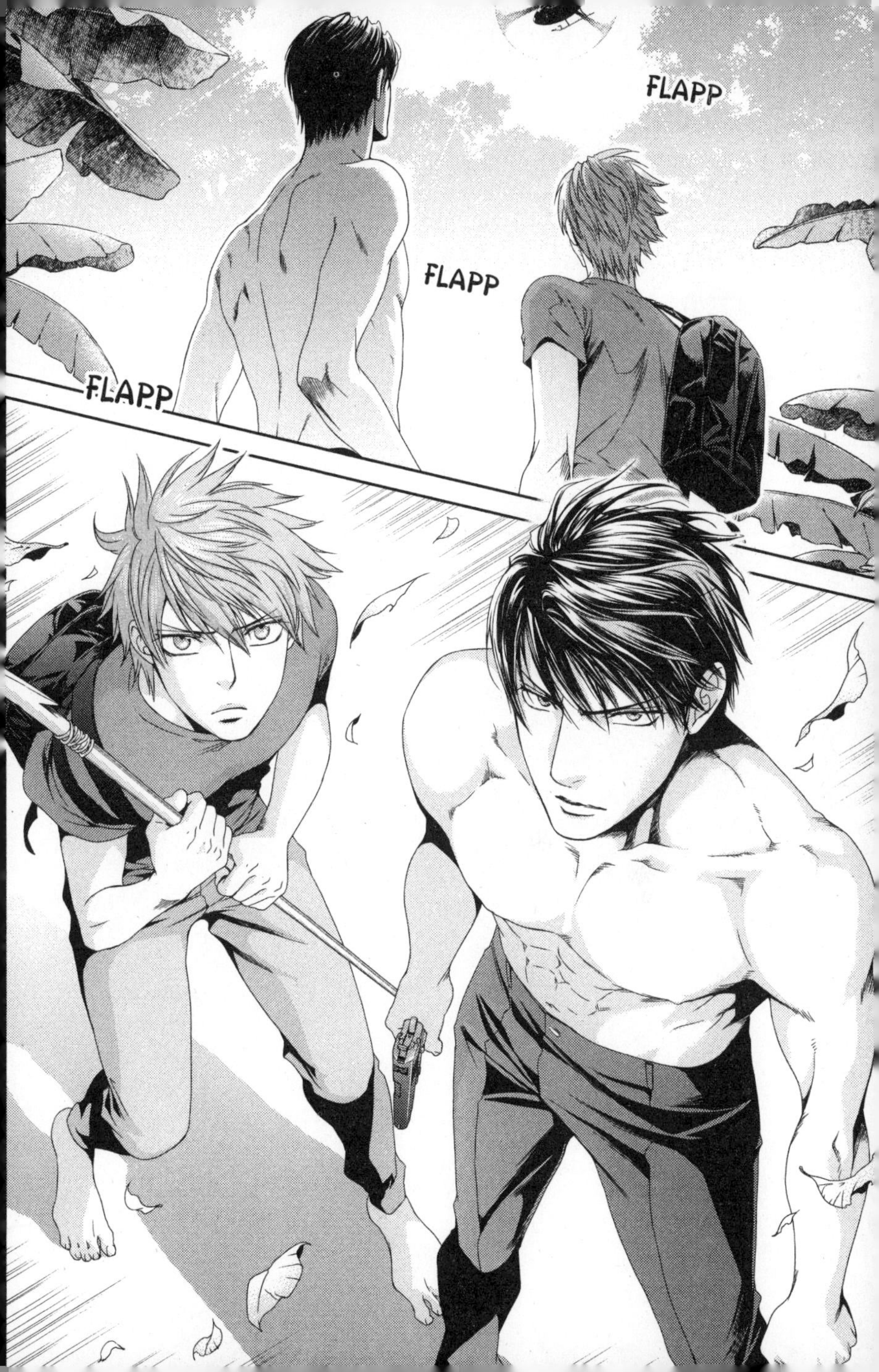
FLAPP
FLAPP
FLAPP

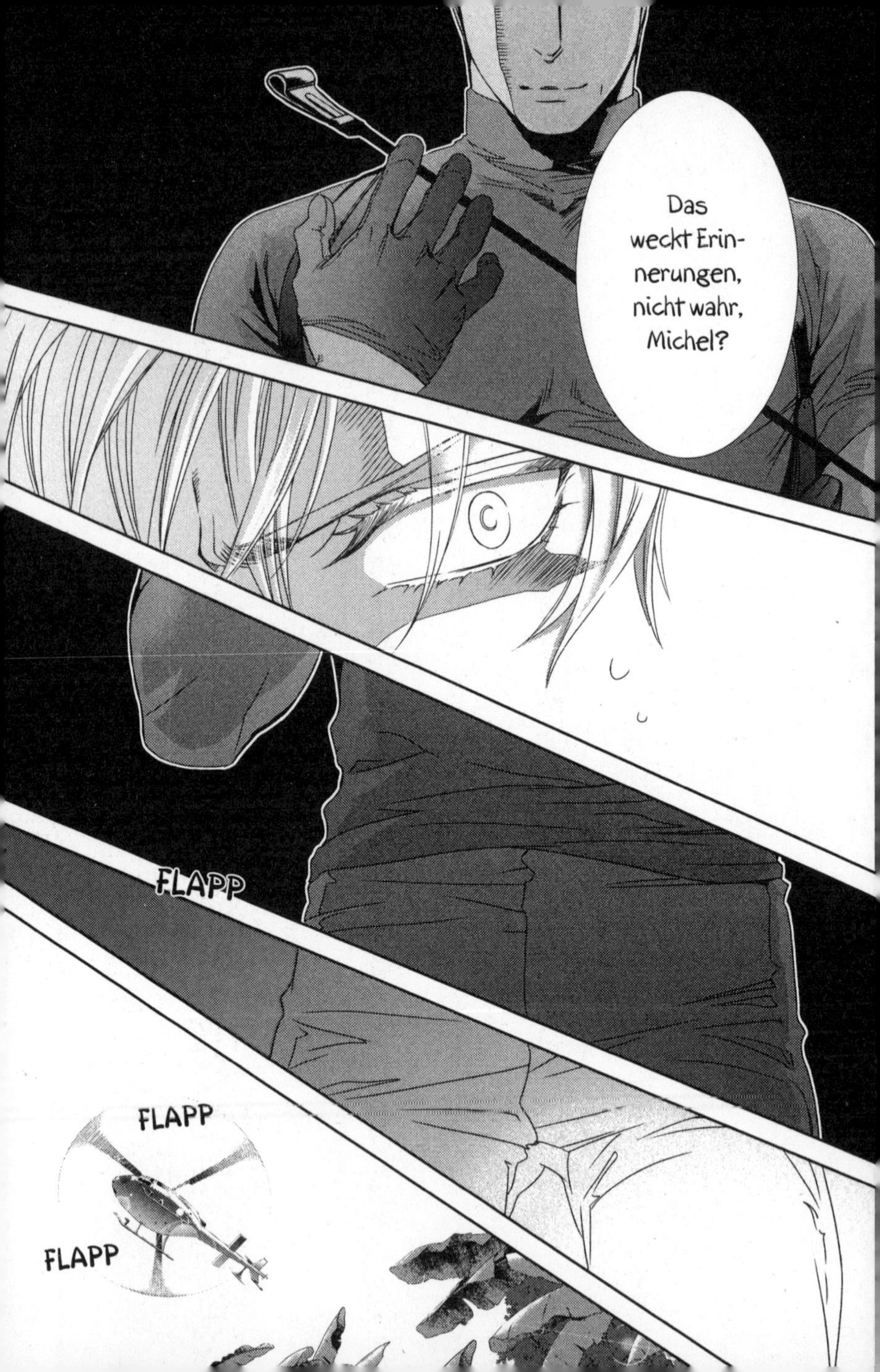
Das weckt Erin-
nerungen,
nicht wahr,
Michel?
FLAPP
FLAPP
FLAPP

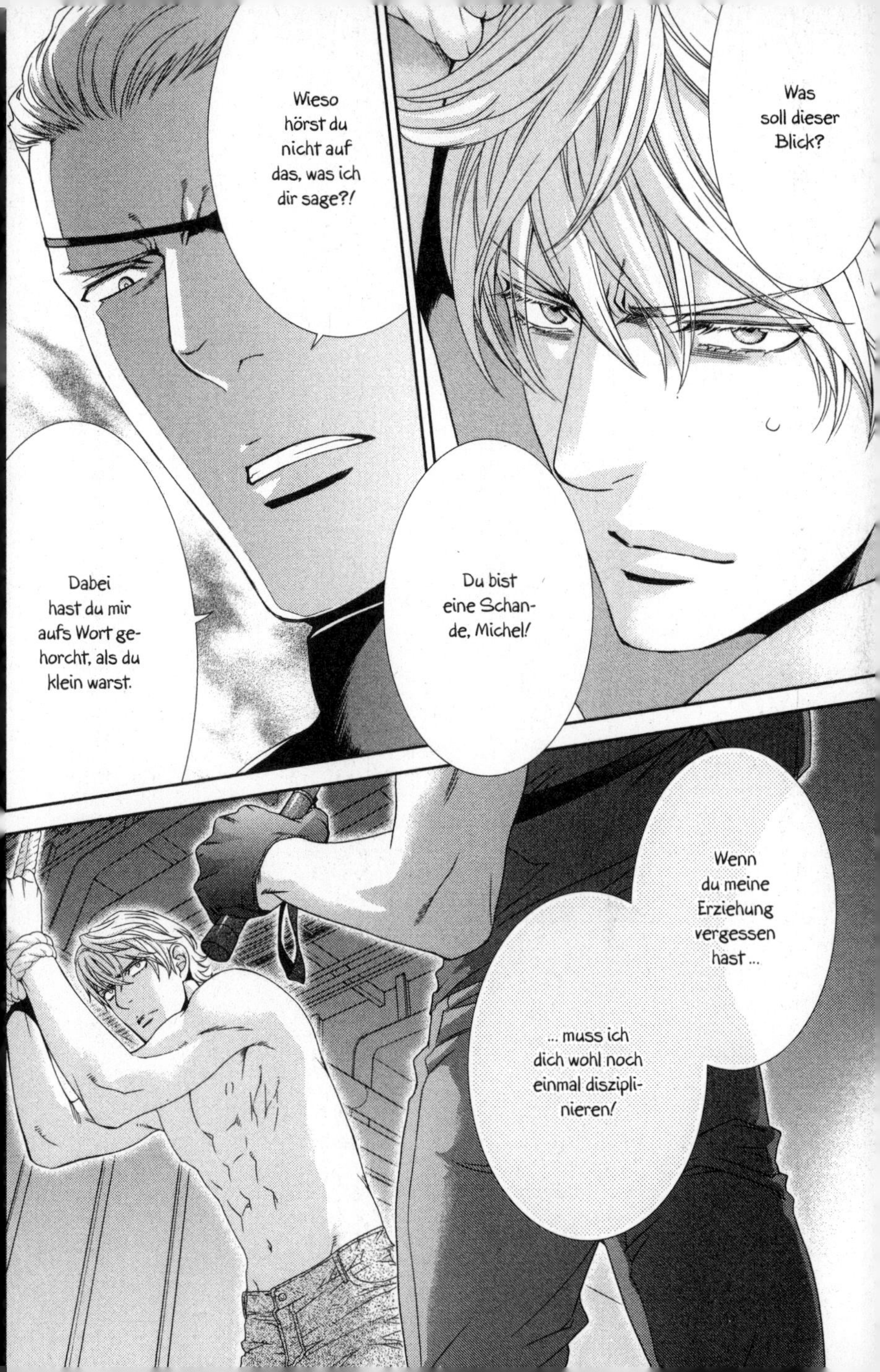
Was soll dieser Blick?
Wieso hörst du nicht auf das, was ich dir sage?!
Du bist eine Schande, Michel!
Dabei hast du mir aufs Wort gehorcht, als du klein warst.
Wenn du meine Erziehung vergessen hast ...
... muss ich dich wohl noch einmal disziplinieren!

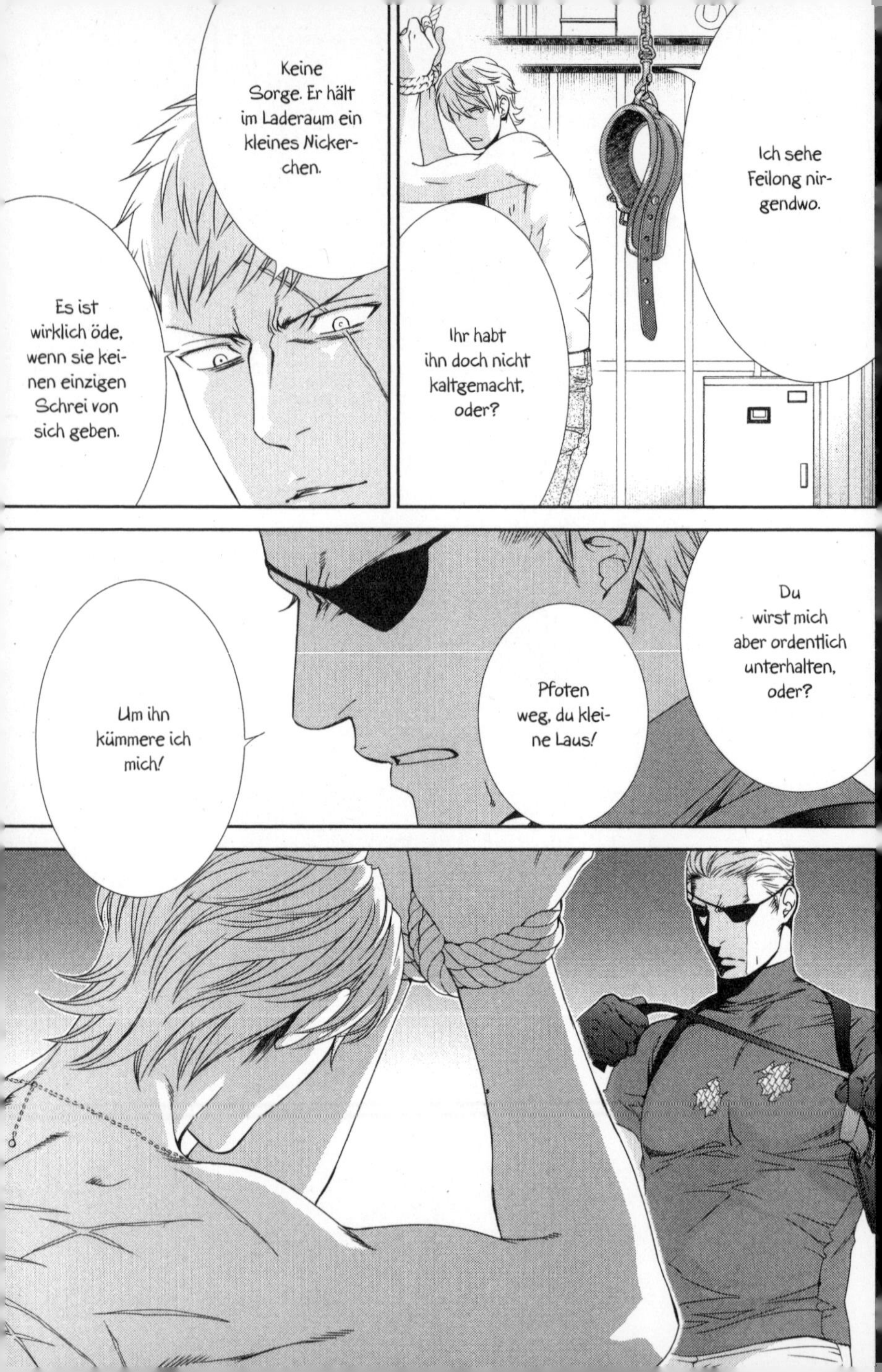
Ich sehe Feilong nirgendwo.
Ihr habt ihn doch nicht kaltgemacht, oder?
Keine Sorge. Er hält im Laderaum ein kleines Nickerchen.
Es ist wirklich öde, wenn sie keinen einzigen Schrei von sich geben.
Du wirst mich aber ordentlich unterhalten, oder?
Pfoten weg, du kleine Laus!
Um ihn kümmere ich mich!

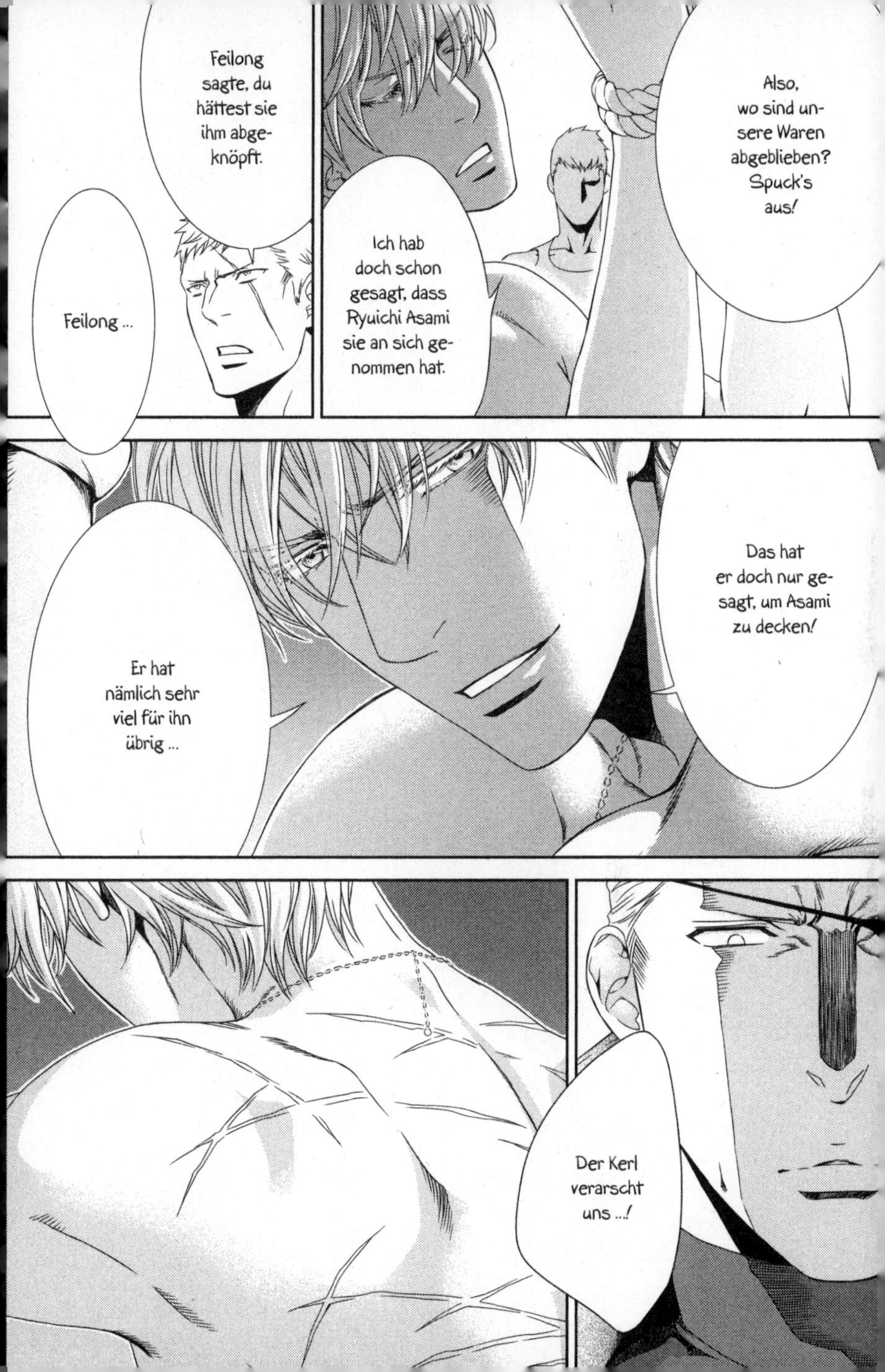

Also, wo sind unsere Waren abgeblieben? Spuck's aus!
Ich hab doch schon gesagt, dass Ryuichi Asami sie an sich genommen hat.
Feilong sagte, du hättest sie ihm abgeknöpft.
Feilong ...
Das hat er doch nur gesagt, um Asami zu decken!
Er hat nämlich sehr viel für ihn übrig ...
Der Kerl verarscht uns ...!

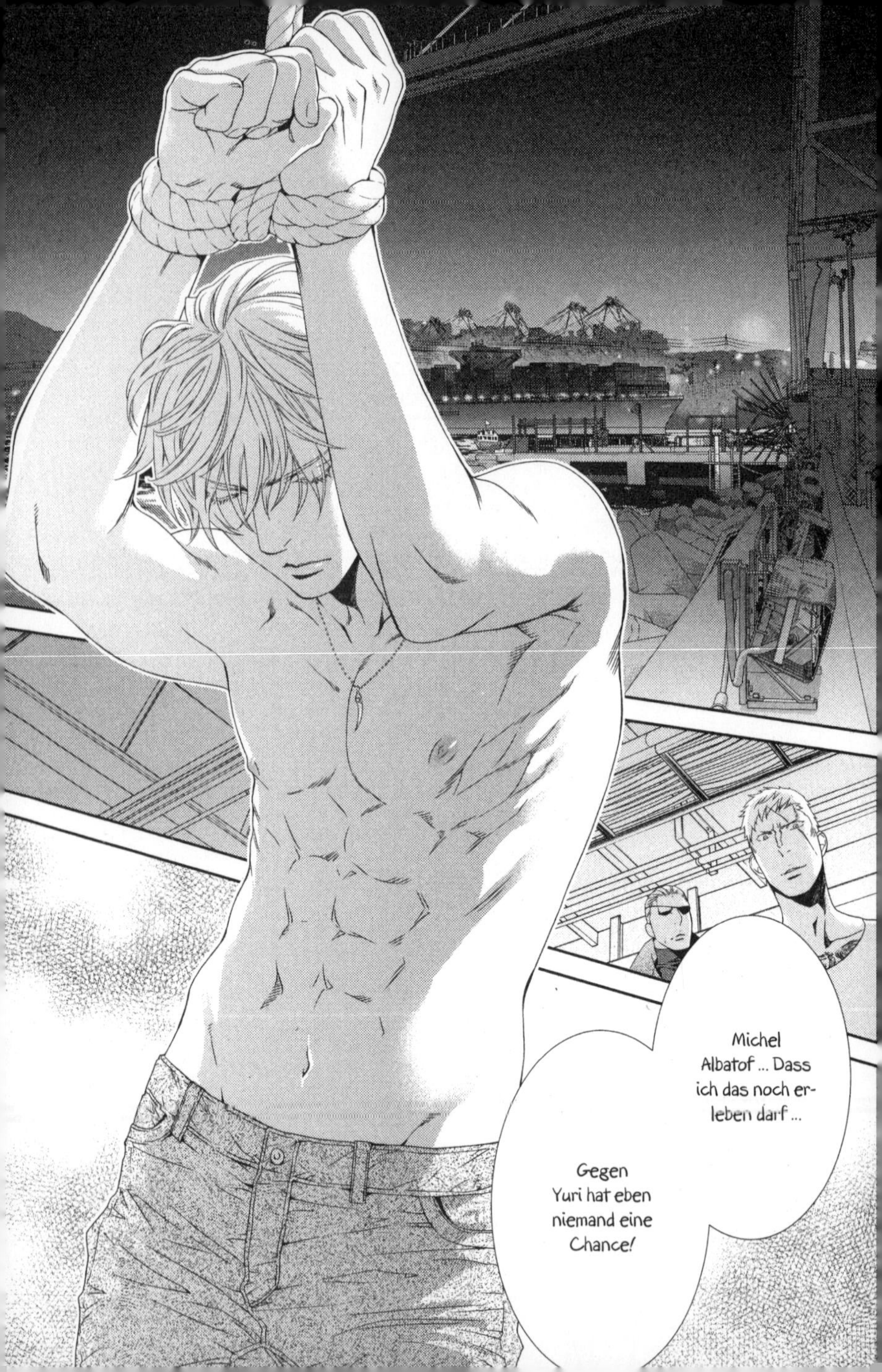
Michel Albatof ... Dass ich das noch erleben darf ...
Gegen Yuri hat eben niemand eine Chance!

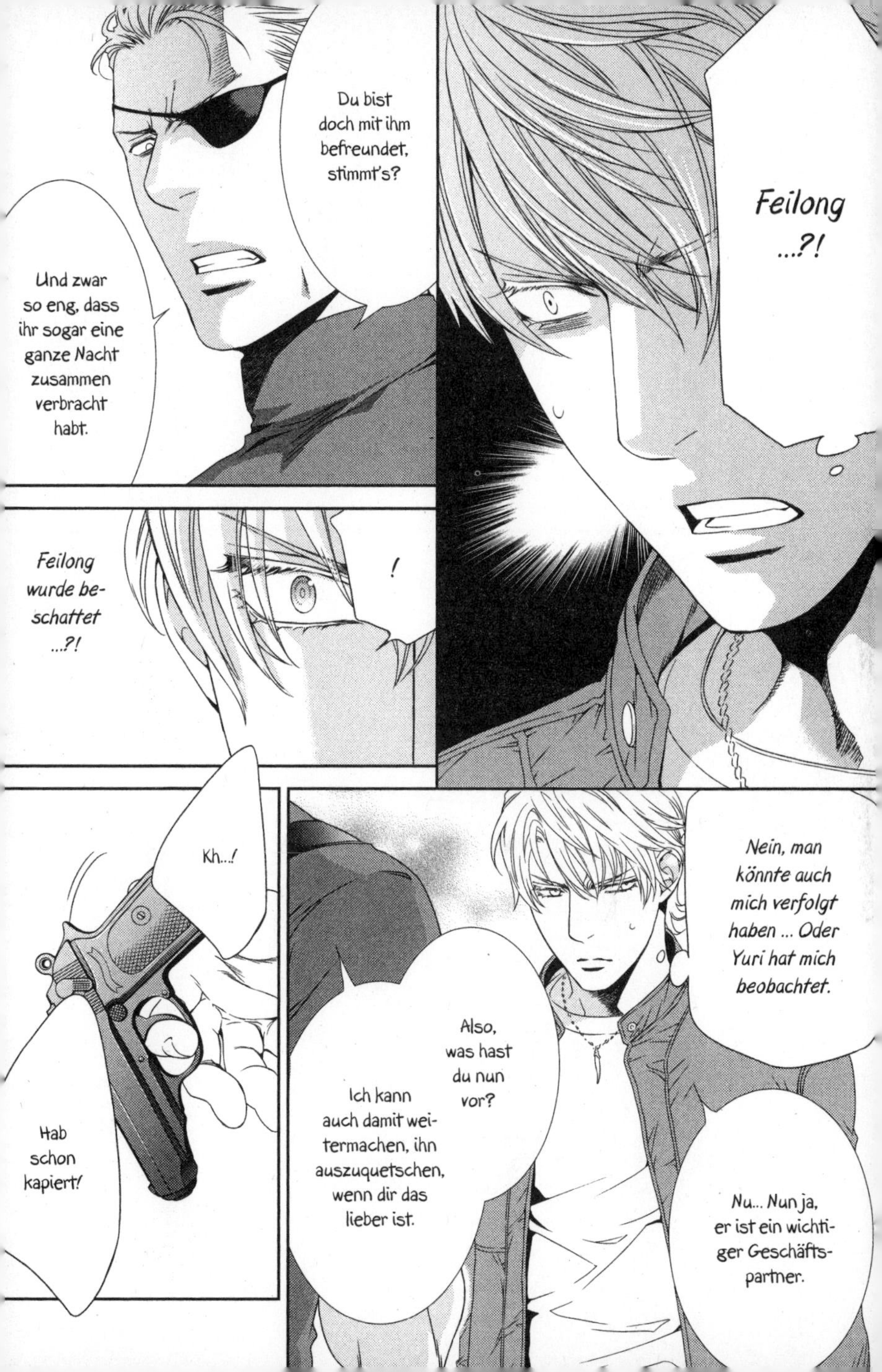

Du bist doch mit ihm befreundet, stimmt's?
Und zwar so eng, dass ihr sogar eine ganze Nacht zusammen verbracht habt.
Feilong ...?!
Feilong wurde beschattet ...?!
!
Nein, man könnte auch mich verfolgt haben ... Oder Yuri hat mich beobachtet.
Nu... Nun ja, er ist ein wichtiger Geschäftspartner.
Also, was hast du nun vor?
Ich kann auch damit weitermachen, ihn auszuquetschen, wenn dir das lieber ist.
Kh...!
Hab schon kapiert!

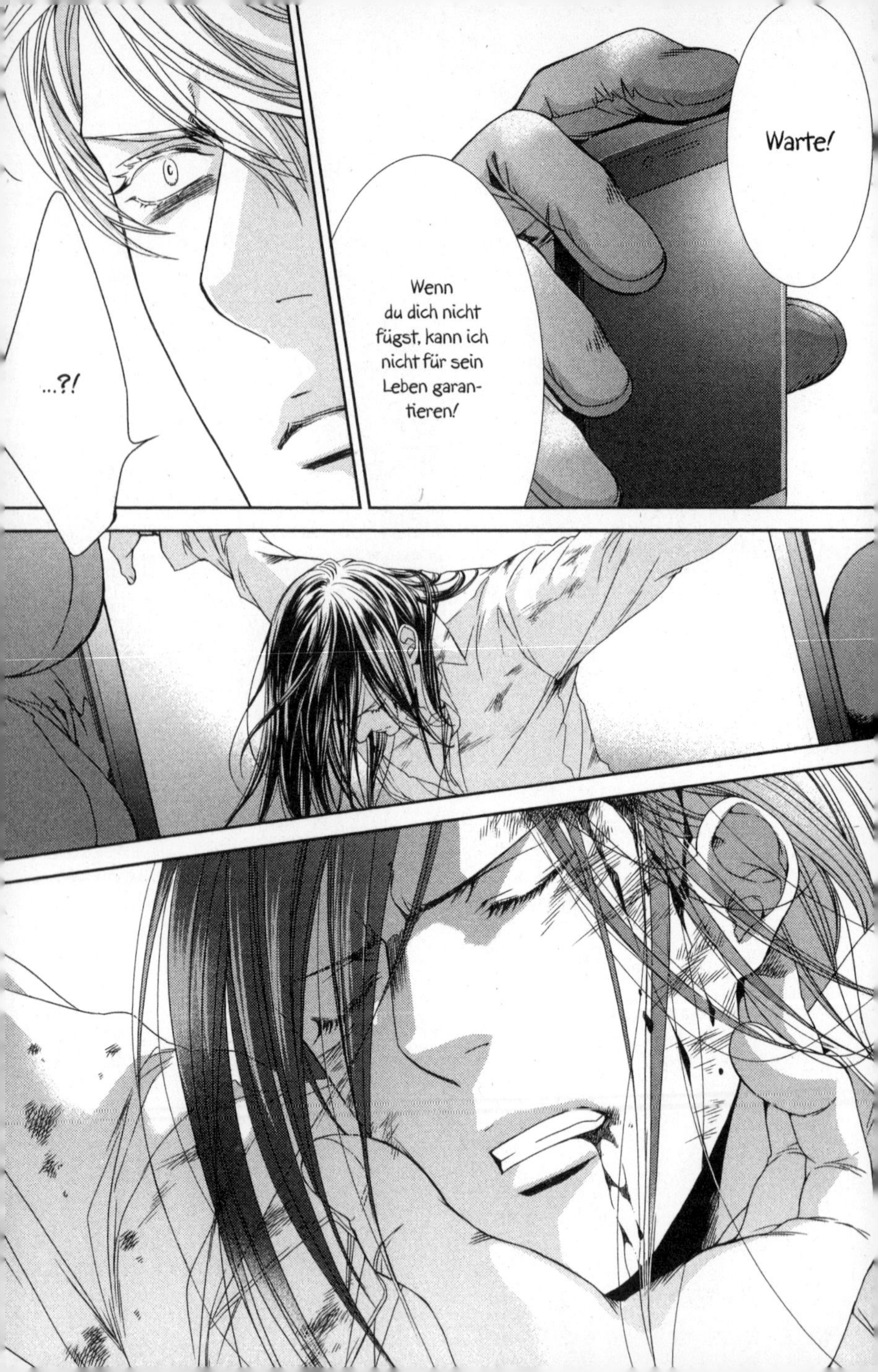
Warte!
Wenn du dich nicht fügst, kann ich nicht für sein Leben garantieren!
...?!

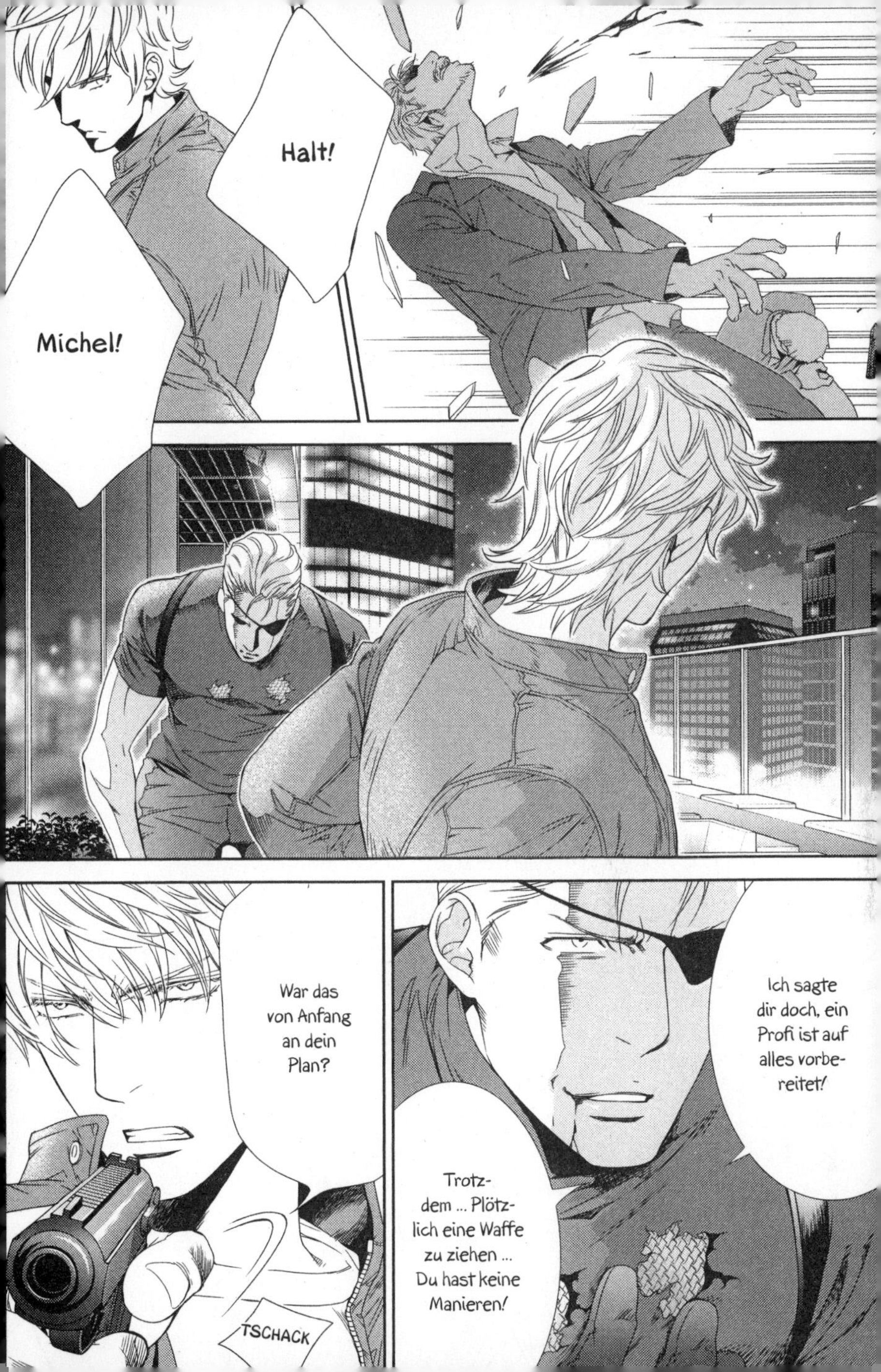

Halt!
Michel!
Ich sagte dir doch, ein Profi ist auf alles vorbereitet!
Trotzdem ... Plötzlich eine Waffe zu ziehen ... Du hast keine Manieren!
War das von Anfang an dein Plan?
TSCHACK

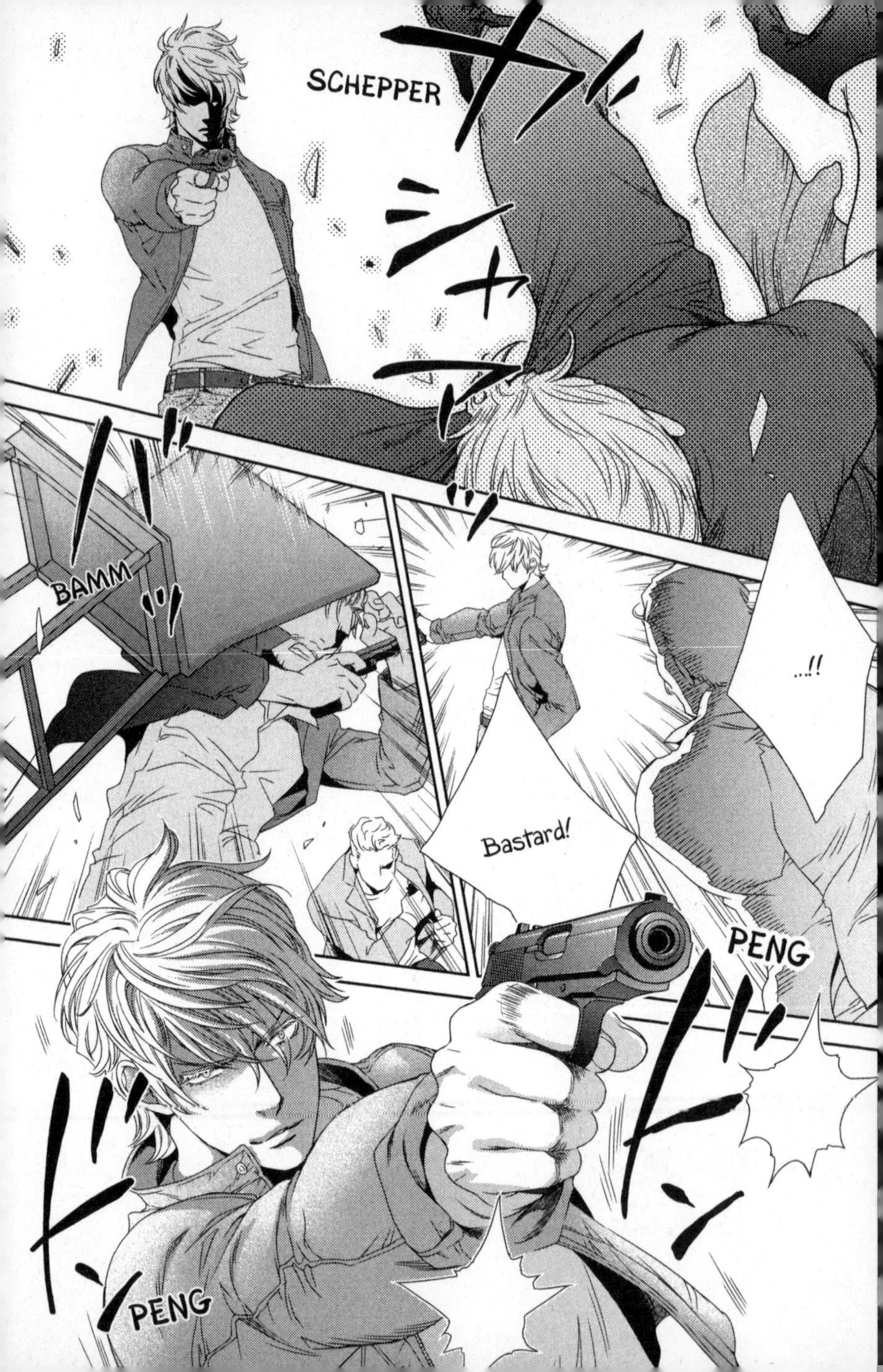
SCHEPPER
BAMM
...!!
Bastard!
PENG
PENG

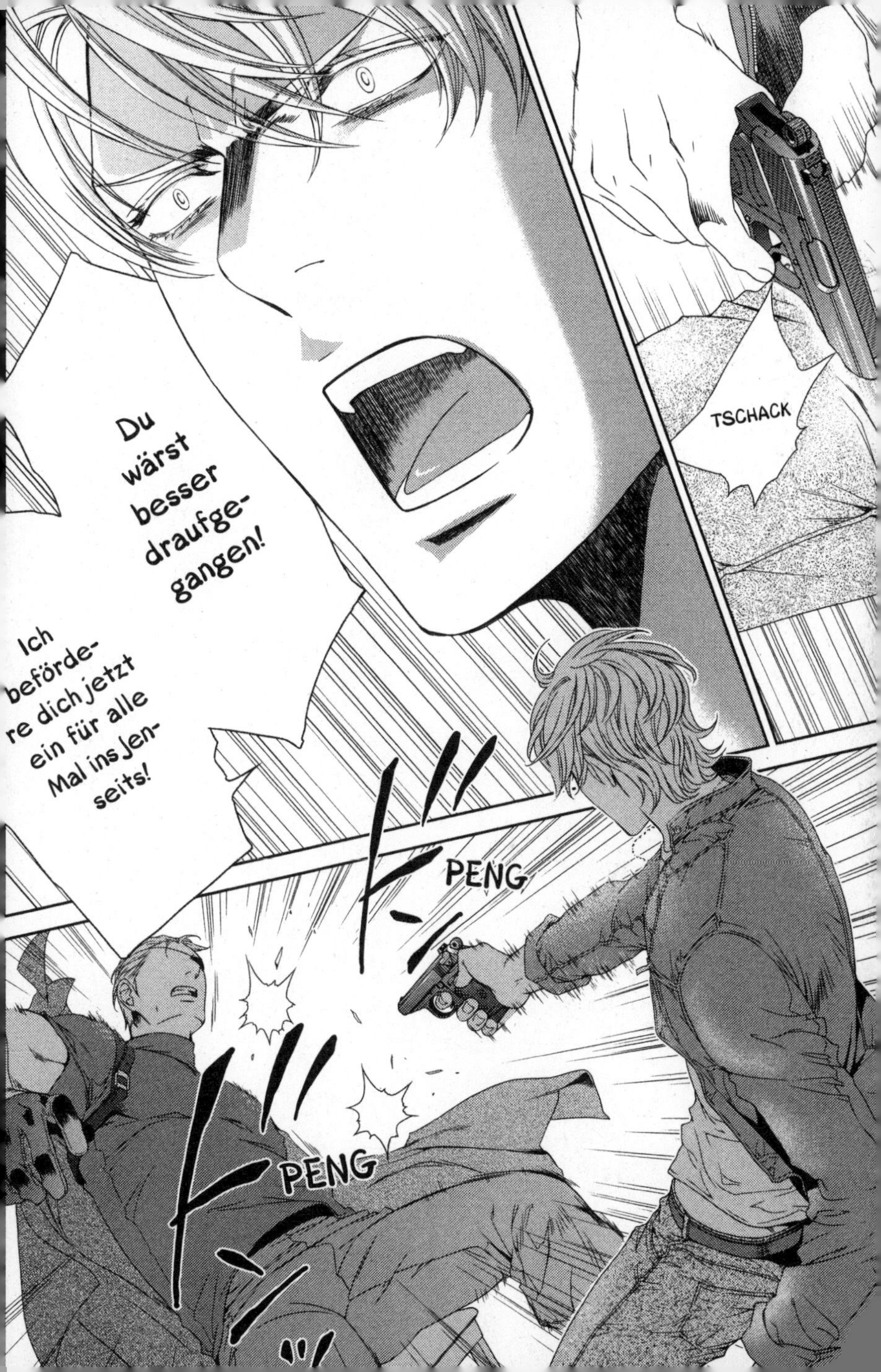
TSCHACK
Du wärst besser draufgegangen!
Ich befördere dich jetzt ein für alle Mal ins Jenseits!
PENG
PENG

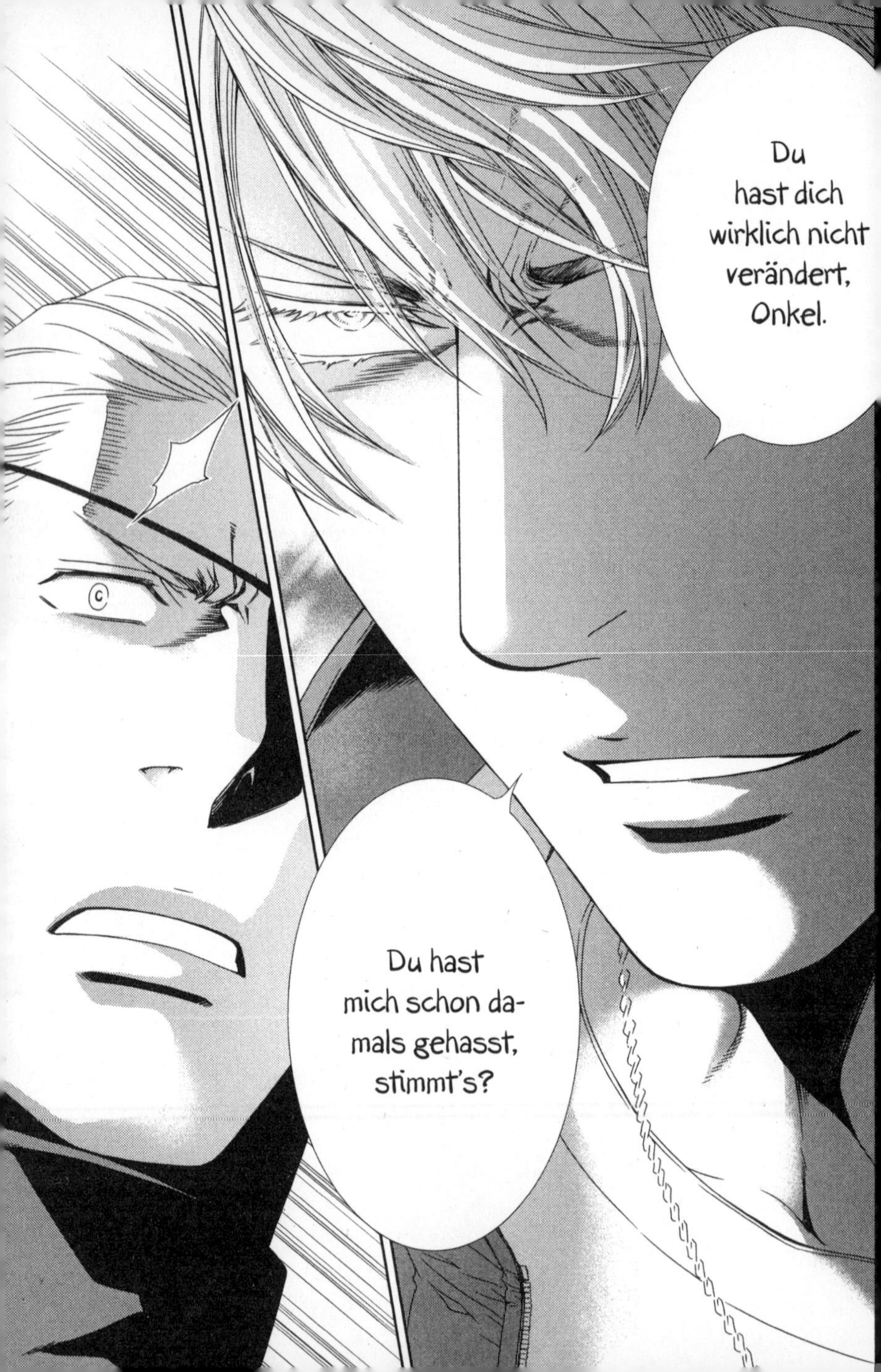
Du hast dich wirklich nicht verändert, Onkel.
Du hast mich schon damals gehasst, stimmt's?

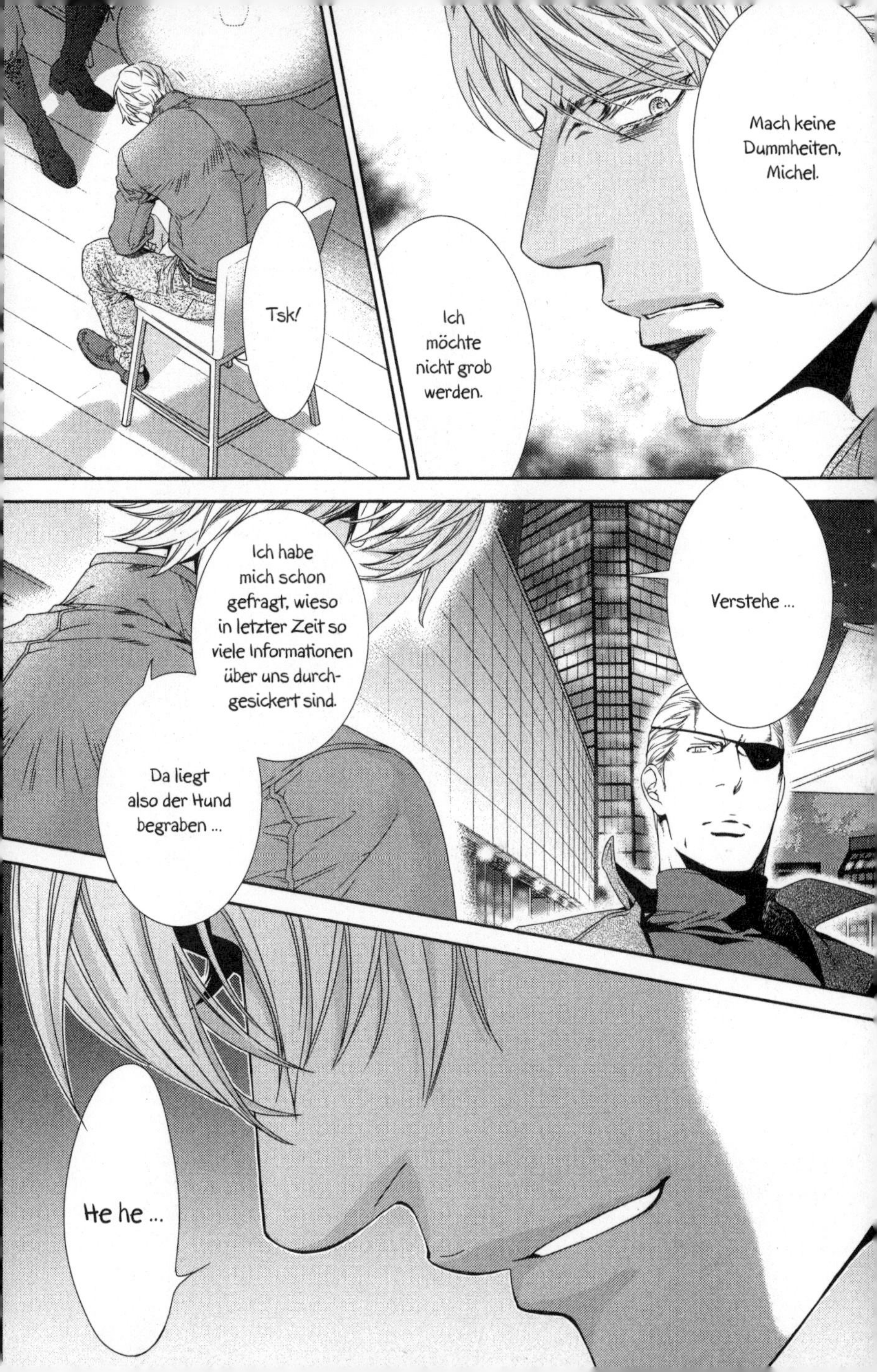
Mach keine Dummheiten, Michel.
Ich möchte nicht grob werden.
Tsk!
Verstehe ...
Ich habe mich schon gefragt, wieso in letzter Zeit so viele Informationen über uns durch-gesickert sind.
Da liegt also der Hund begraben ...
He he ...

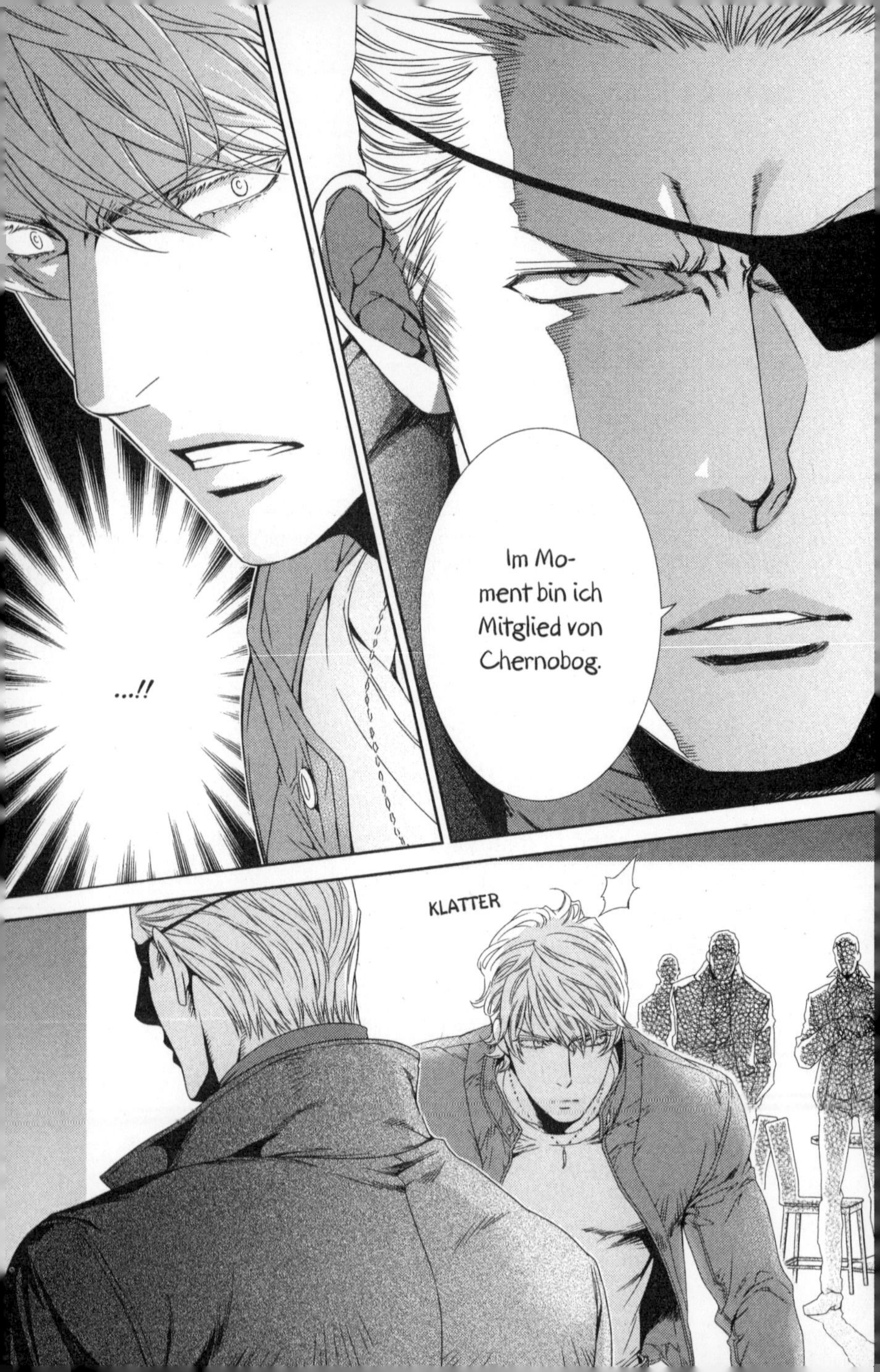
Im Moment bin ich Mitglied von Chernobog.
...!!
KLATTER

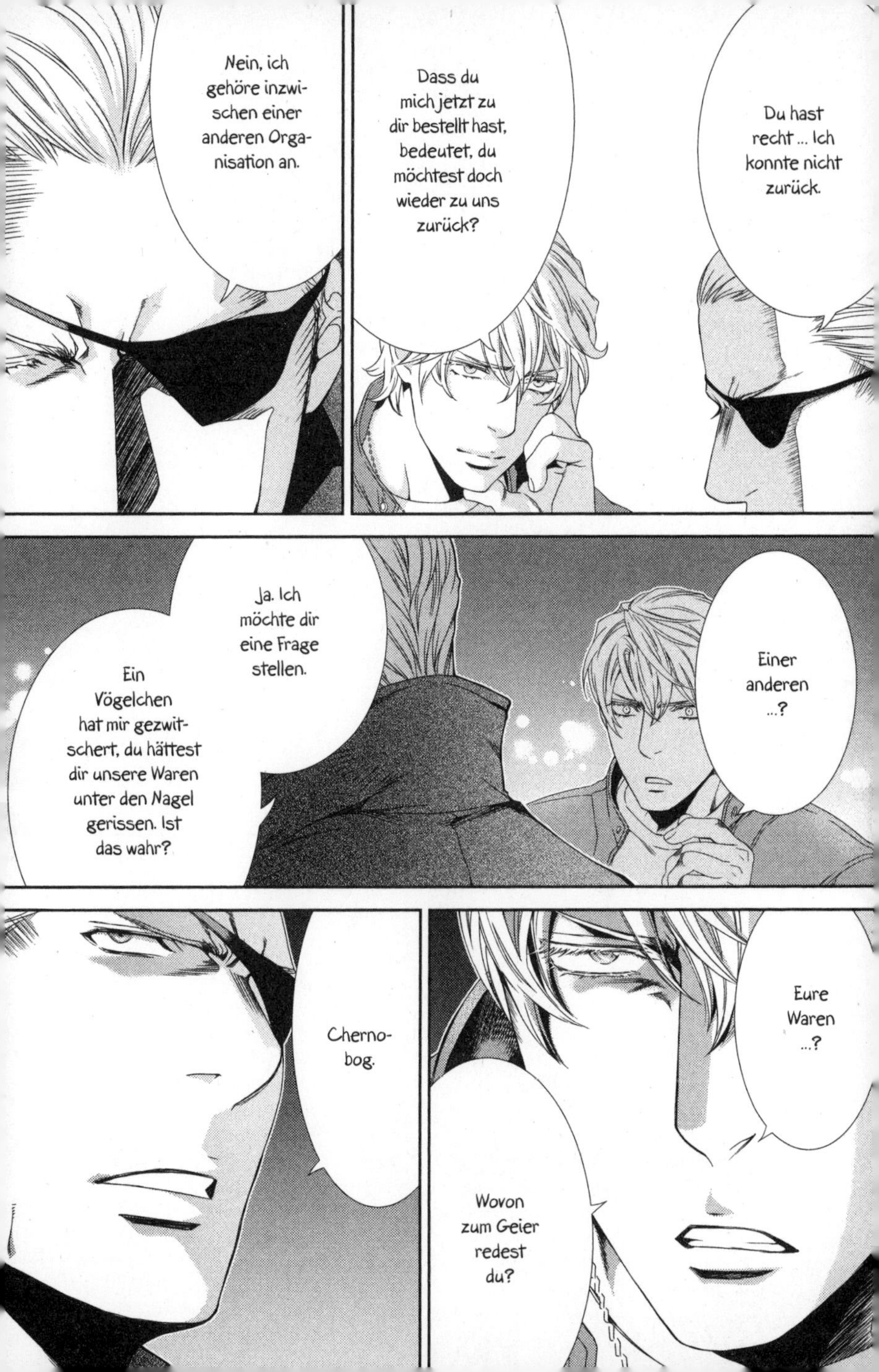
Du hast recht ... Ich konnte nicht zurück.
Dass du mich jetzt zu dir bestellt hast, bedeutet, du möchtest doch wieder zu uns zurück?
Nein, ich gehöre inzwischen einer anderen Organisation an.
Einer anderen ...?
Ja. Ich möchte dir eine Frage stellen.
Ein Vögelchen hat mir gezwitschert, du hättest dir unsere Waren unter den Nagel gerissen. Ist das wahr?
Eure Waren ...?
Wovon zum Geier redest du?
Chernobog.

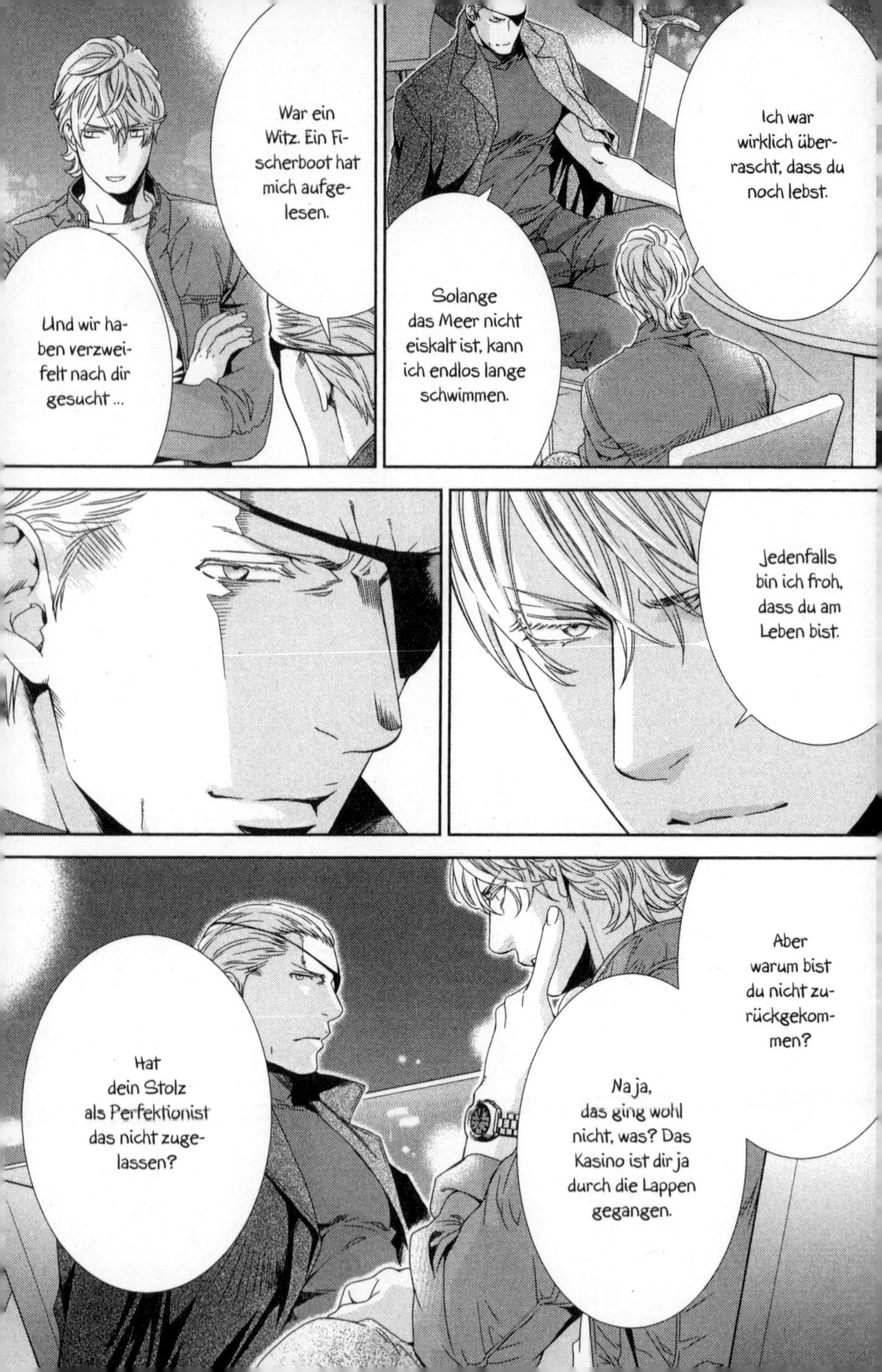
Ich war wirklich überrascht, dass du noch lebst.
Solange das Meer nicht eiskalt ist, kann ich endlos lange schwimmen.
War ein Witz. Ein Fischerboot hat mich aufgelesen.
Und wir haben verzweifelt nach dir gesucht ...
Jedenfalls bin ich froh, dass du am Leben bist.
Aber warum bist du nicht zurückgekommen?
Na ja, das ging wohl nicht, was? Das Kasino ist dir ja durch die Lappen gegangen.
Hat dein Stolz als Perfektionist das nicht zugelassen?

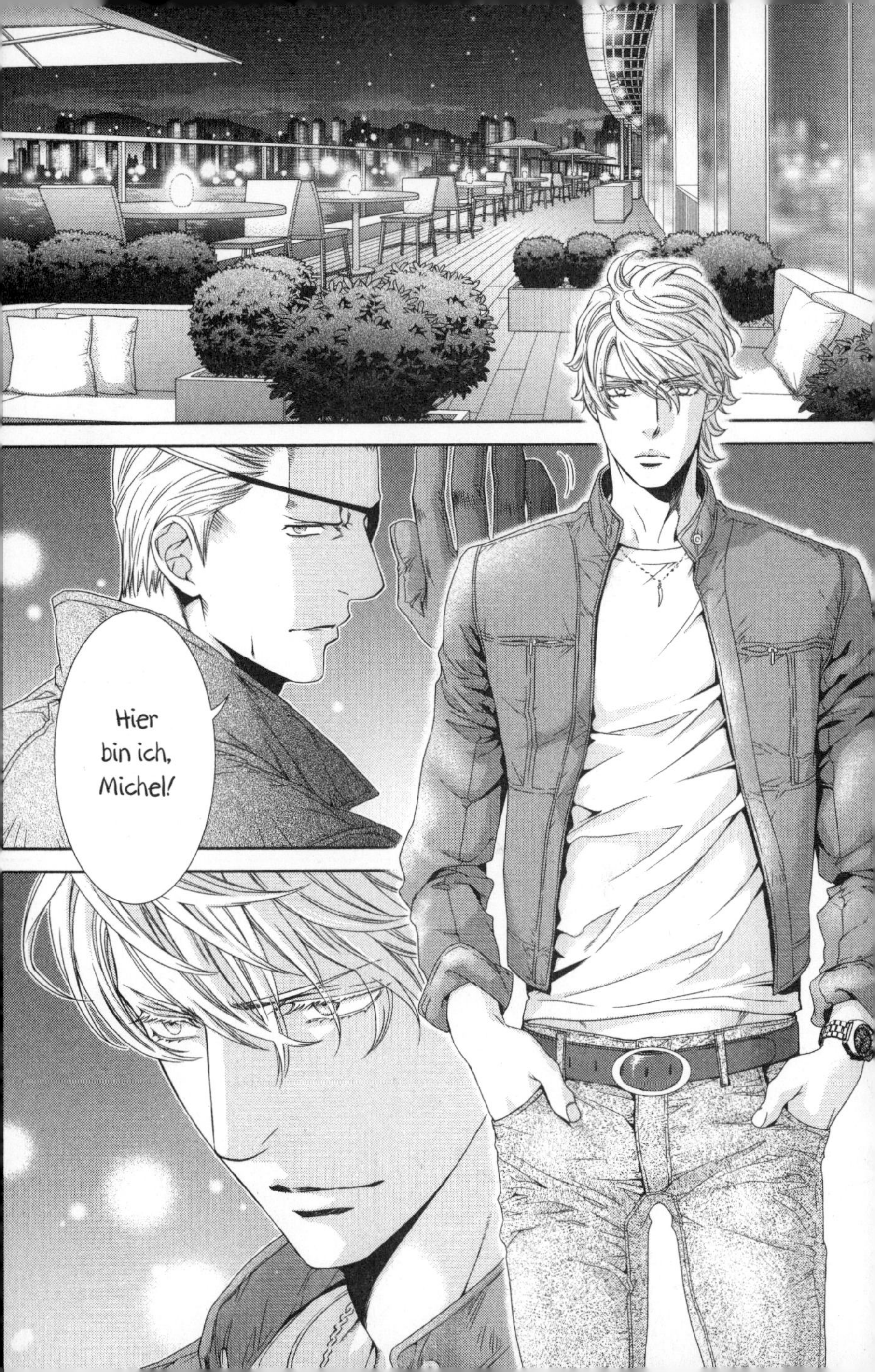
Hier bin ich, Michel!

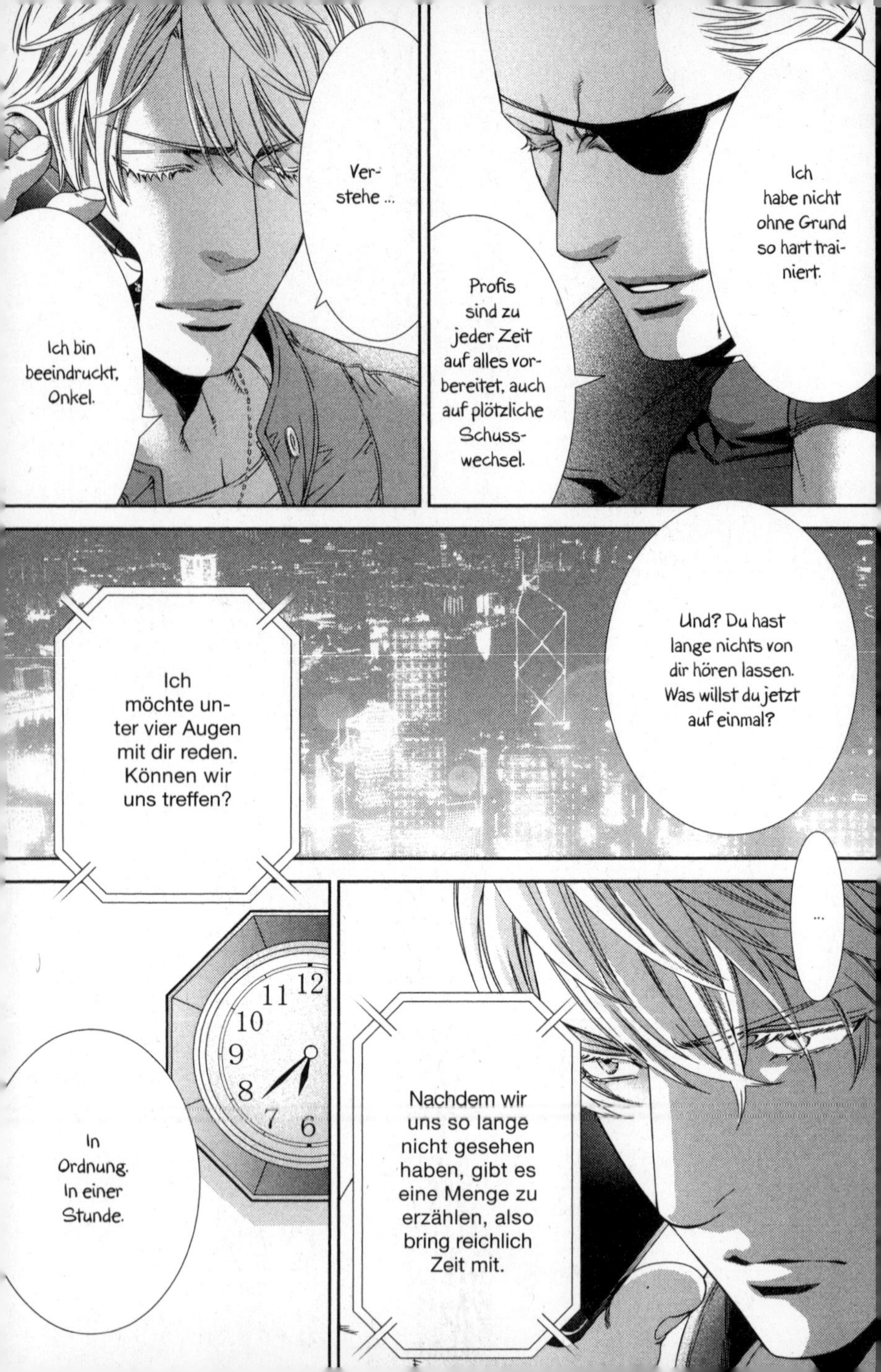
Ich habe nicht ohne Grund so hart trainiert.
Profis sind zu jeder Zeit auf alles vorbereitet, auch auf plötzliche Schusswechsel.
Verstehe ...
Ich bin beeindruckt, Onkel.
Und? Du hast lange nichts von dir hören lassen. Was willst du jetzt auf einmal?
Ich möchte unter vier Augen mit dir reden. Können wir uns treffen?
...
Nachdem wir uns so lange nicht gesehen haben, gibt es eine Menge zu erzählen, also bring reichlich Zeit mit.
In Ordnung. In einer Stunde.

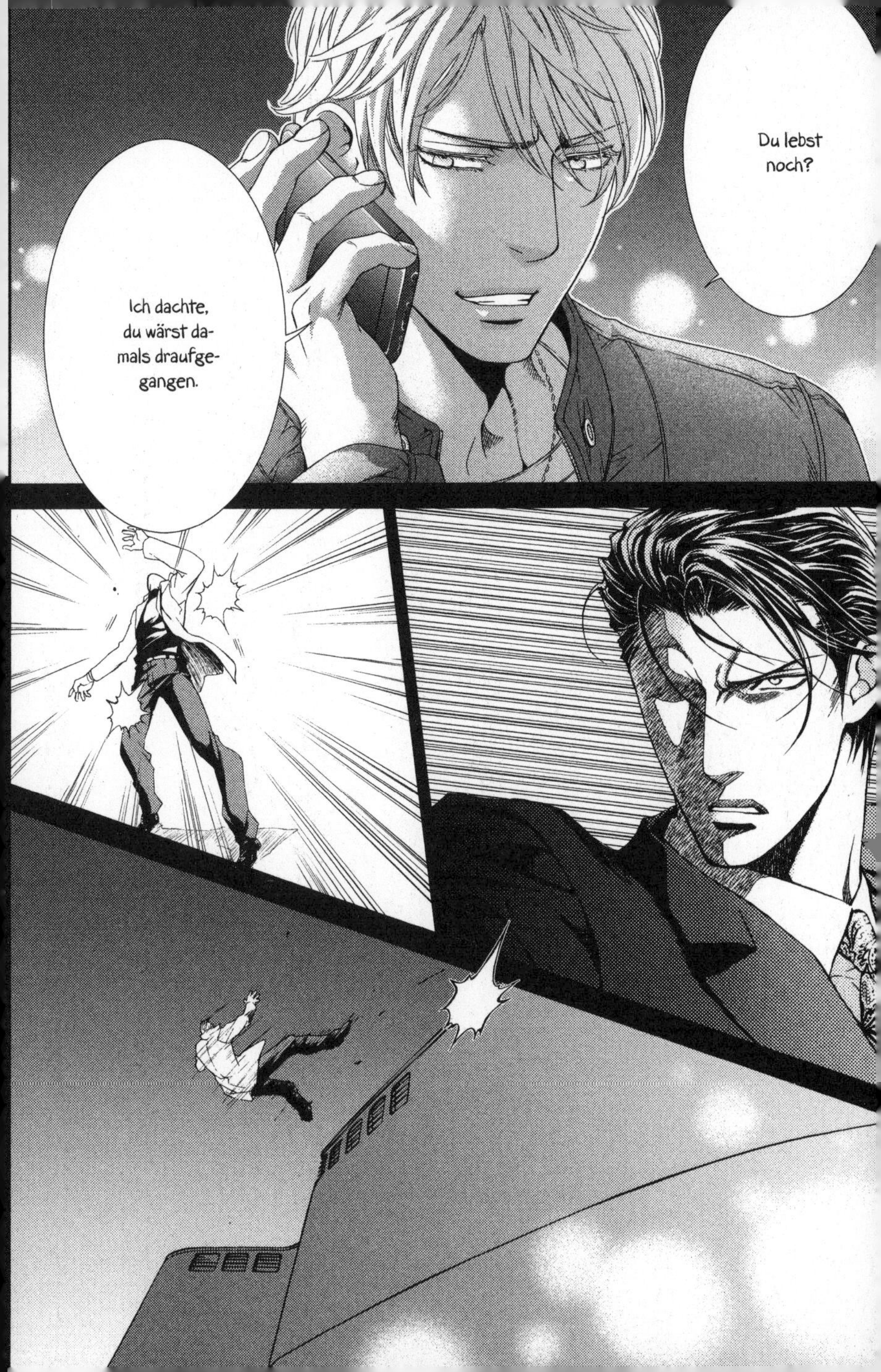
Du lebst noch?
Ich dachte, du wärst damals draufgegangen.

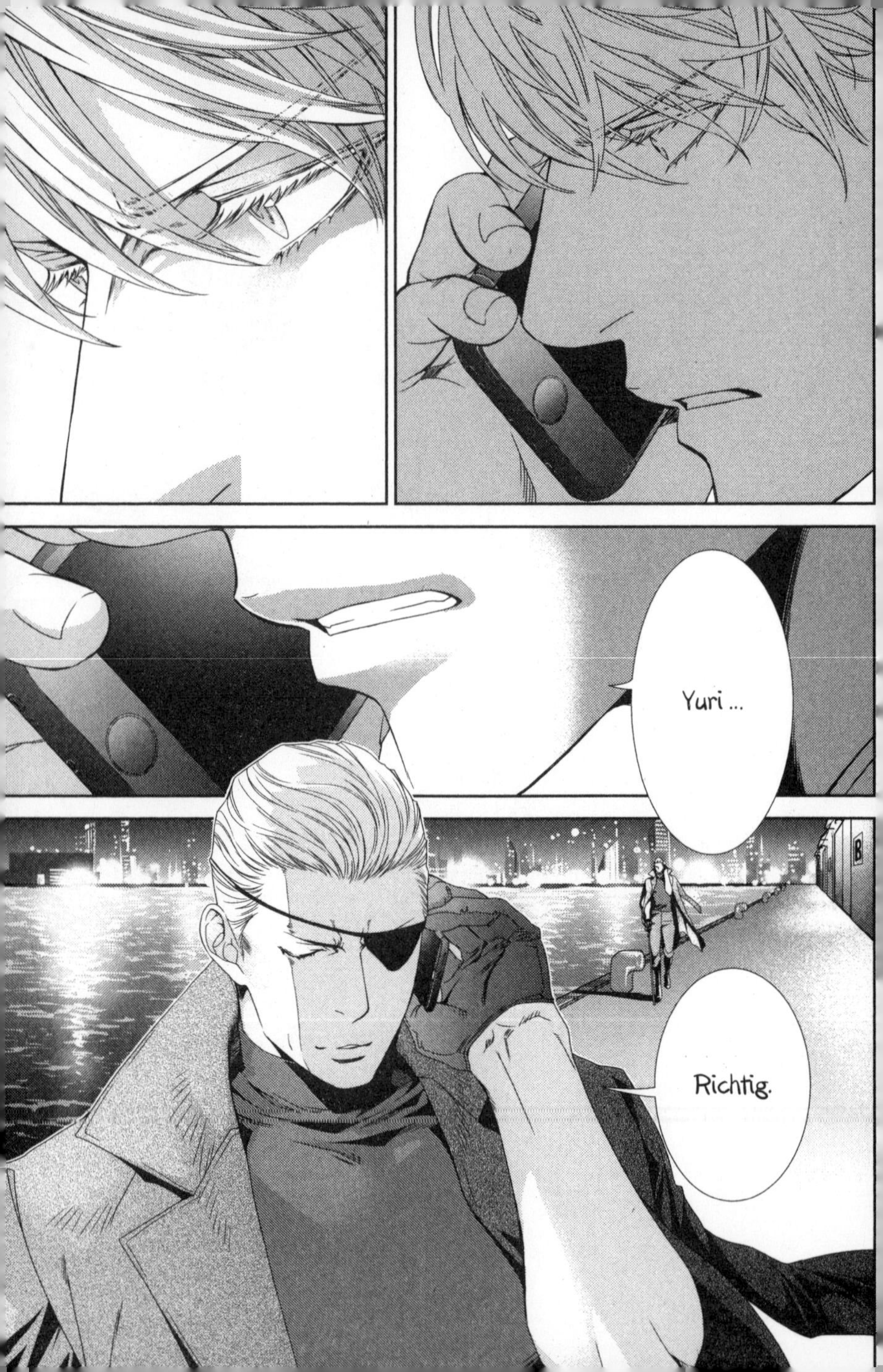
Yuri ...
Richtig.

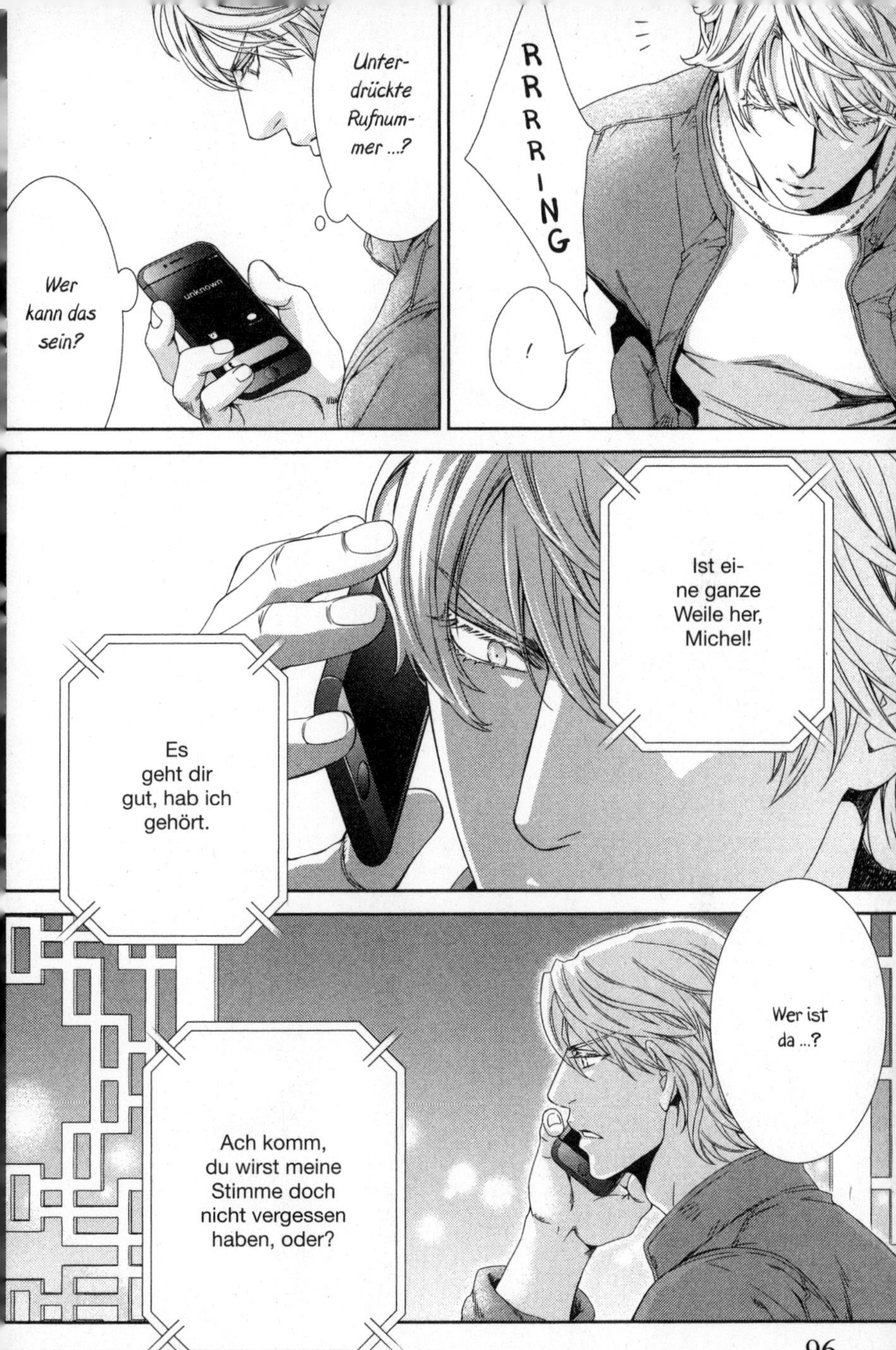
RRRRING
!
Unter-drückte Rufnum-mer ...?
unknown
Wer kann das sein?
Ist ei-ne ganze Weile her, Michel!
Es geht dir gut, hab ich gehört.
Wer ist da ...?
Ach komm, du wirst meine Stimme doch nicht vergessen haben, oder?

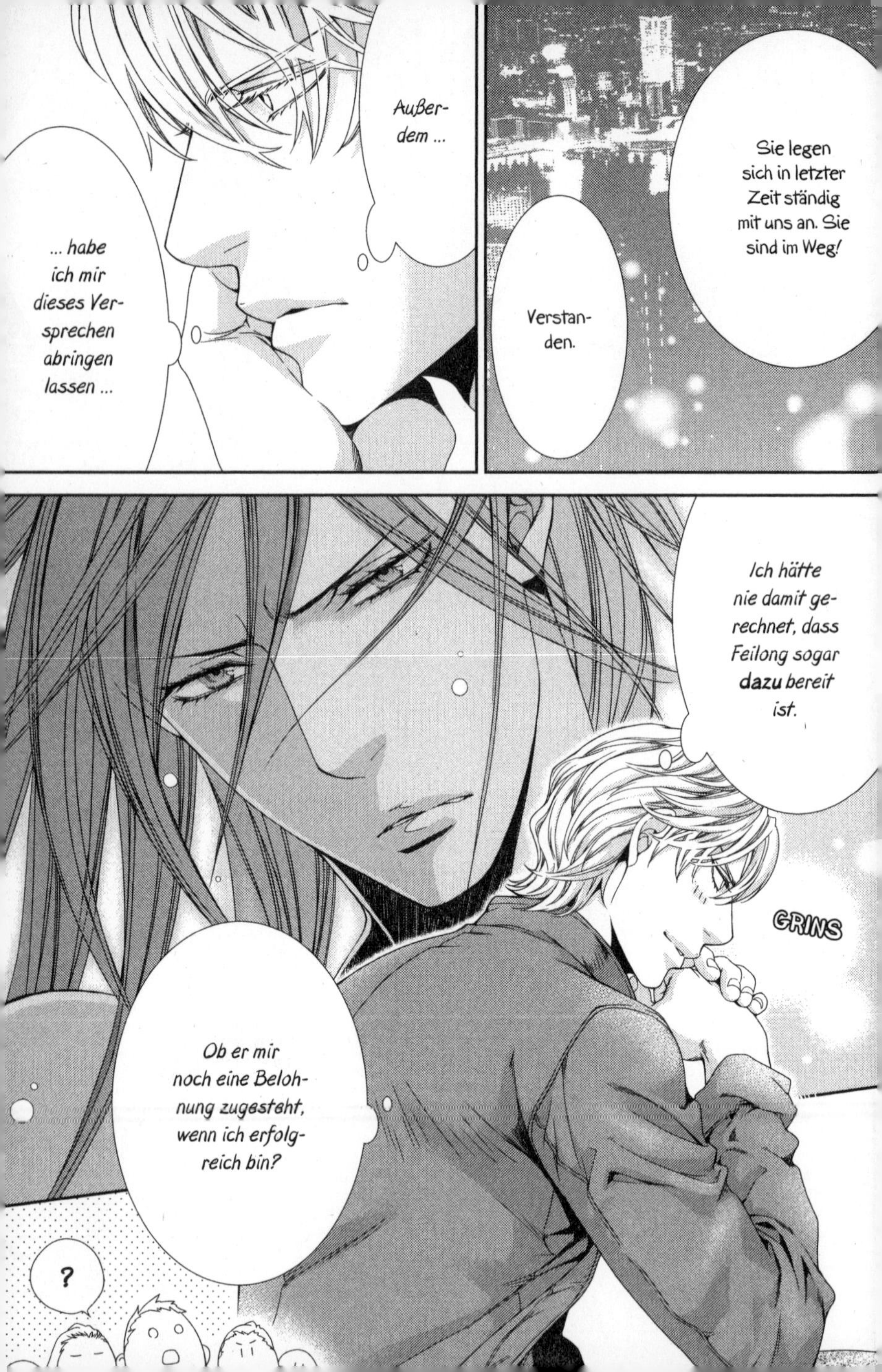
Sie legen sich in letzter Zeit ständig mit uns an. Sie sind im Weg!
Verstanden.
Außerdem ...
... habe ich mir dieses Versprechen abringen lassen ...
Ich hätte nie damit gerechnet, dass Feilong sogar **dazu** bereit ist.
GRINS
Ob er mir noch eine Belohnung zugesteht, wenn ich erfolgreich bin?
?

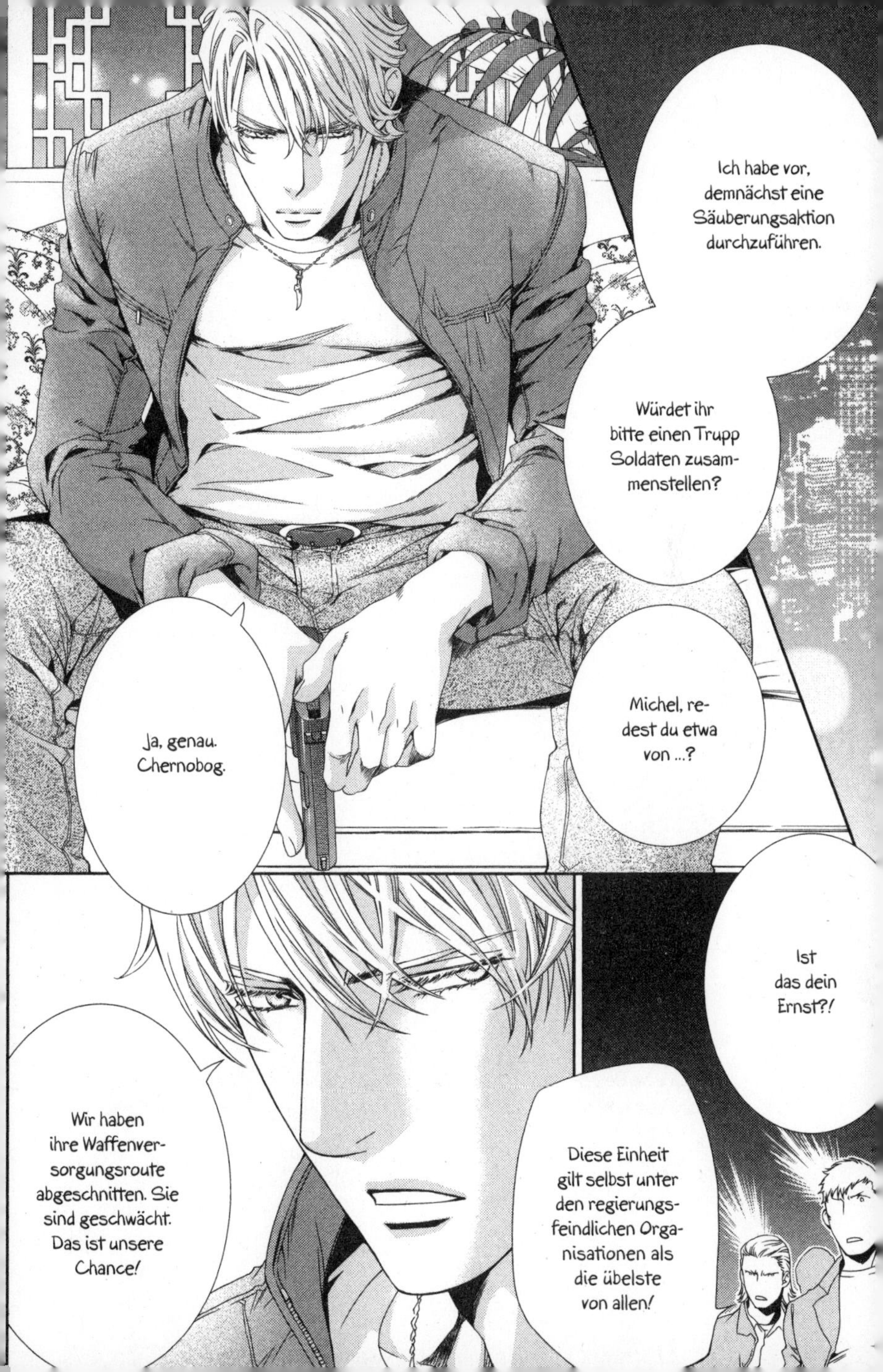
Ich habe vor, demnächst eine Säuberungsaktion durchzuführen.
Würdet ihr bitte einen Trupp Soldaten zusammenstellen?
Michel, redest du etwa von ...?
Ja, genau. Chernobog.
Ist das dein Ernst?!
Diese Einheit gilt selbst unter den regierungsfeindlichen Organisationen als die übelste von allen!
Wir haben ihre Waffenversorgungsroute abgeschnitten. Sie sind geschwächt. Das ist unsere Chance!

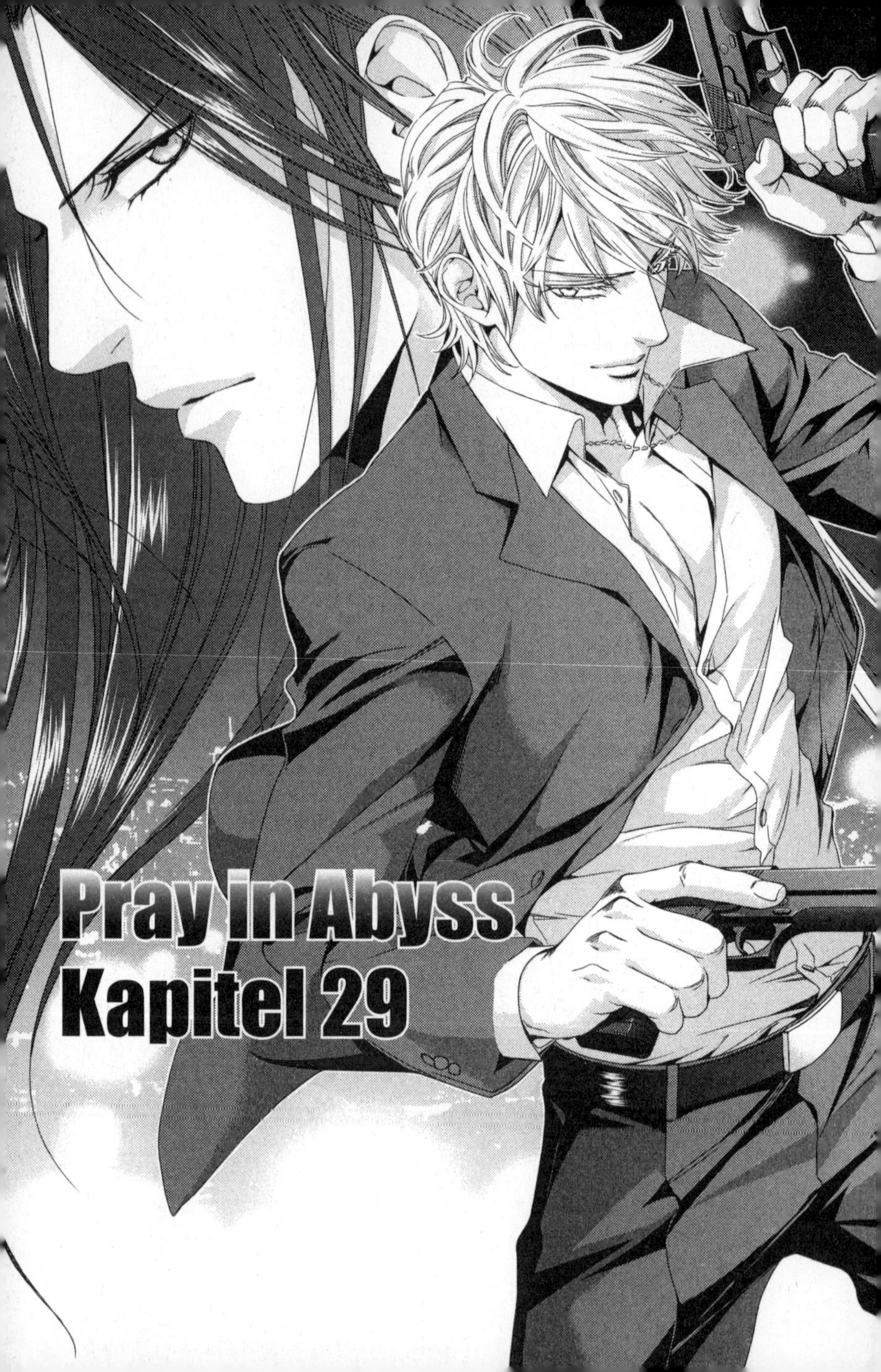
Pray in Abyss
Kapitel 29

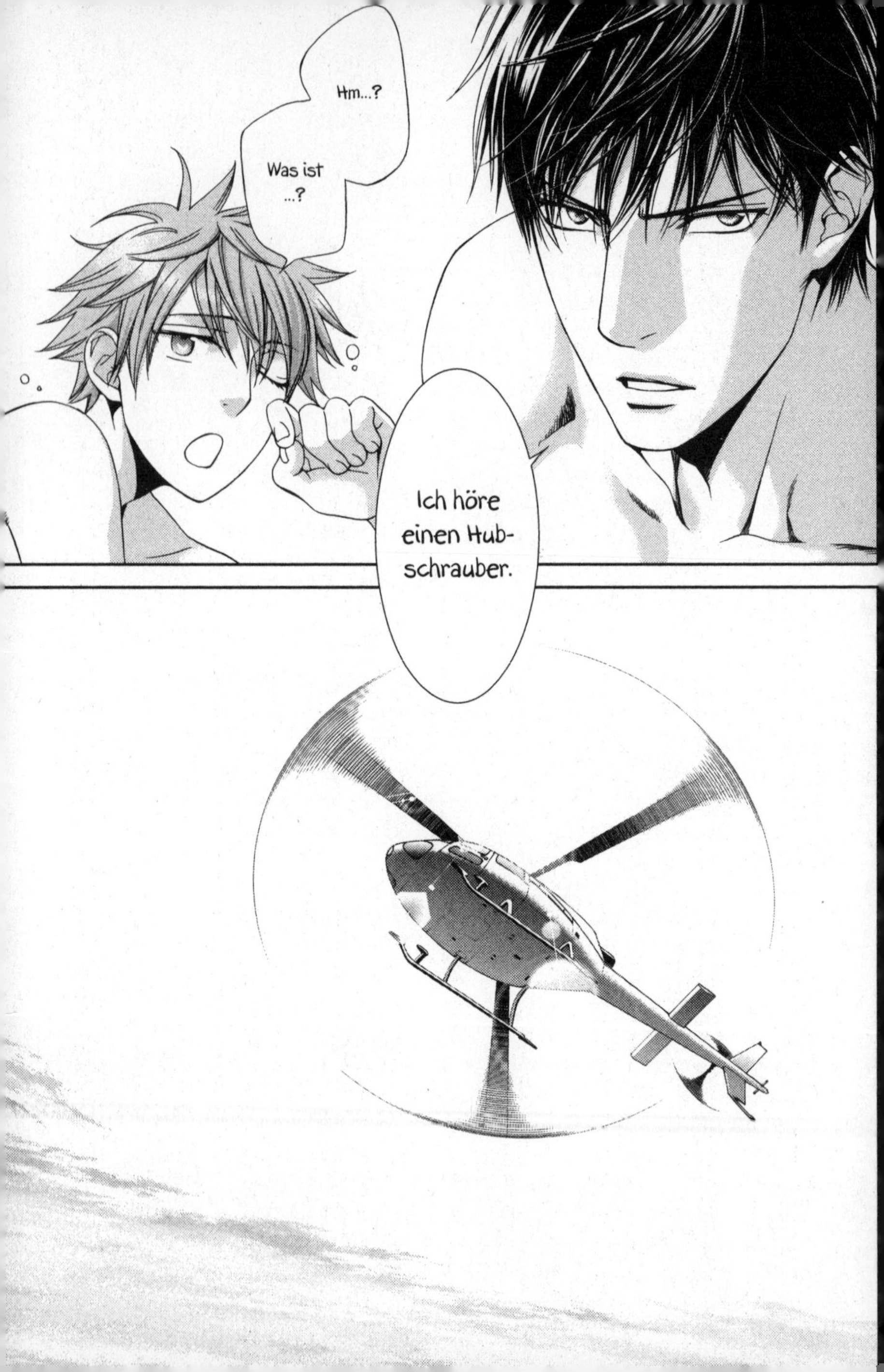
Ich höre einen Hub-schrauber.
Hm...? Was ist ...?

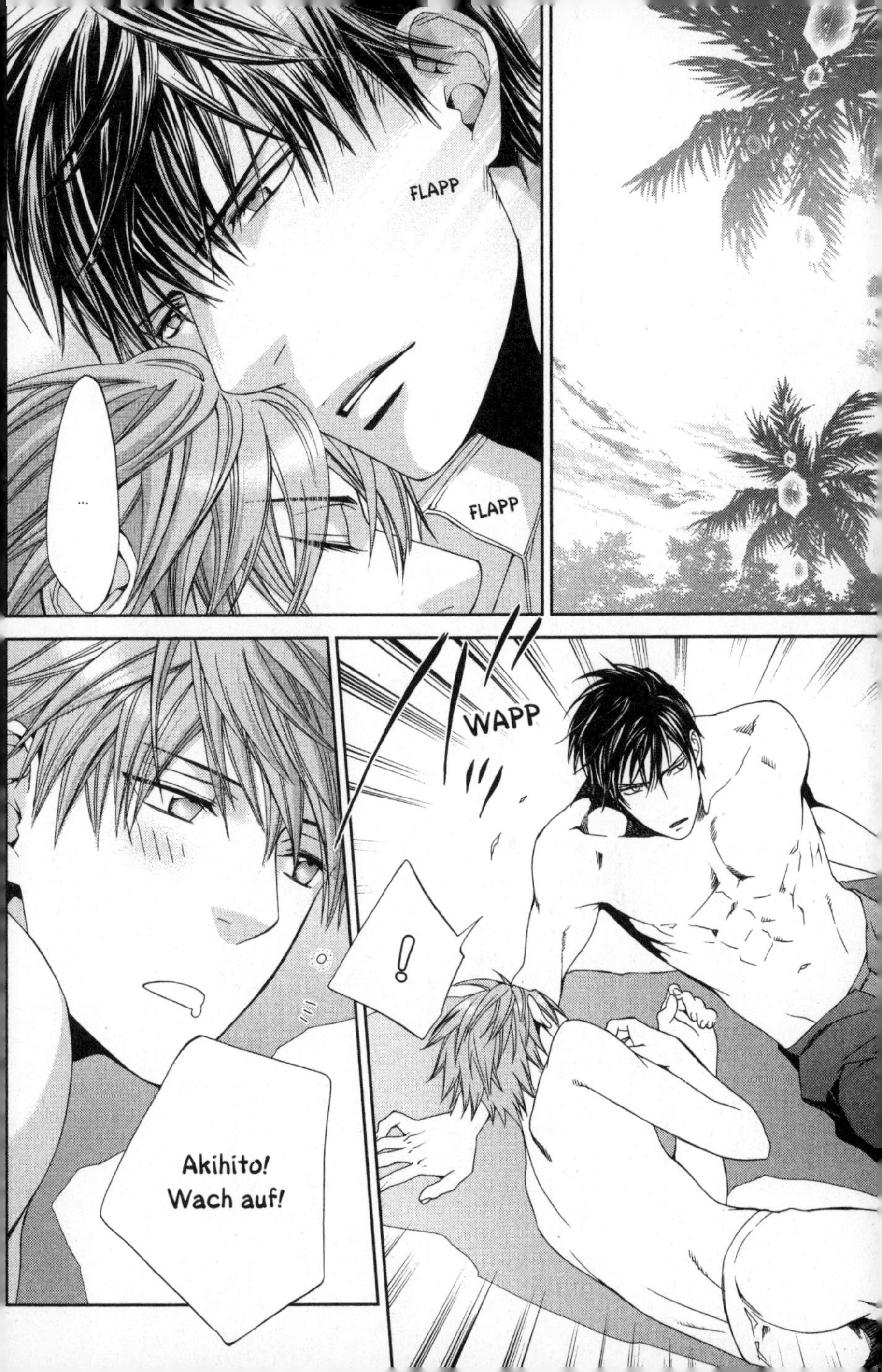
FLAPP
FLAPP
...
WAPP
!
Akihito!
Wach auf!

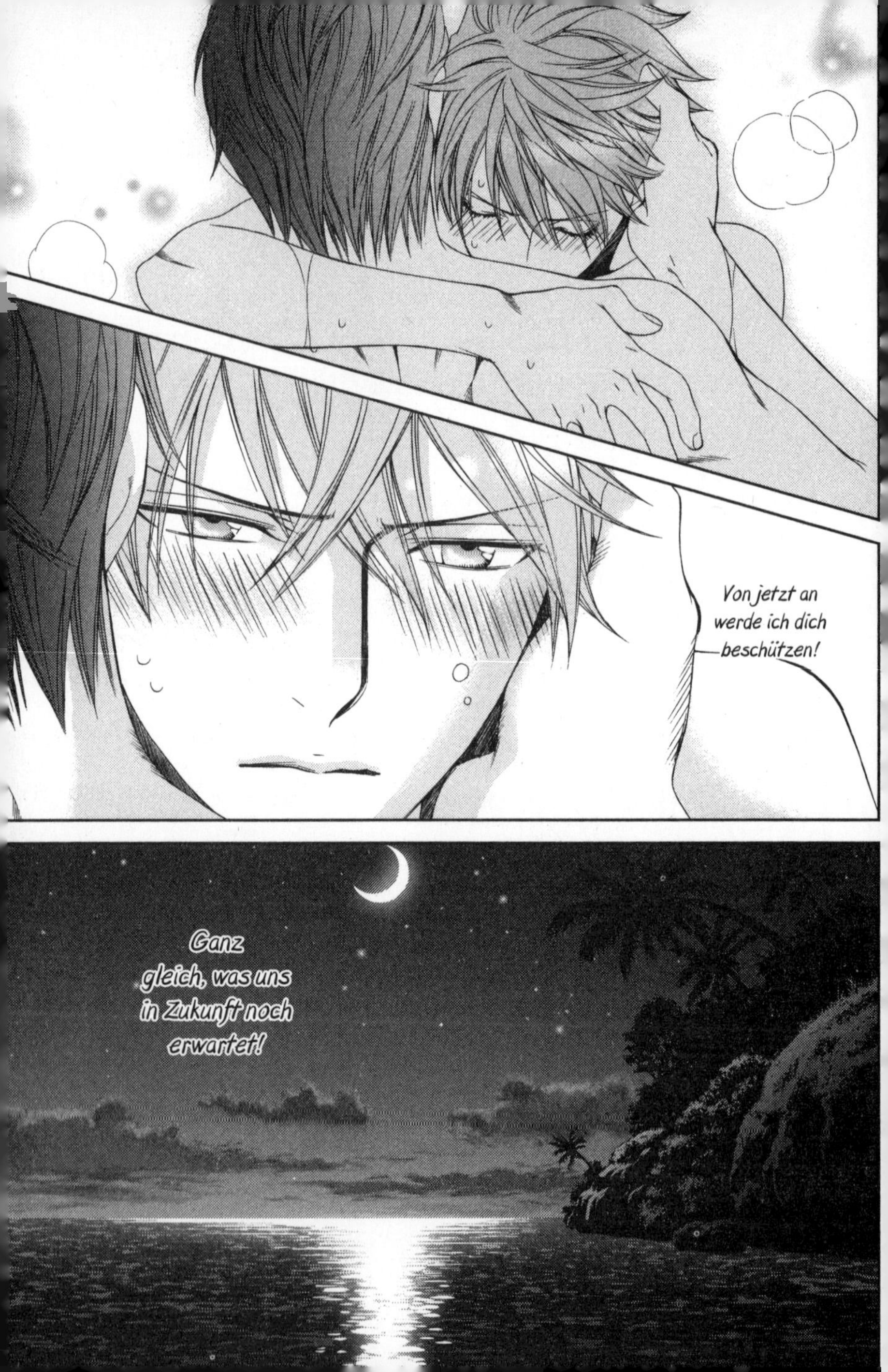
Von jetzt an werde ich dich beschützen!
Ganz gleich, was uns in Zukunft noch erwartet!

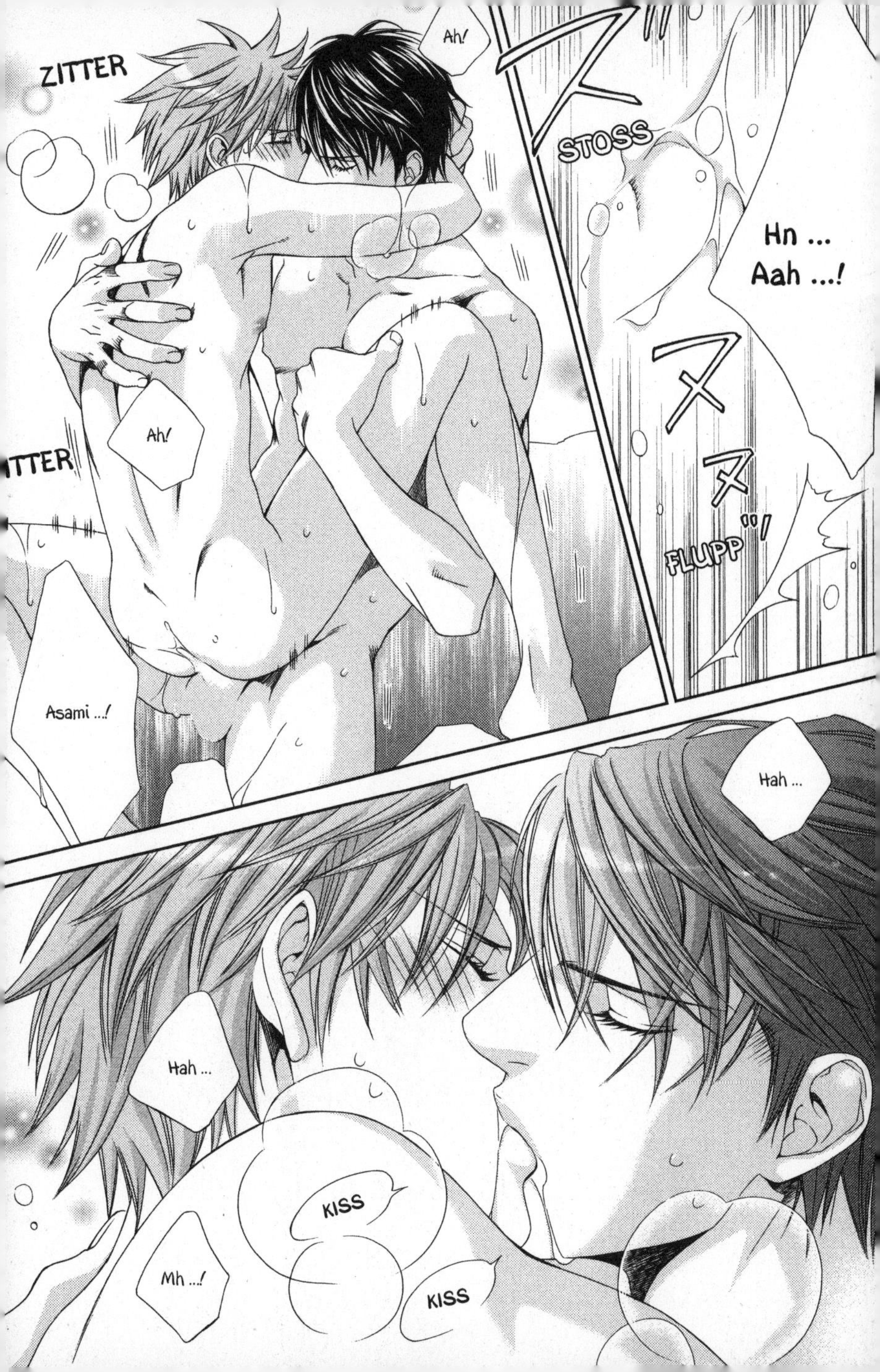

STOSS
Hn ... Aah ...!
FLUPP
Ah!
ZITTER
Ah!
TTER
Asami ...!
Hah ...
Hah ...
KISS
Mh ...!
KISS

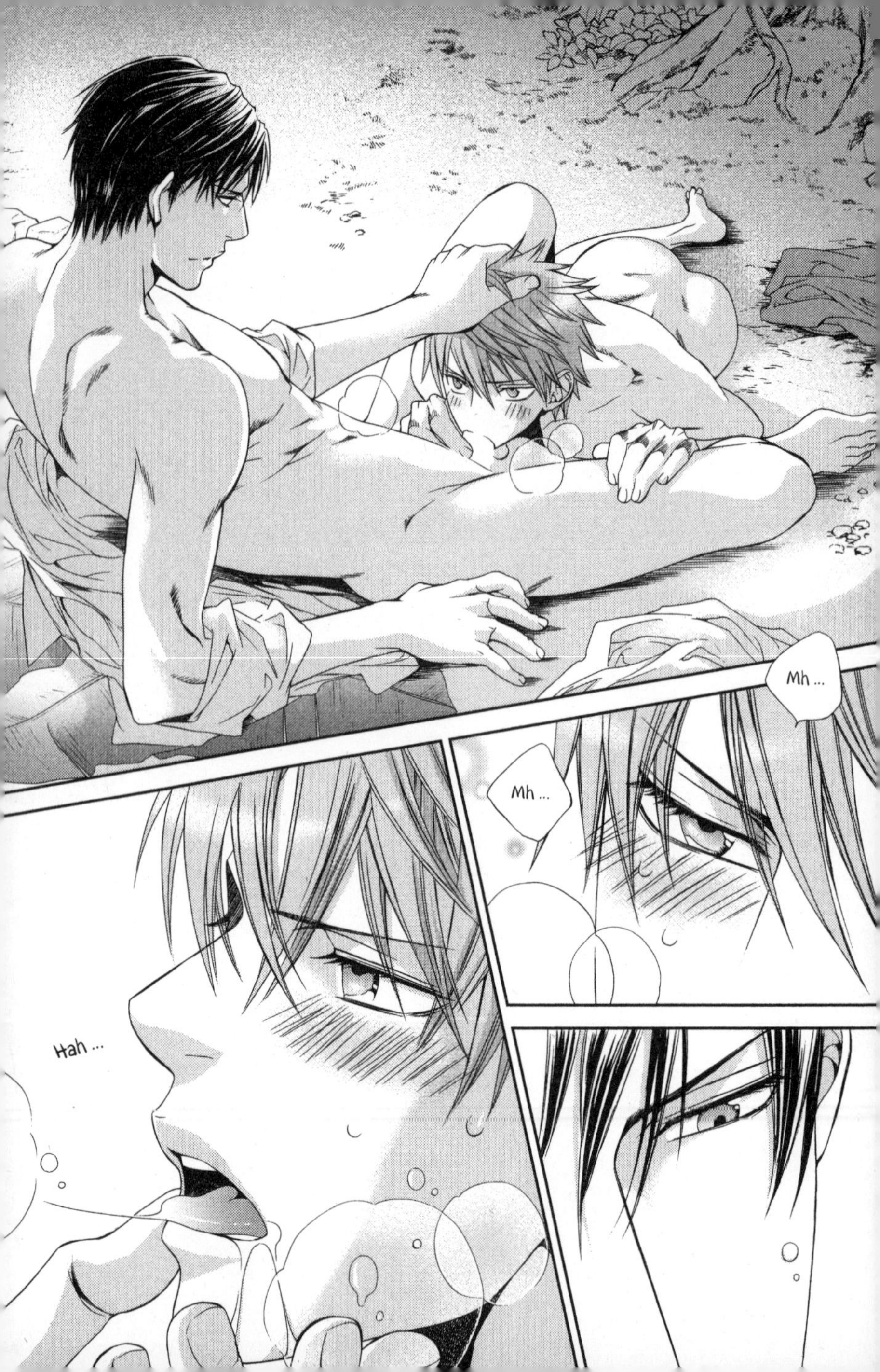
Mh ...
Mh ...
Hah ...

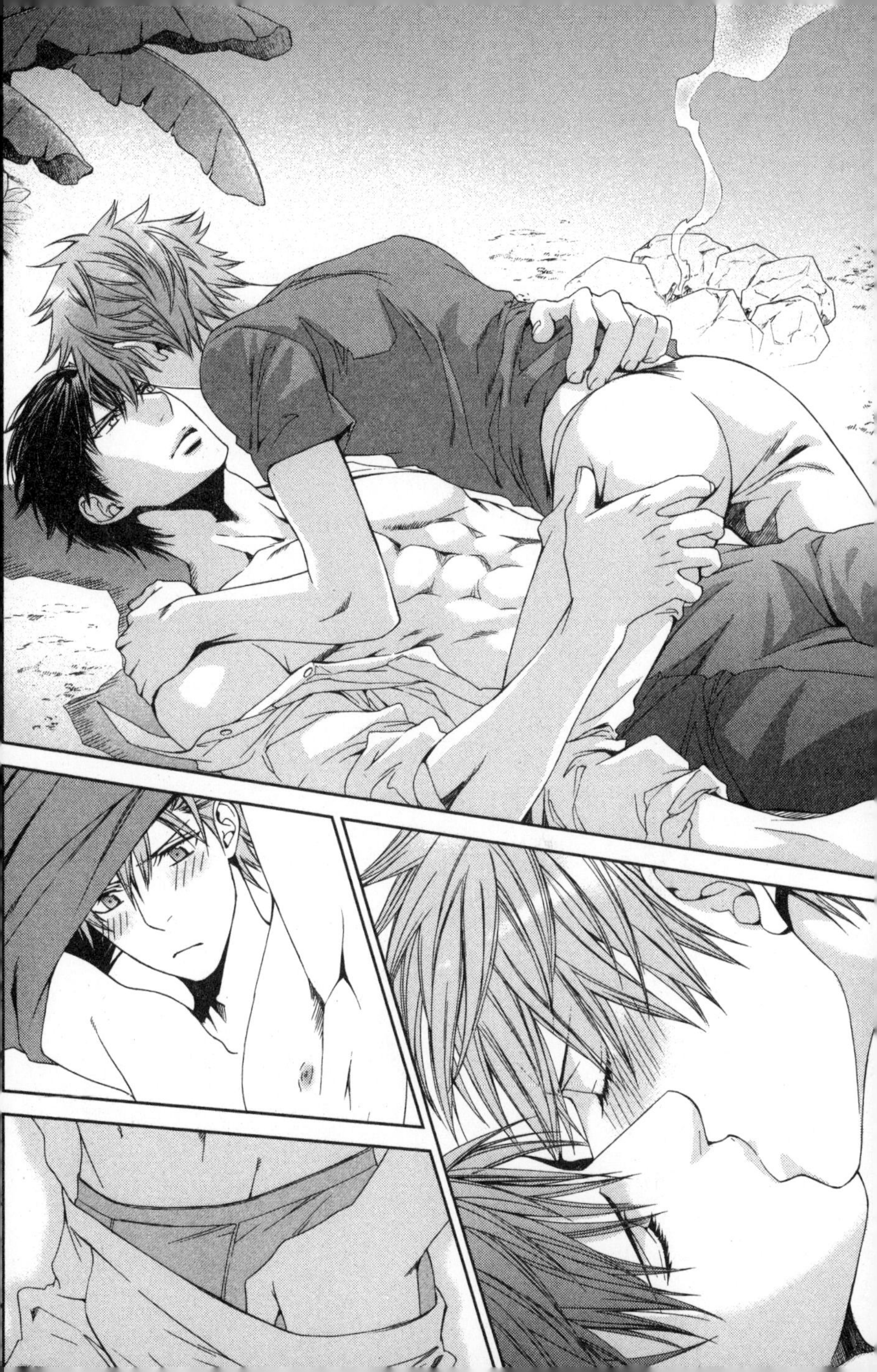

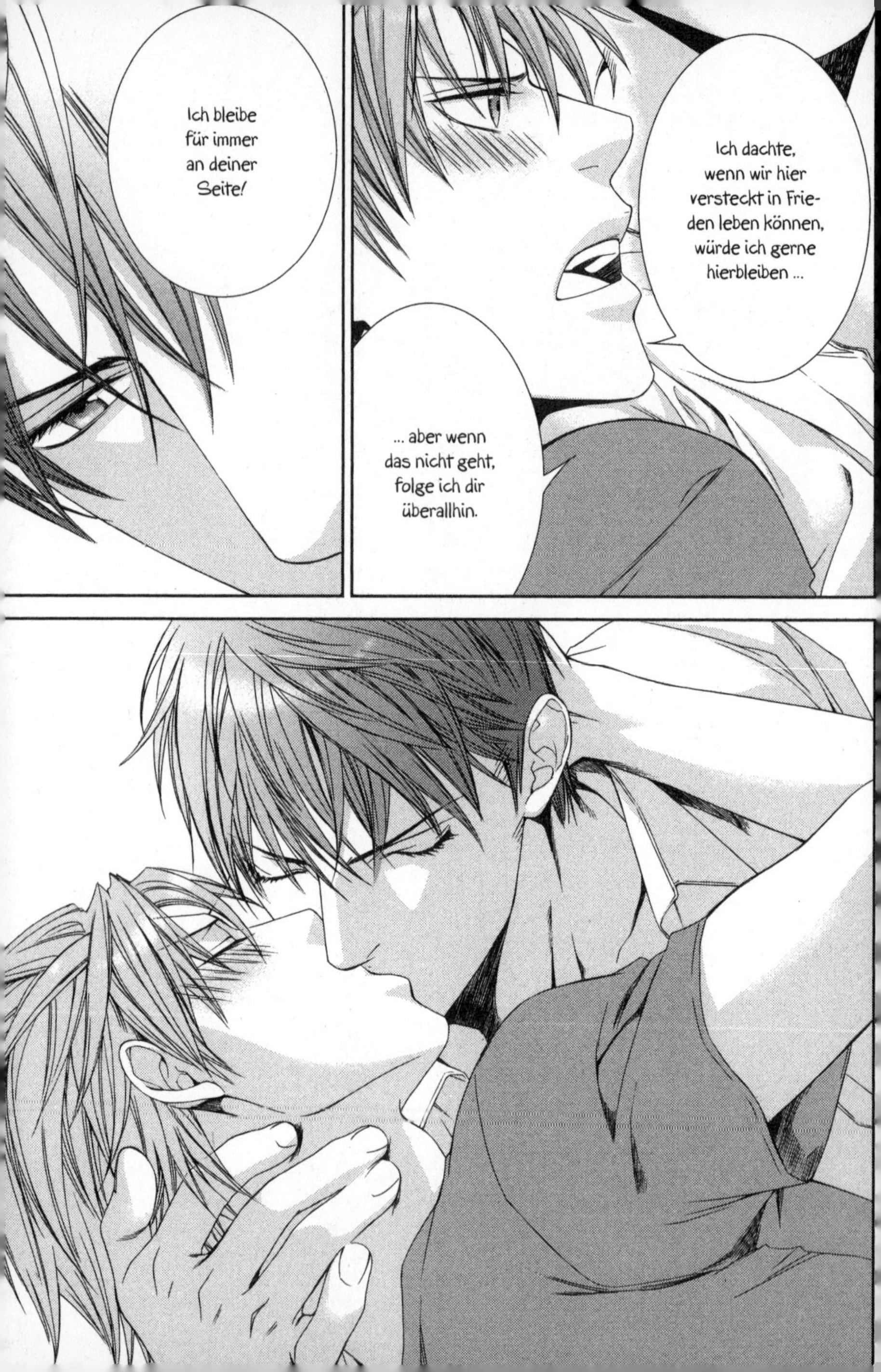
Ich dachte, wenn wir hier versteckt in Frieden leben können, würde ich gerne hierbleiben ...
... aber wenn das nicht geht, folge ich dir überallhin.
Ich bleibe für immer an deiner Seite!

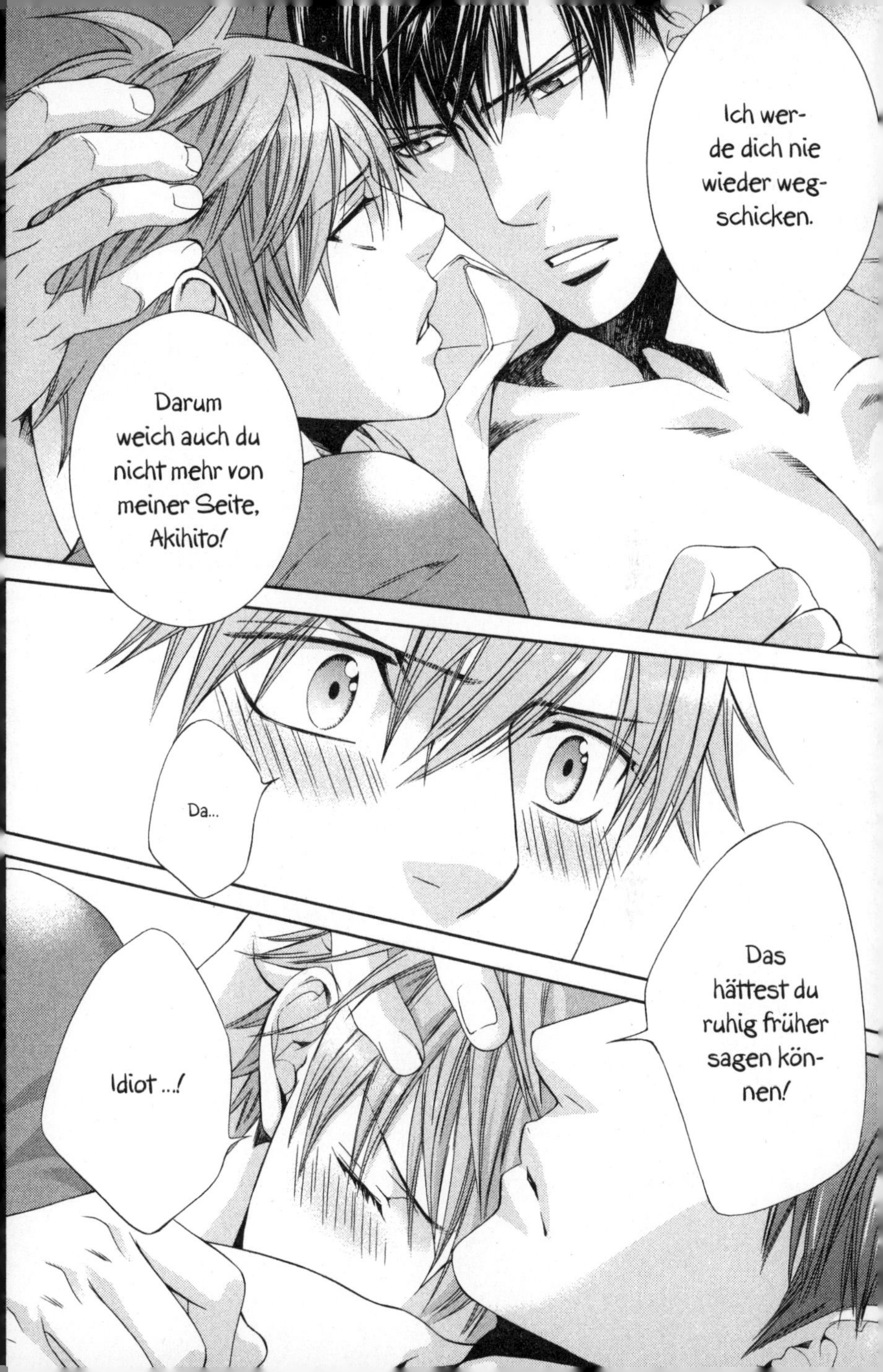
Ich werde dich nie wieder wegschicken.
Darum weich auch du nicht mehr von meiner Seite, Akihito!
Da...
Das hättest du ruhig früher sagen können!
Idiot ...!

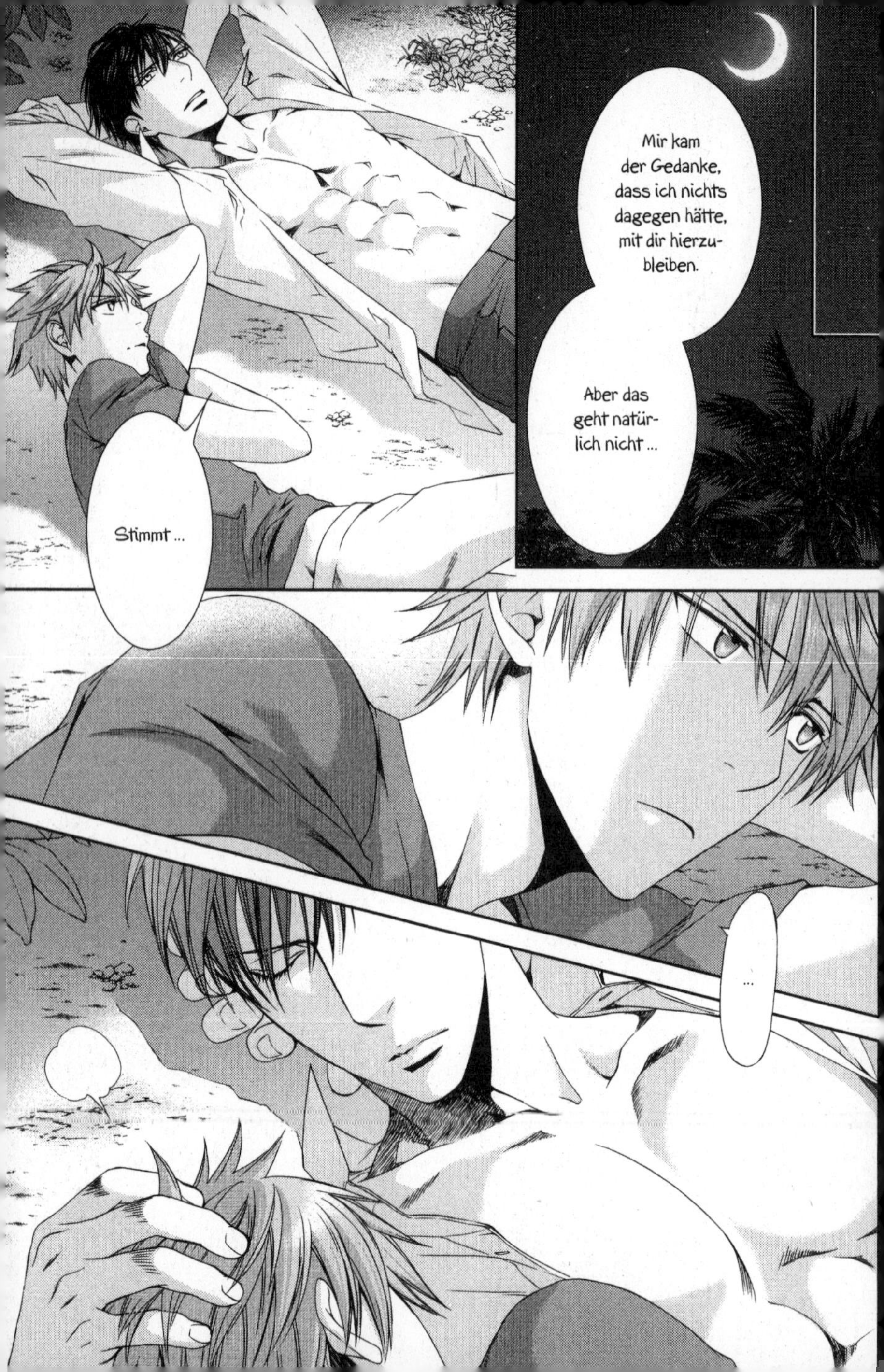
Mir kam der Gedanke, dass ich nichts dagegen hätte, mit dir hierzubleiben.
Aber das geht natürlich nicht ...
Stimmt ...
...

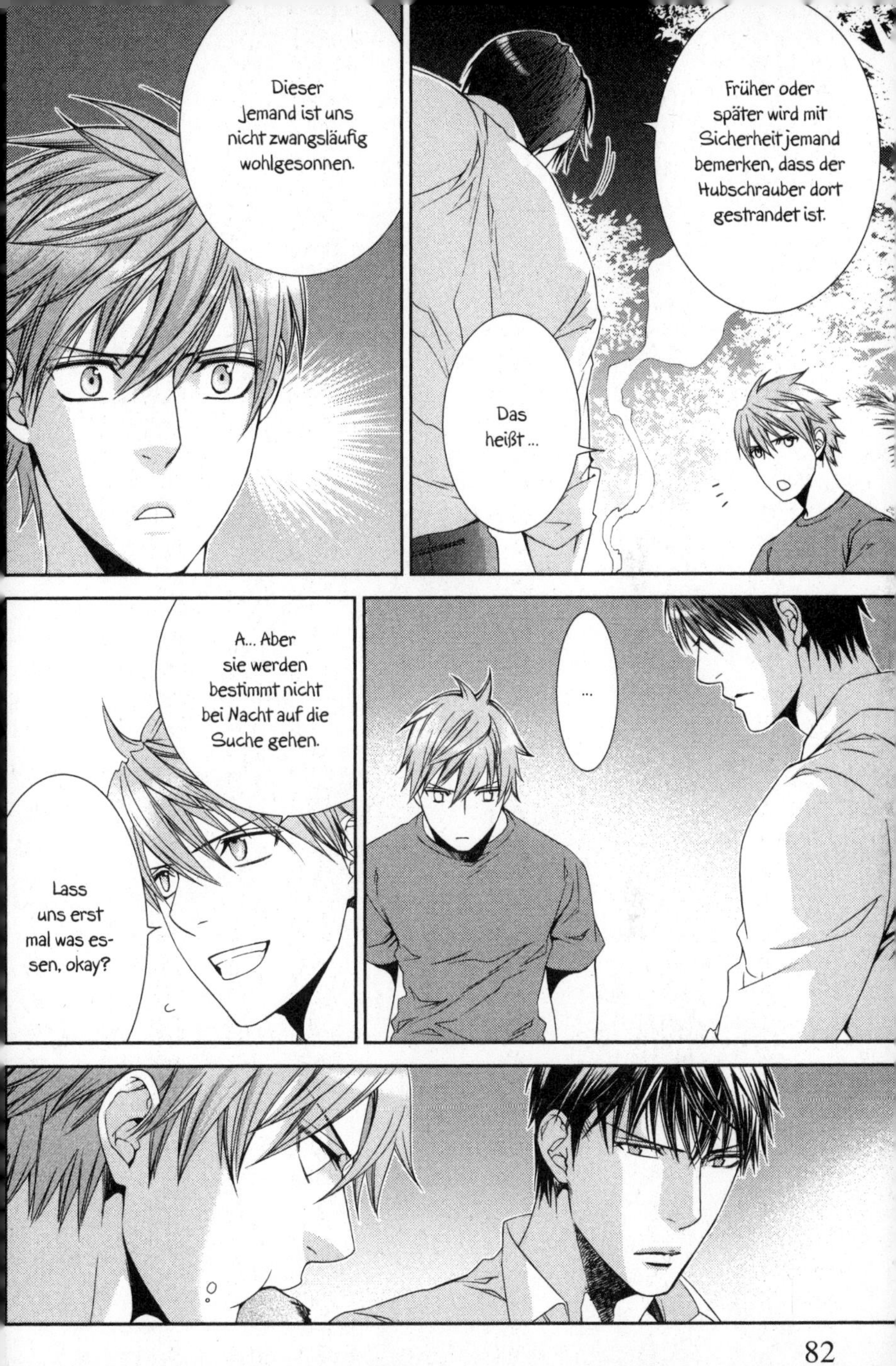
Früher oder später wird mit Sicherheit jemand bemerken, dass der Hubschrauber dort gestrandet ist.
Das heißt ...
Dieser Jemand ist uns nicht zwangsläufig wohlgesonnen.
...
A... Aber sie werden bestimmt nicht bei Nacht auf die Suche gehen.
Lass uns erst mal was es-sen, okay?

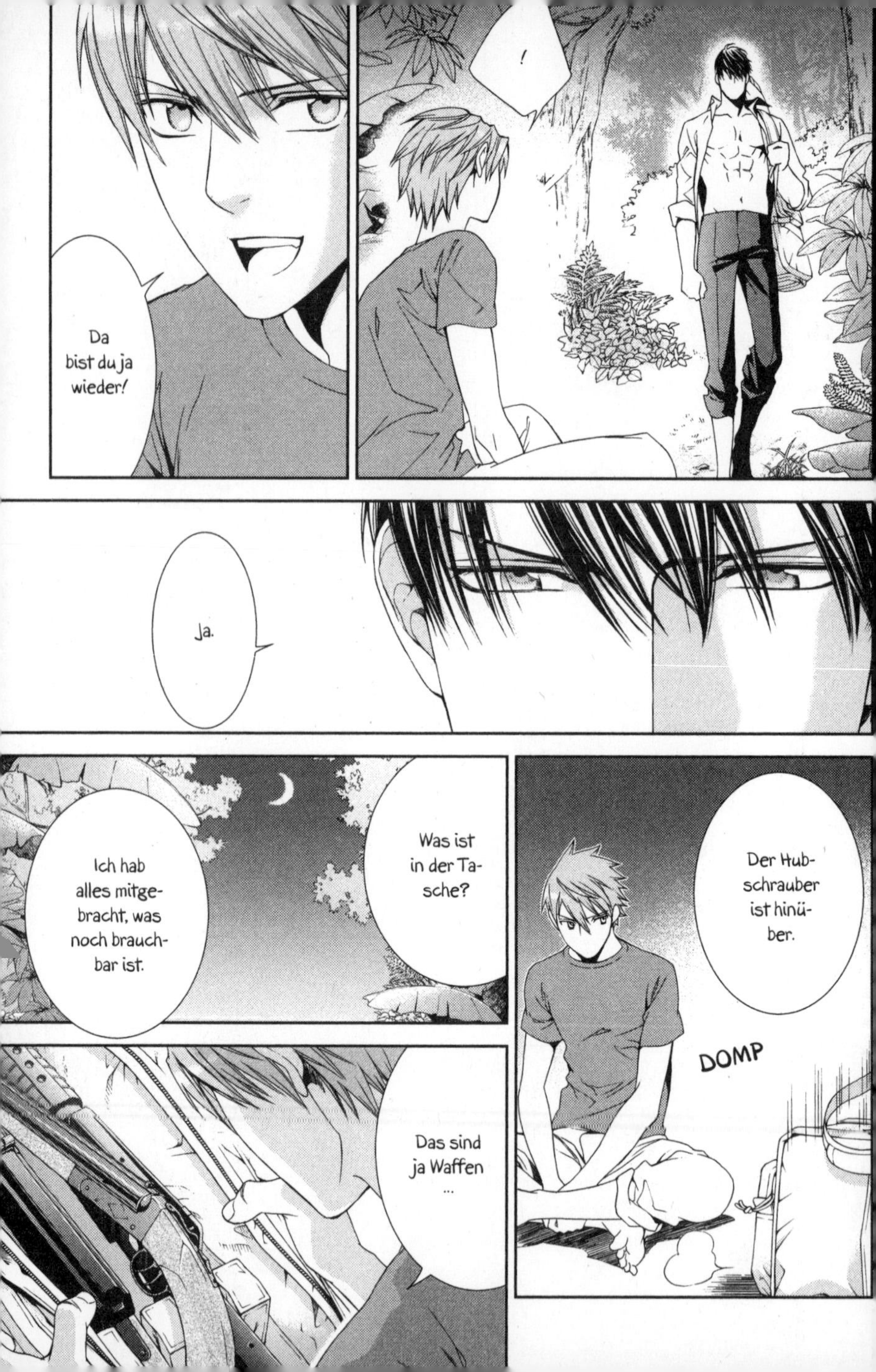
!
Da bist du ja wieder!
Ja.
Der Hubschrauber ist hinüber.
DOMP
Was ist in der Tasche?
Ich hab alles mitgebracht, was noch brauchbar ist.
Das sind ja Waffen …

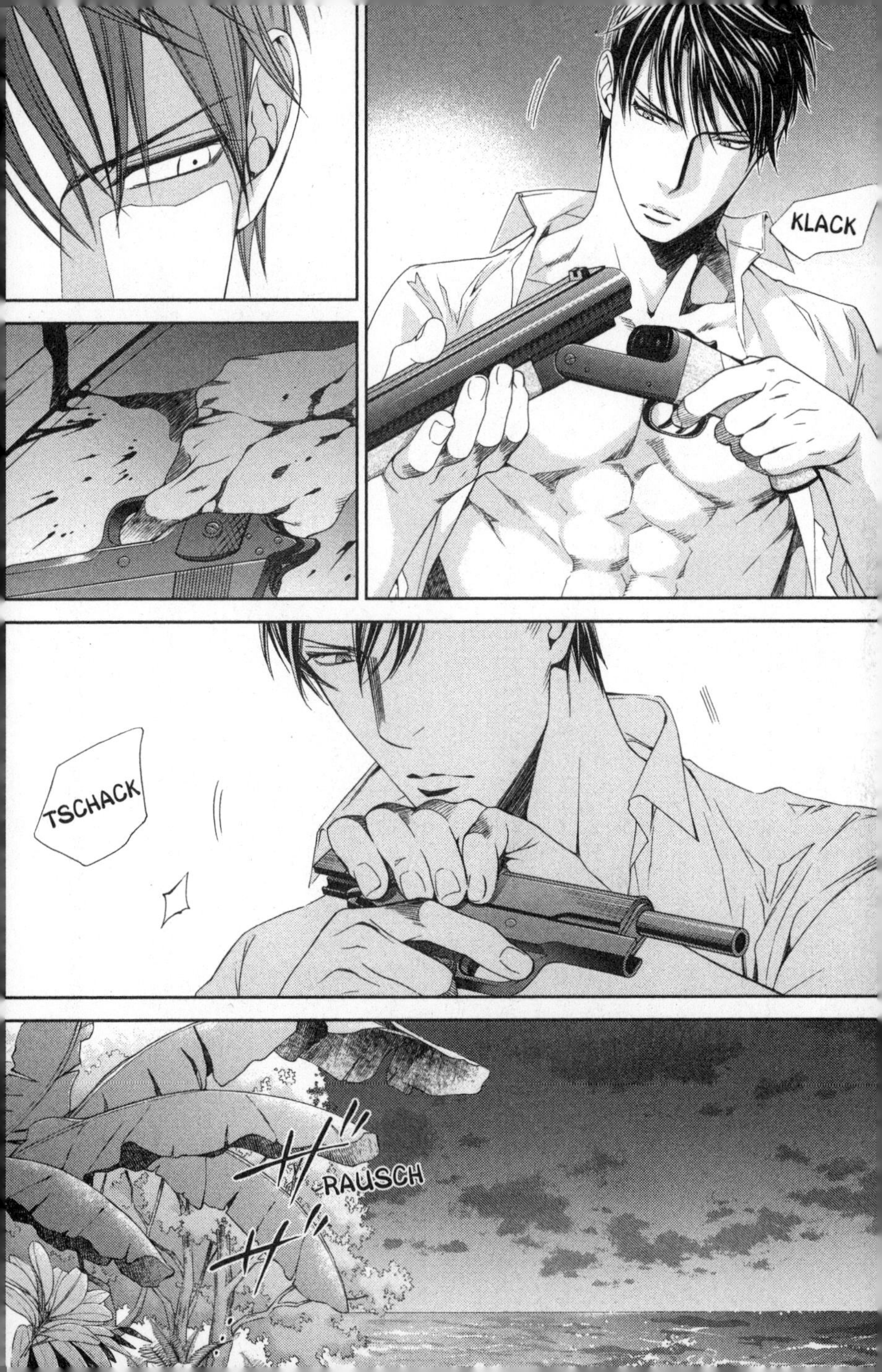
KLACK
TSCHACK
RAUSCH

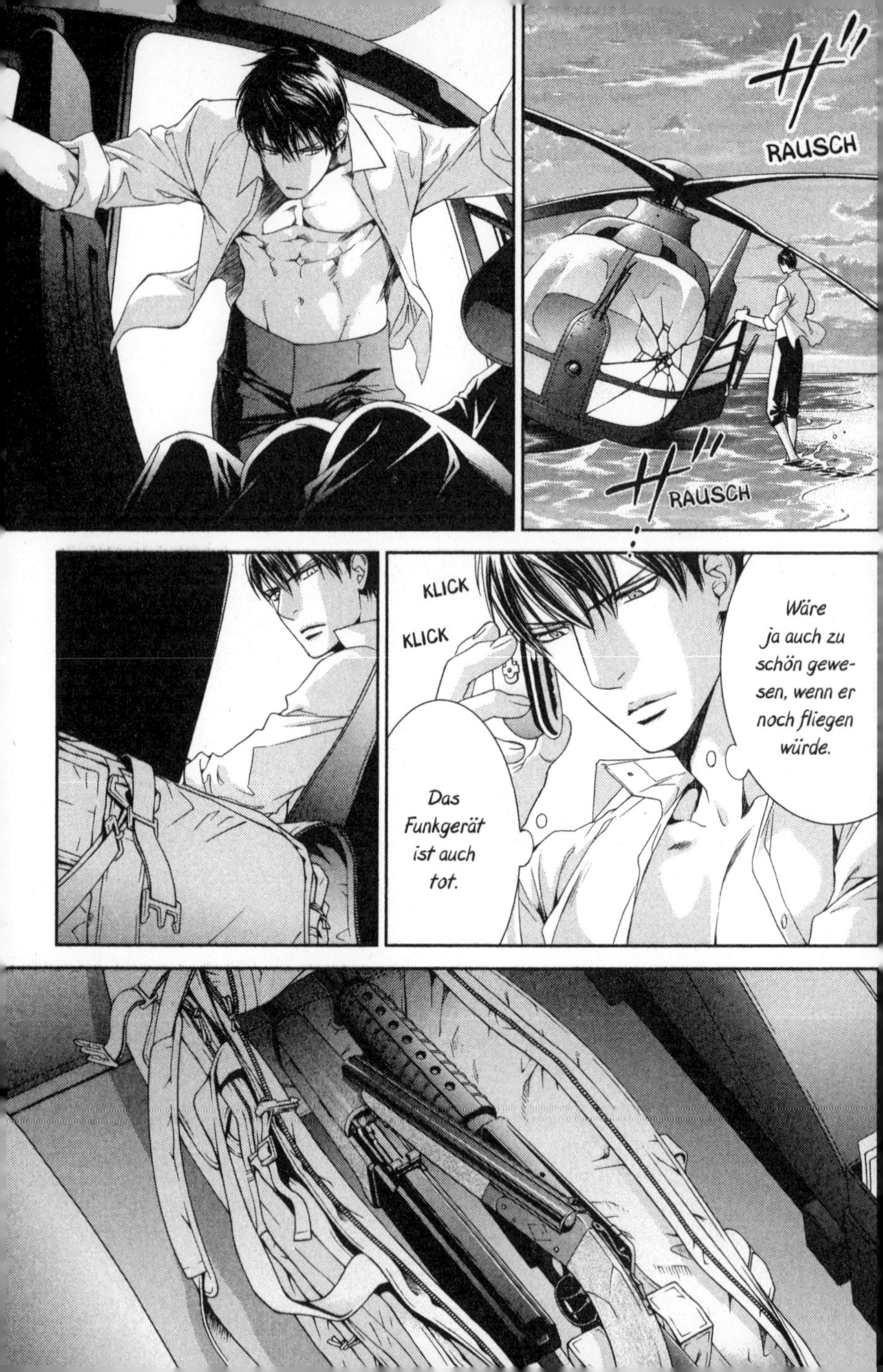
RAUSCH
RAUSCH
Wäre ja auch zu schön gewesen, wenn er noch fliegen würde.
Das Funkgerät ist auch tot.
KLICK
KLICK

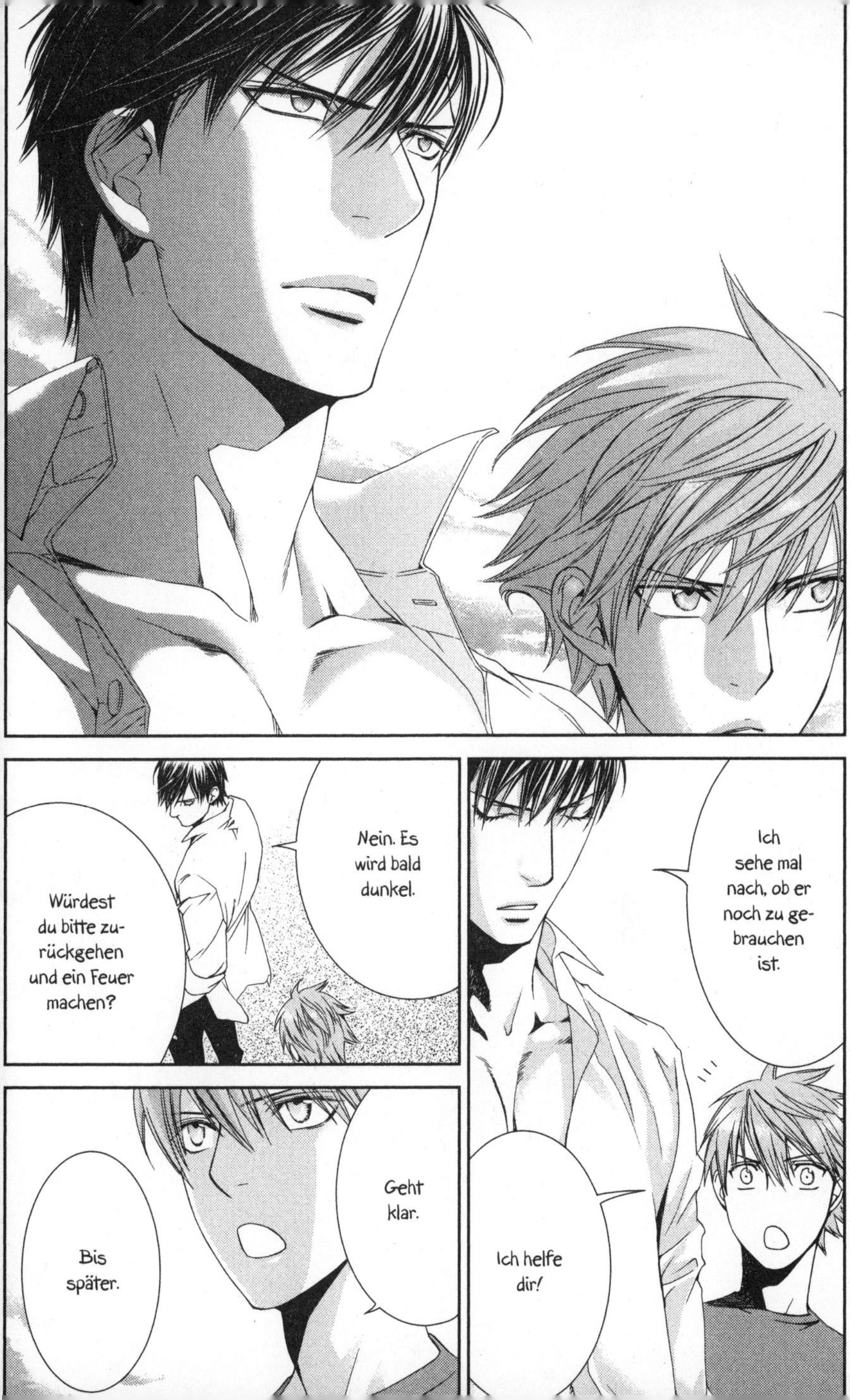
Ich sehe mal nach, ob er noch zu gebrauchen ist.
Ich helfe dir!
Nein. Es wird bald dunkel.
Würdest du bitte zurückgehen und ein Feuer machen?
Geht klar.
Bis später.

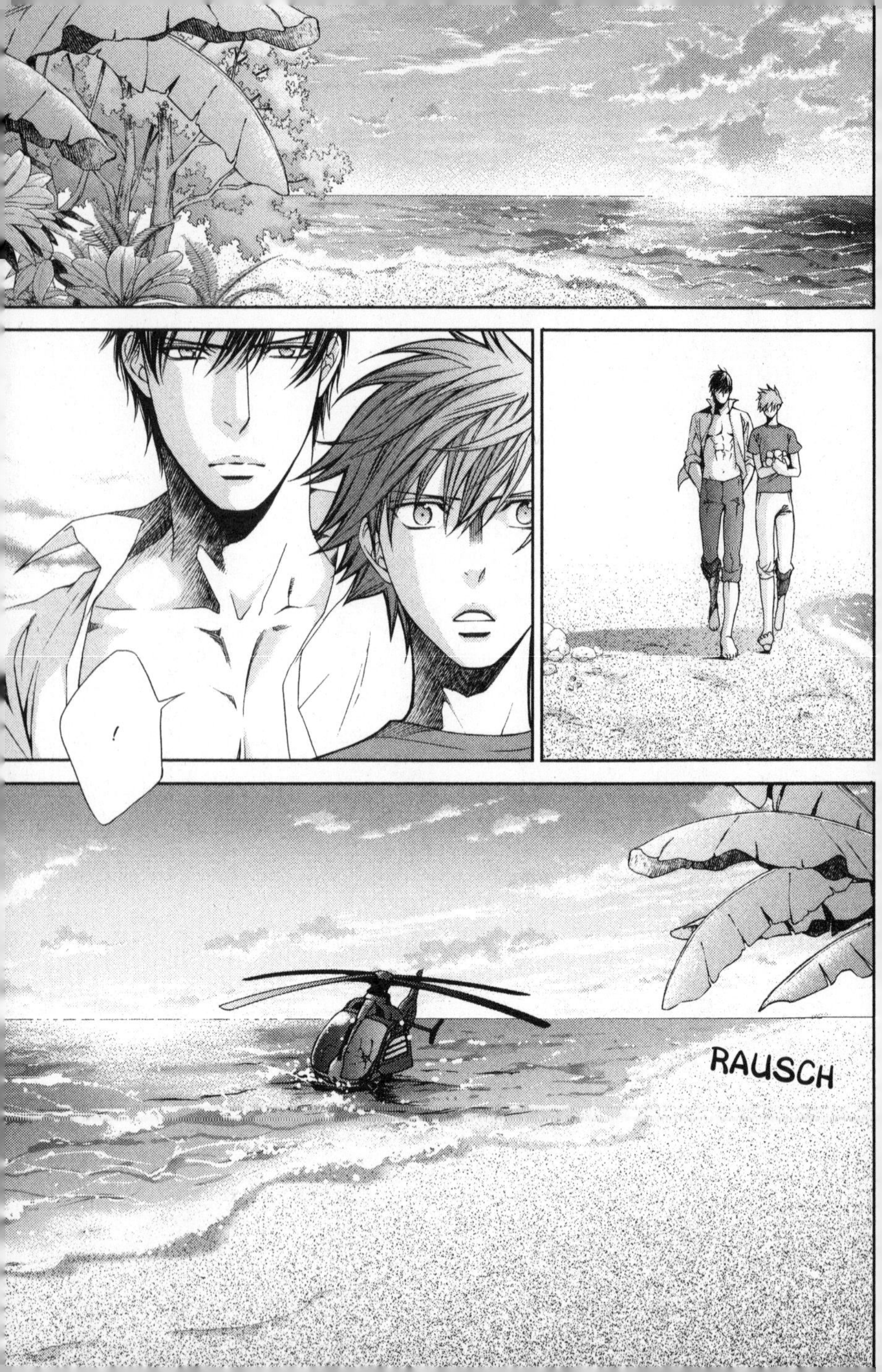
RAUSCH

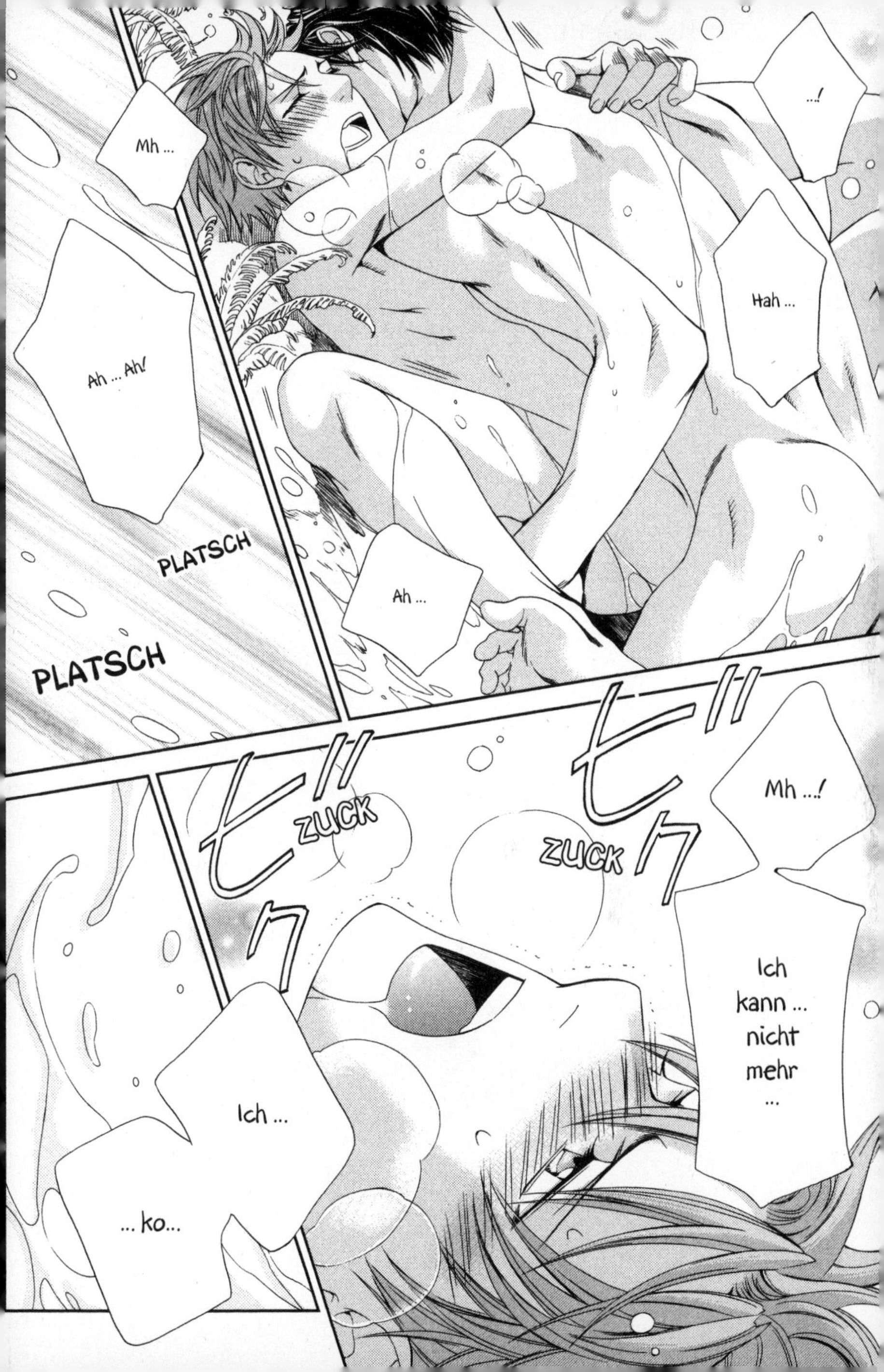
...!
Hah ...
Mh ...
Ah ...
Ah ... Ah!
PLATSCH
PLATSCH
Mh ...!
ZUCK
ZUCK
Ich kann ... nicht mehr ...
Ich ...
... ko...

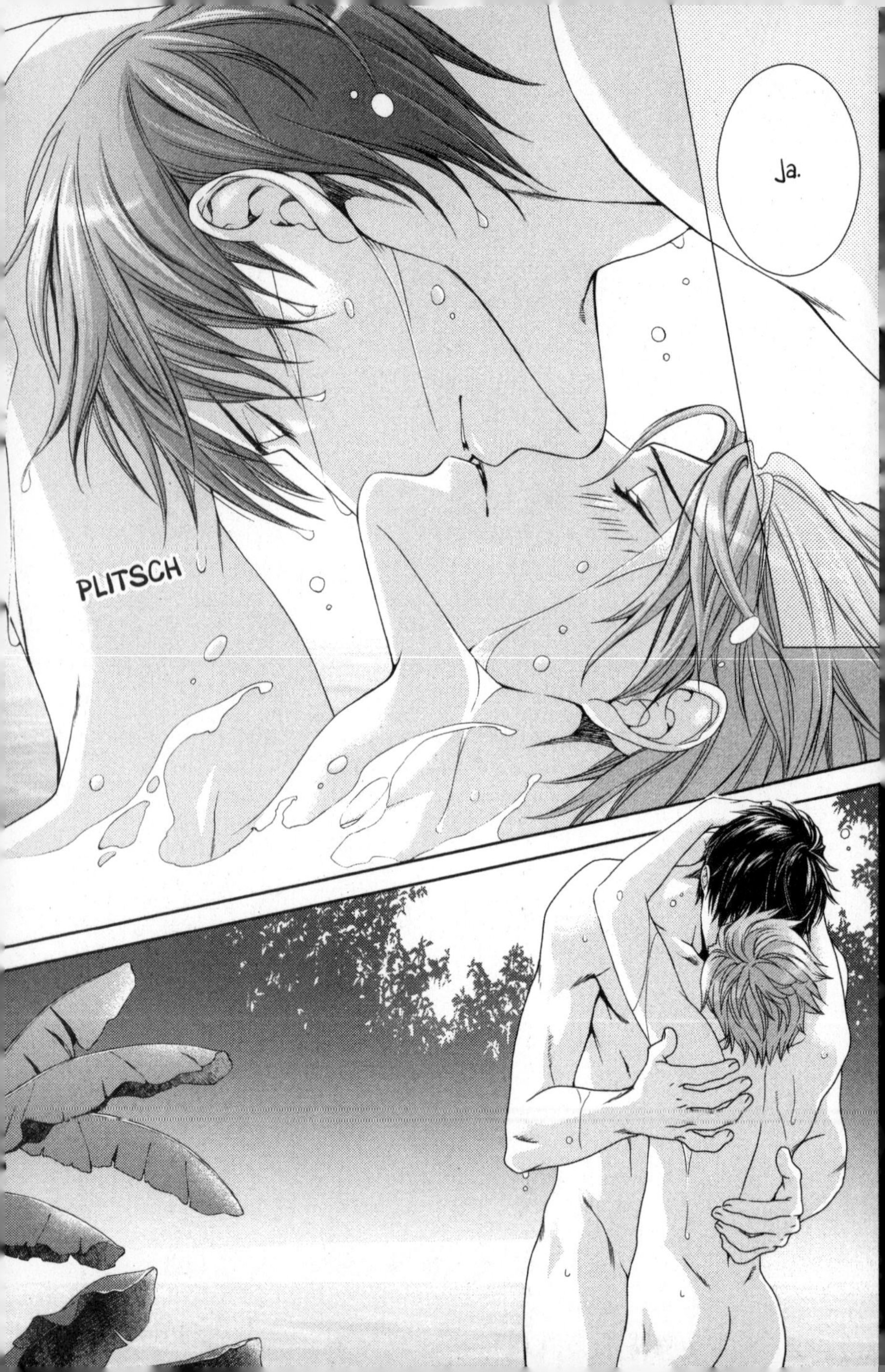
Ja.
PLITSCH

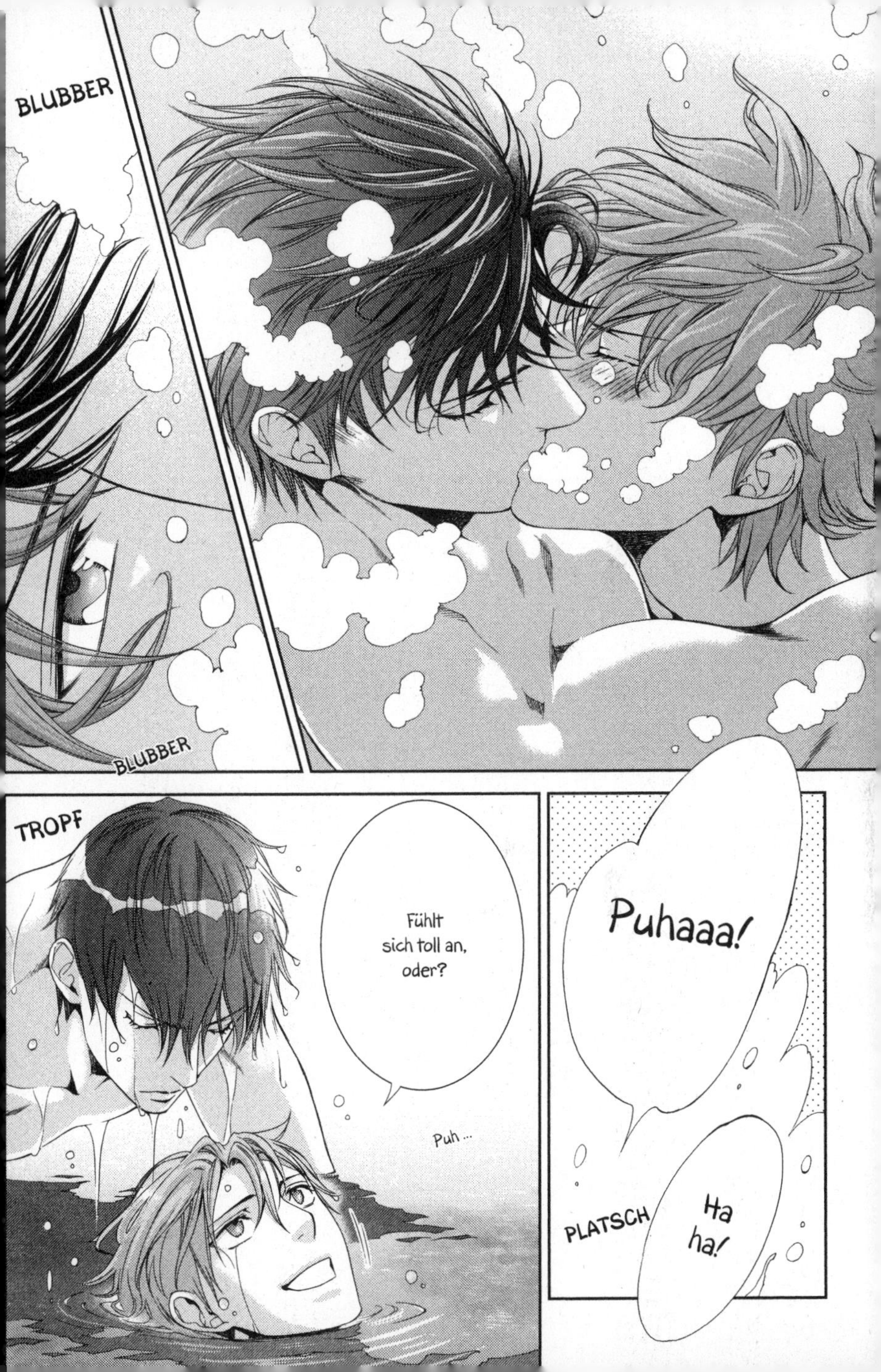
BLUBBER
BLUBBER
Puhaaa!
Ha ha!
PLATSCH
Fühlt sich toll an, oder?
Puh ...
TROPF

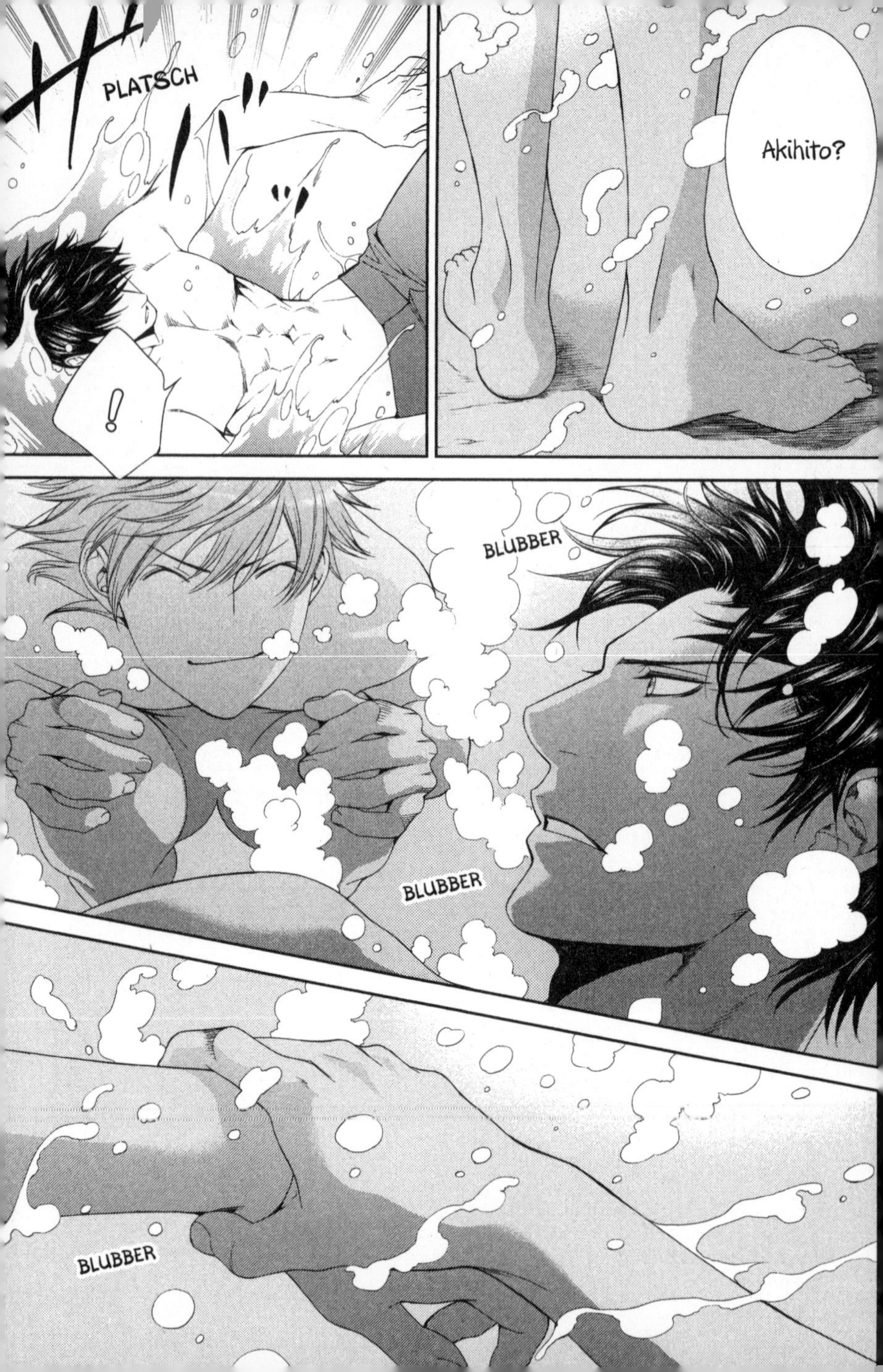
Akihito?
PLATSCH
!
BLUBBER
BLUBBER
BLUBBER

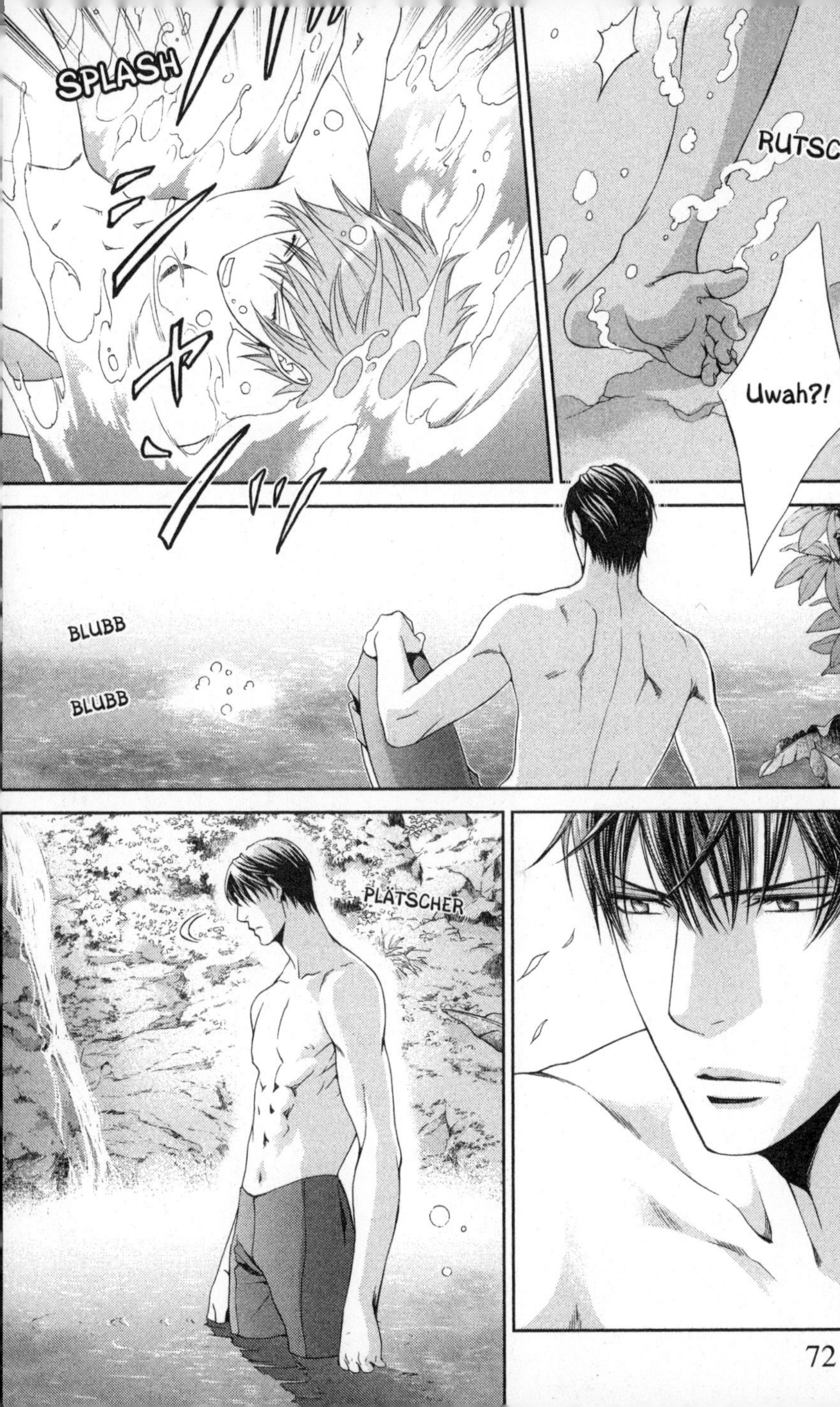
RUTSCH
Uwah?!
SPLASH
BLUBB
BLUBB
PLÄTSCHER

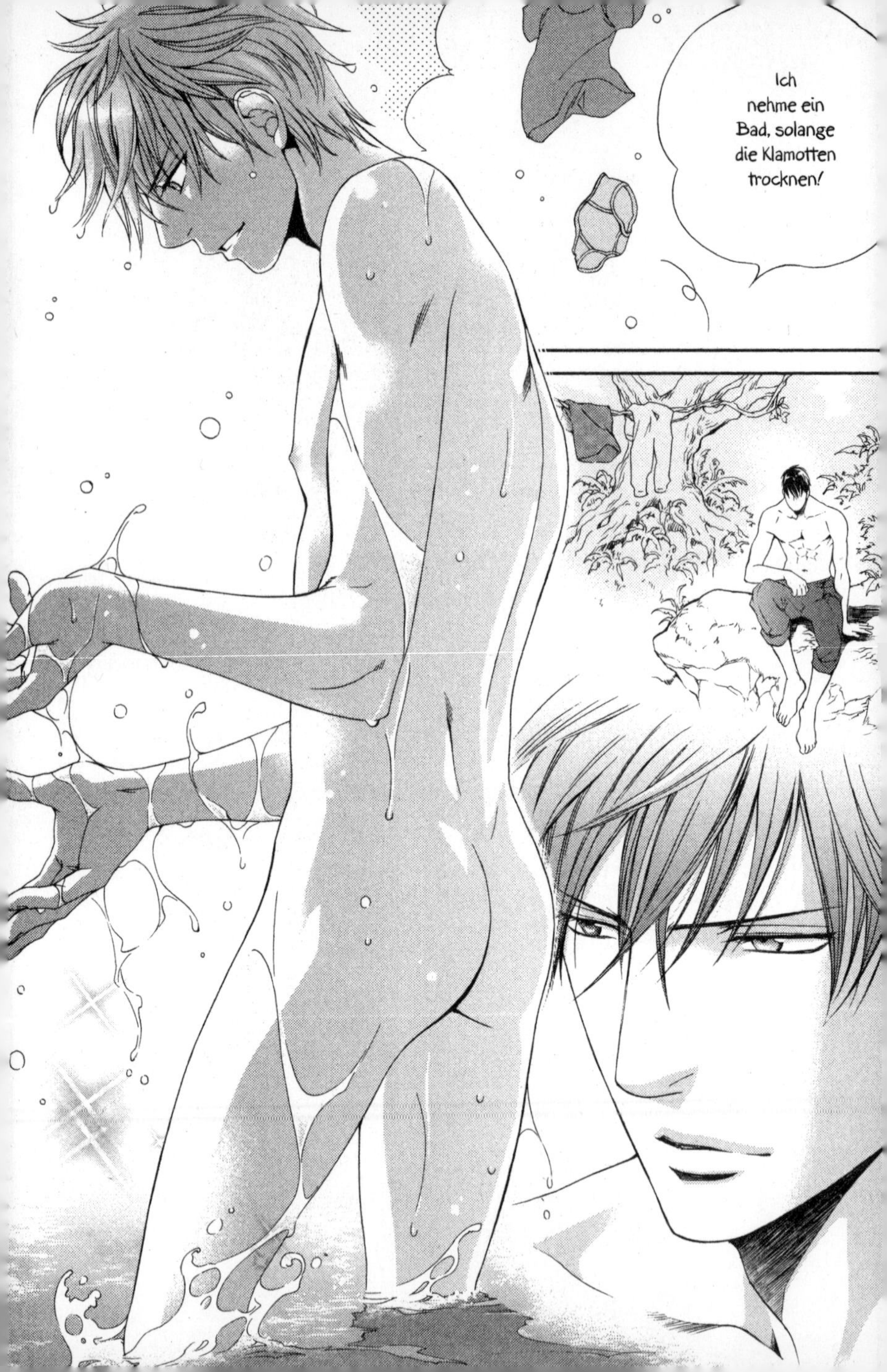
Ich nehme ein Bad, solange die Klamotten trocknen!

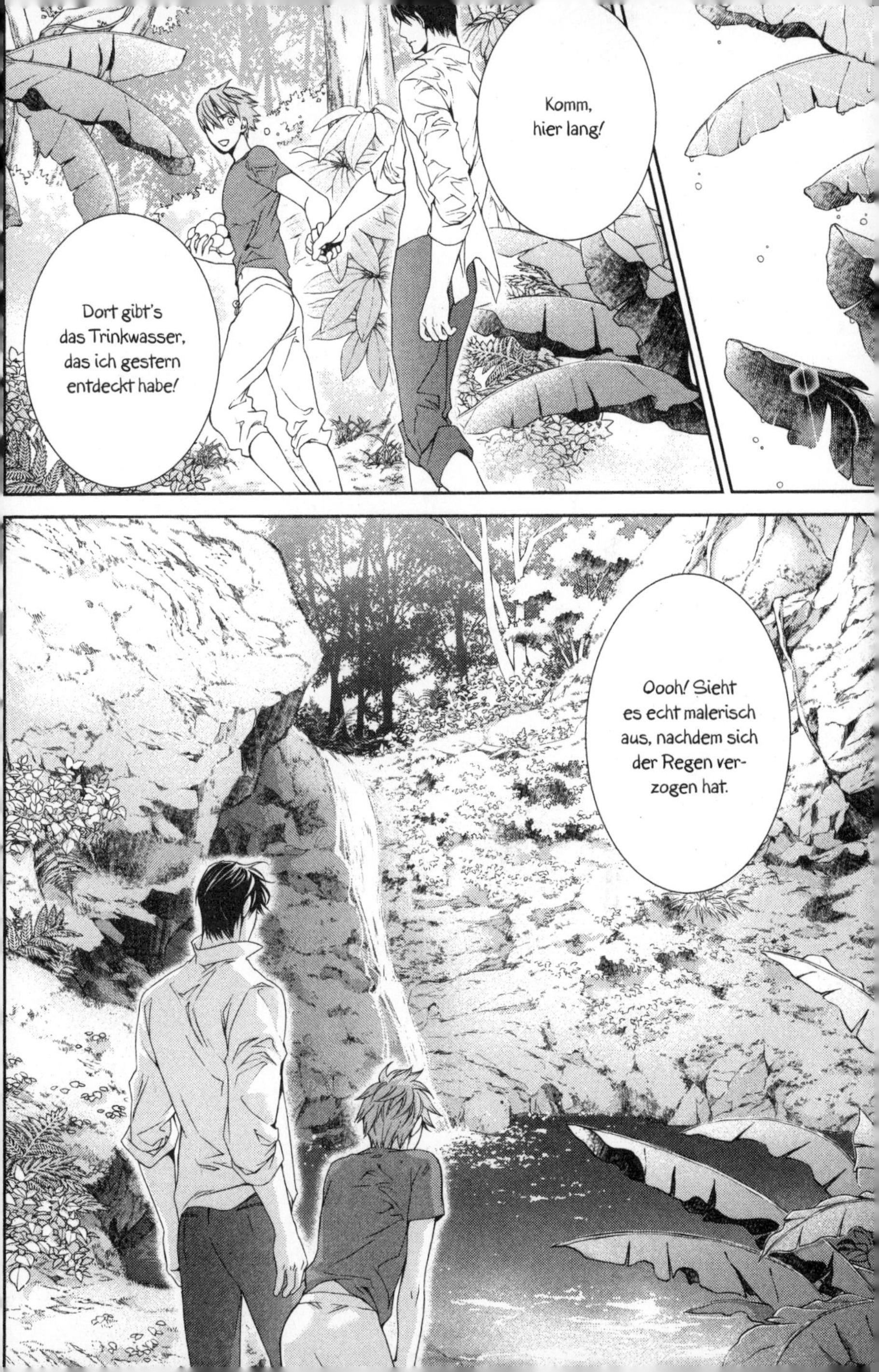
Komm, hier lang!
Dort gibt's das Trinkwasser, das ich gestern entdeckt habe!
Oooh! Sieht es echt malerisch aus, nachdem sich der Regen verzogen hat.

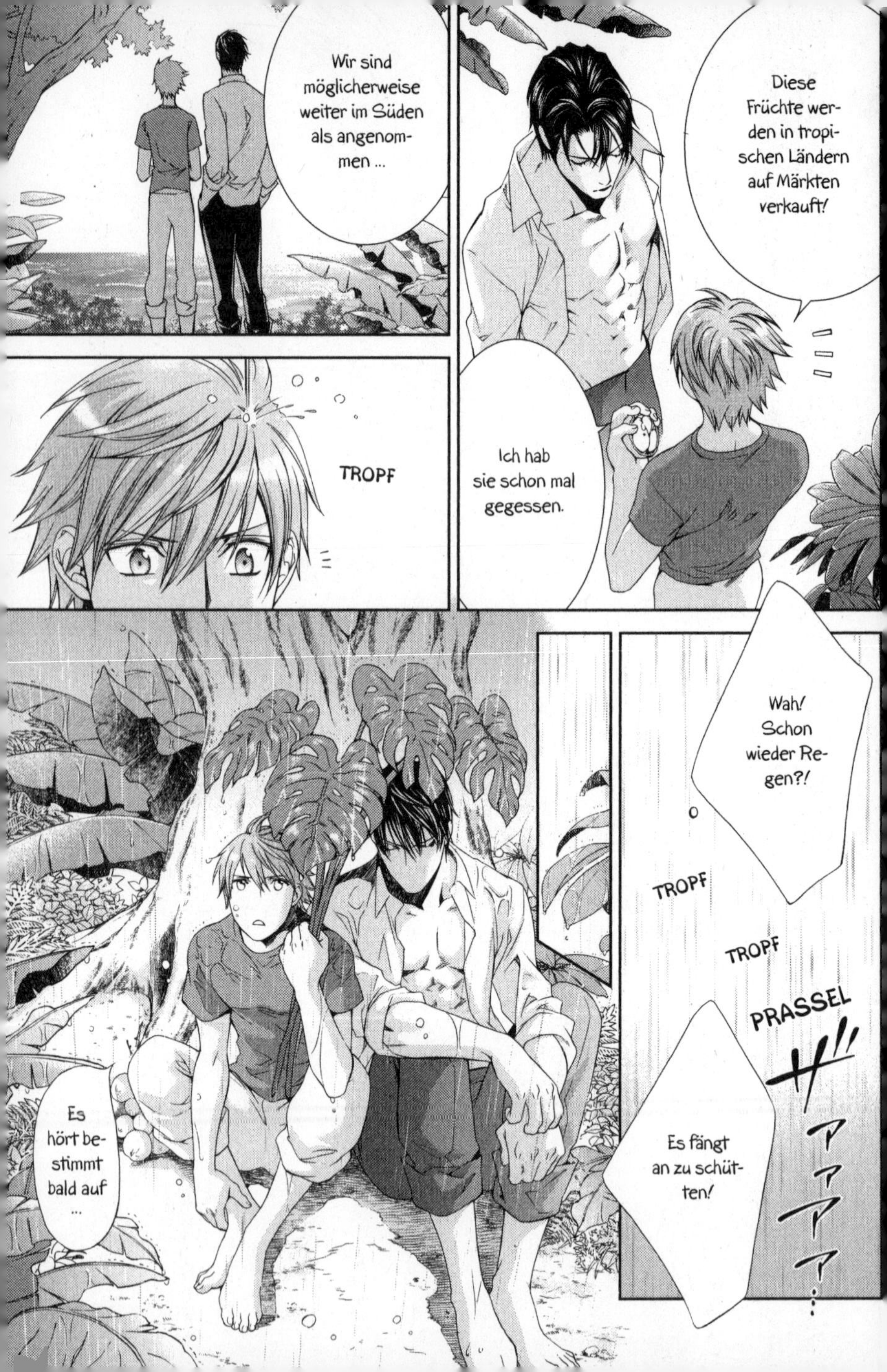
Diese Früchte werden in tropischen Ländern auf Märkten verkauft!
Ich hab sie schon mal gegessen.
Wir sind möglicherweise weiter im Süden als angenommen ...
TROPF
Wah! Schon wieder Regen?!
TROPF
TROPF
PRASSEL
ザァァァァ…
Es fängt an zu schütten!
Es hört bestimmt bald auf ...

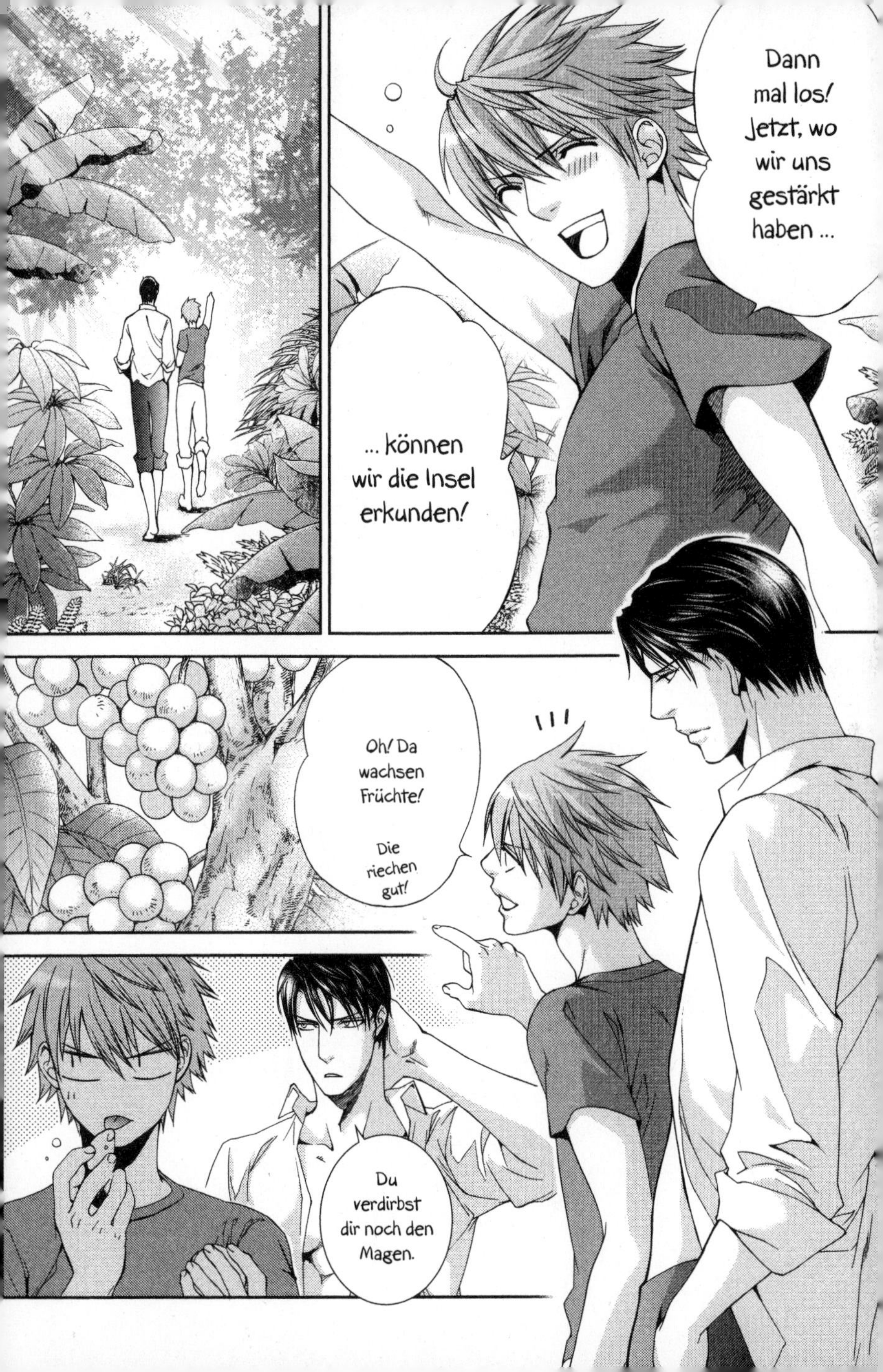
Dann mal los! Jetzt, wo wir uns gestärkt haben ...
... können wir die Insel erkunden!
Oh! Da wachsen Früchte!
Die riechen gut!
Du verdirbst dir noch den Magen.

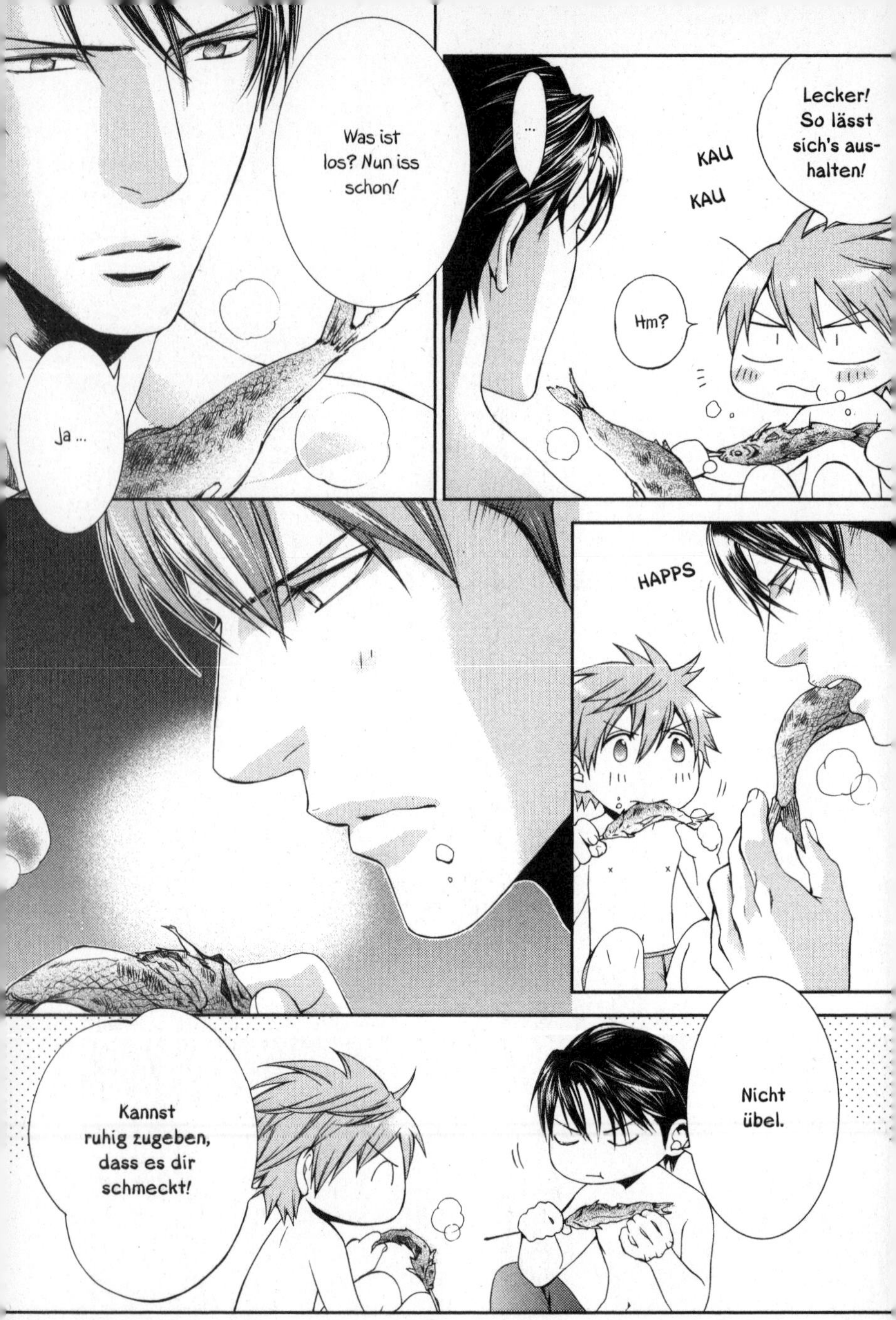
Was ist los? Nun iss schon!
Ja ...
Lecker! So lässt sich's aushalten!
KAU
KAU
...
Hm?
HAPPS
Nicht übel.
Kannst ruhig zugeben, dass es dir schmeckt!

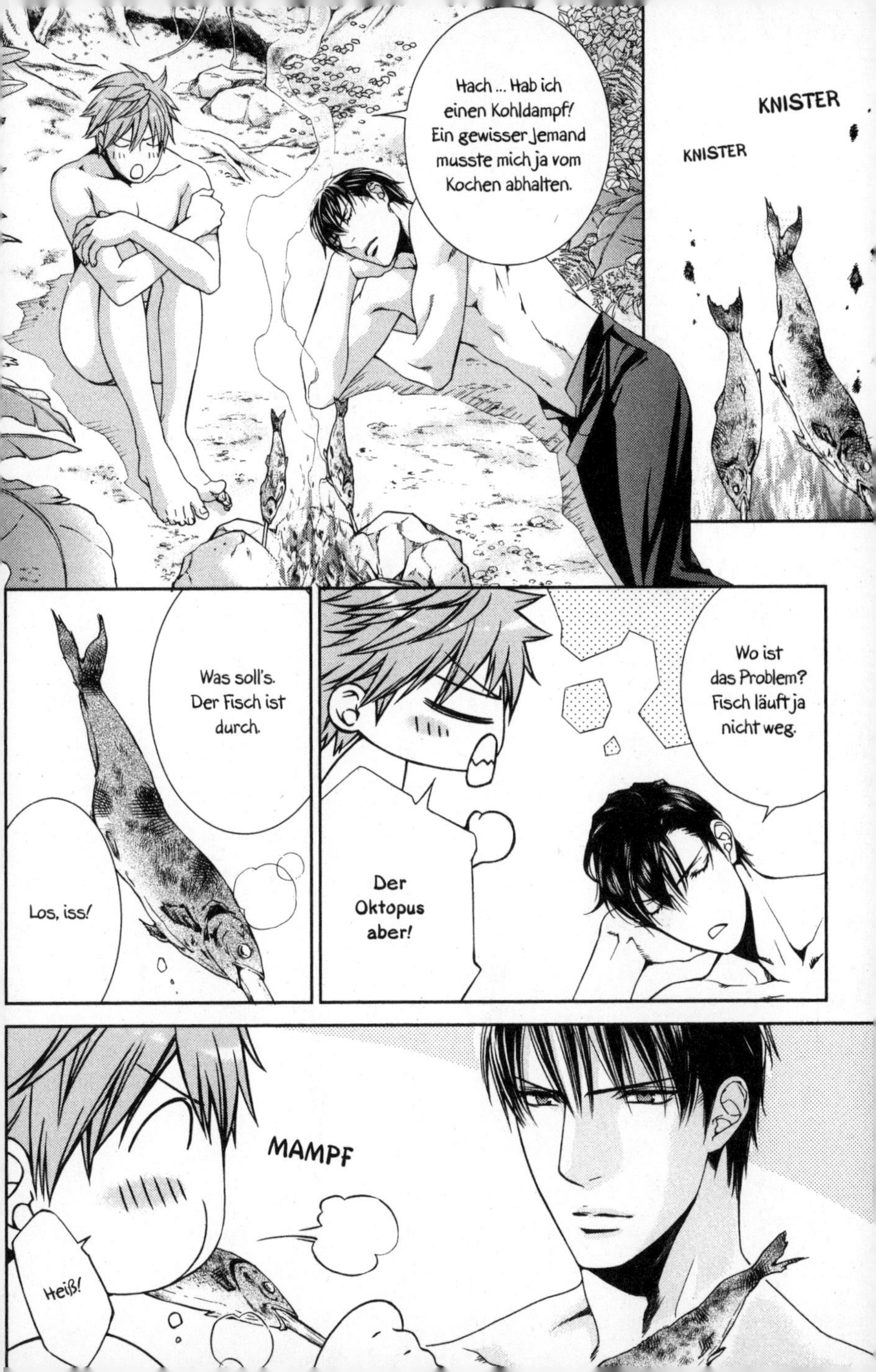
KNISTER
KNISTER
Hach ... Hab ich einen Kohldampf! Ein gewisser Jemand musste mich ja vom Kochen abhalten.
Wo ist das Problem? Fisch läuft ja nicht weg.
Der Oktopus aber!
Was soll's. Der Fisch ist durch.
Los, iss!
MAMPF
Heiß!

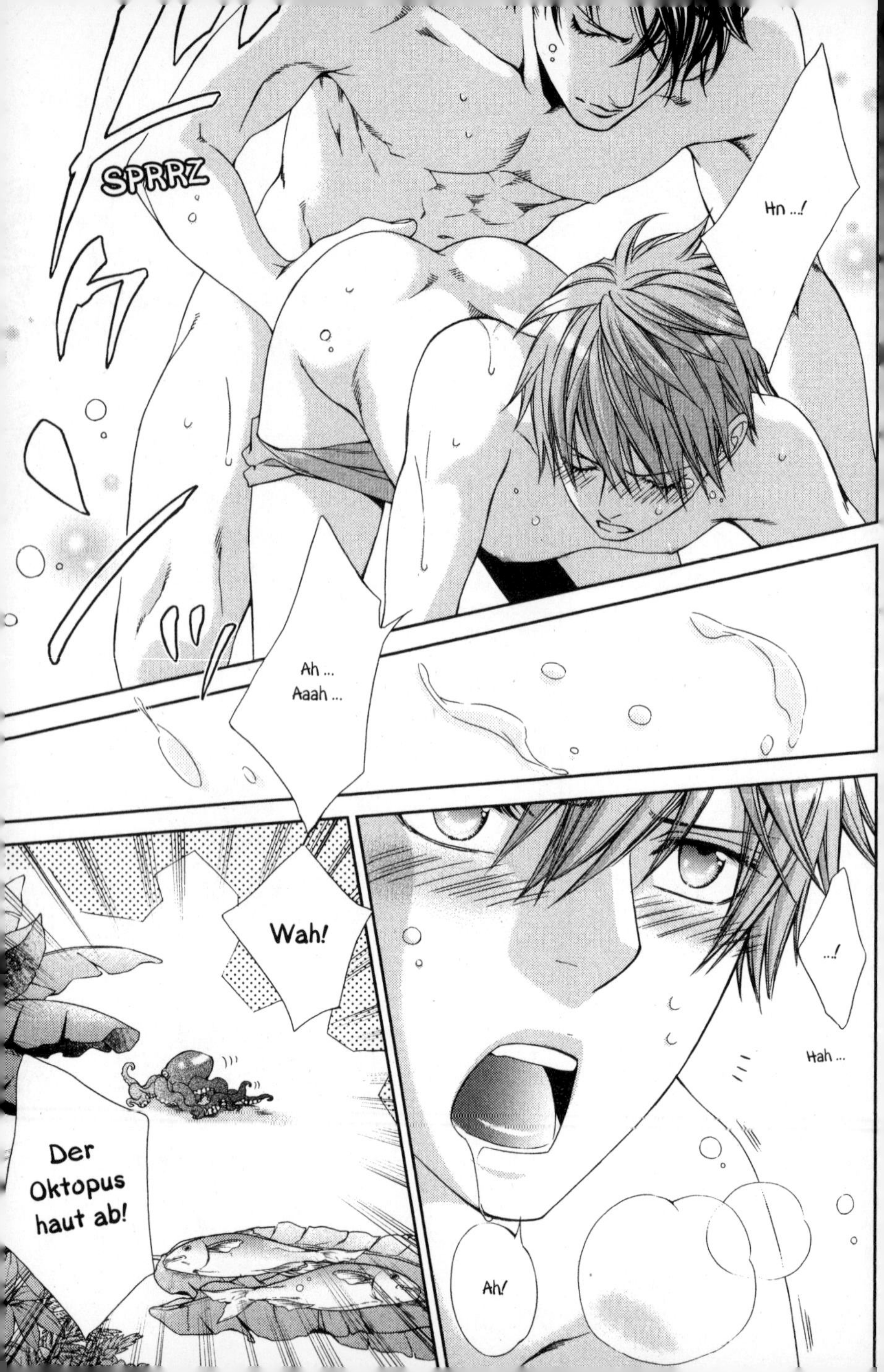
Hn ...!
SPRRZ
Ah ... Aaah ...
...!
Hah ...
Ah!
Wah!
Der Oktopus haut ab!

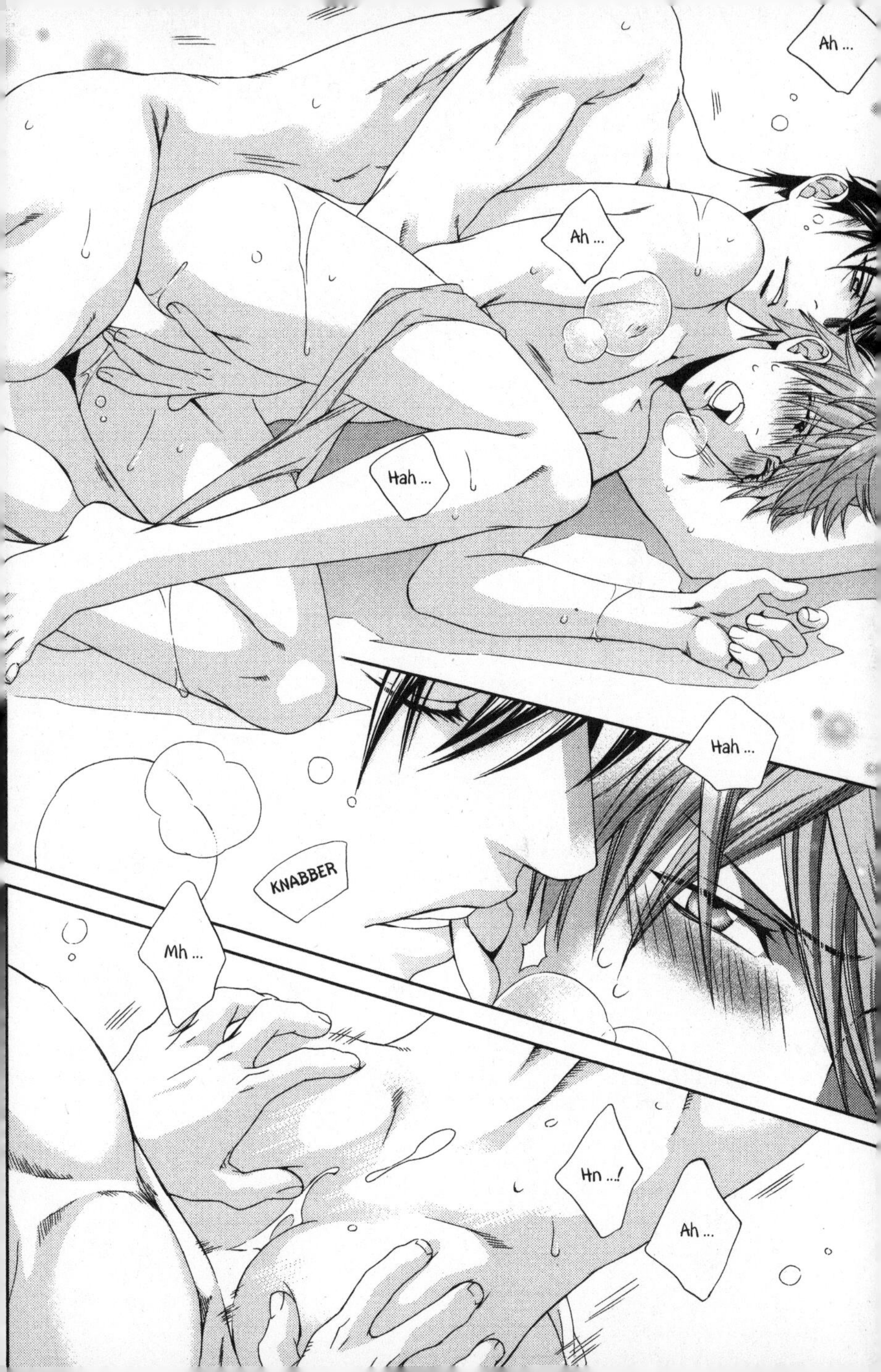
Ah ...
Ah ...
Hah ...
Hah ...
KNABBER
Hn ...!
Ah ...
Mh ...

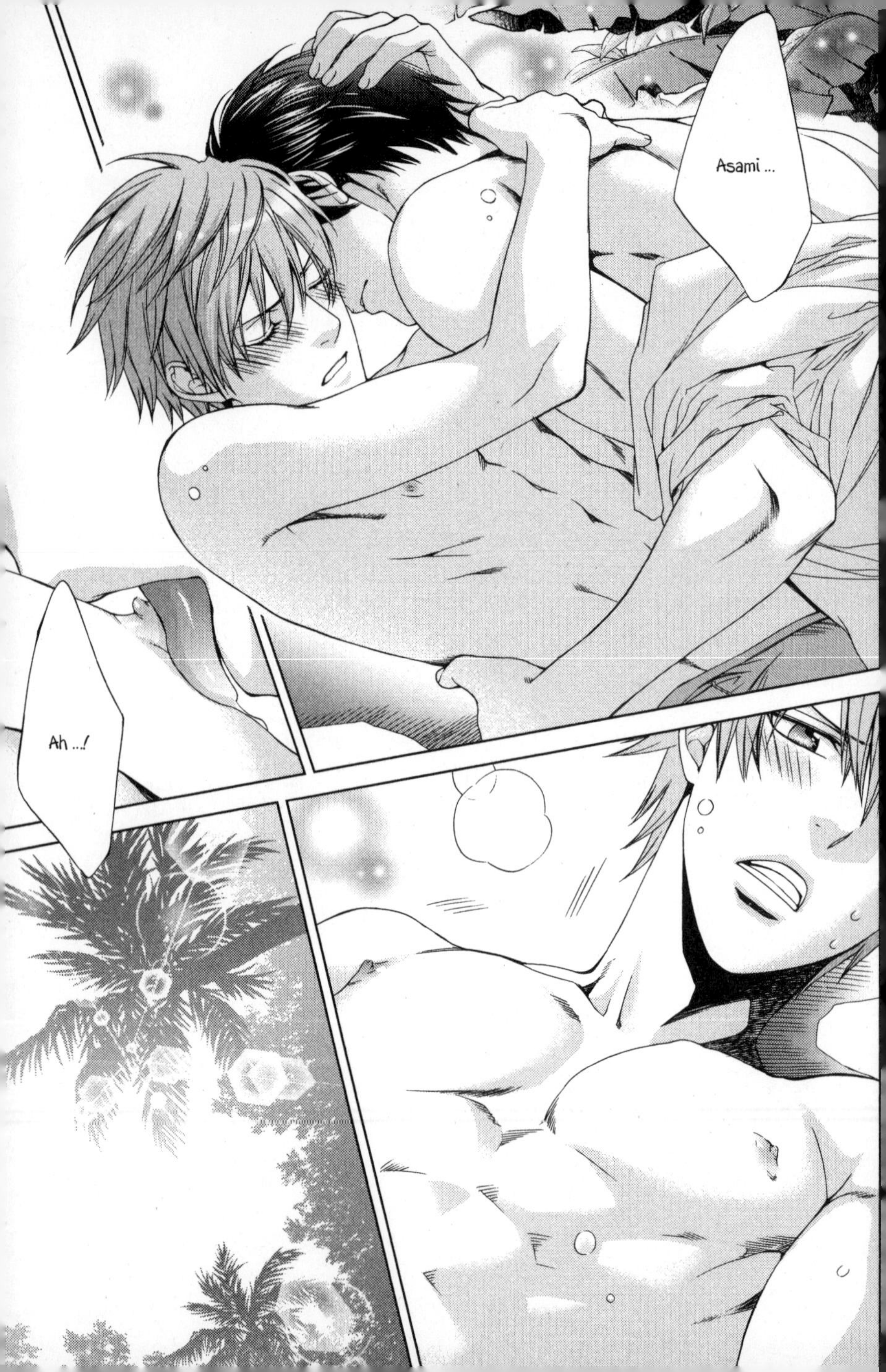
Asami ...
Ah ...!

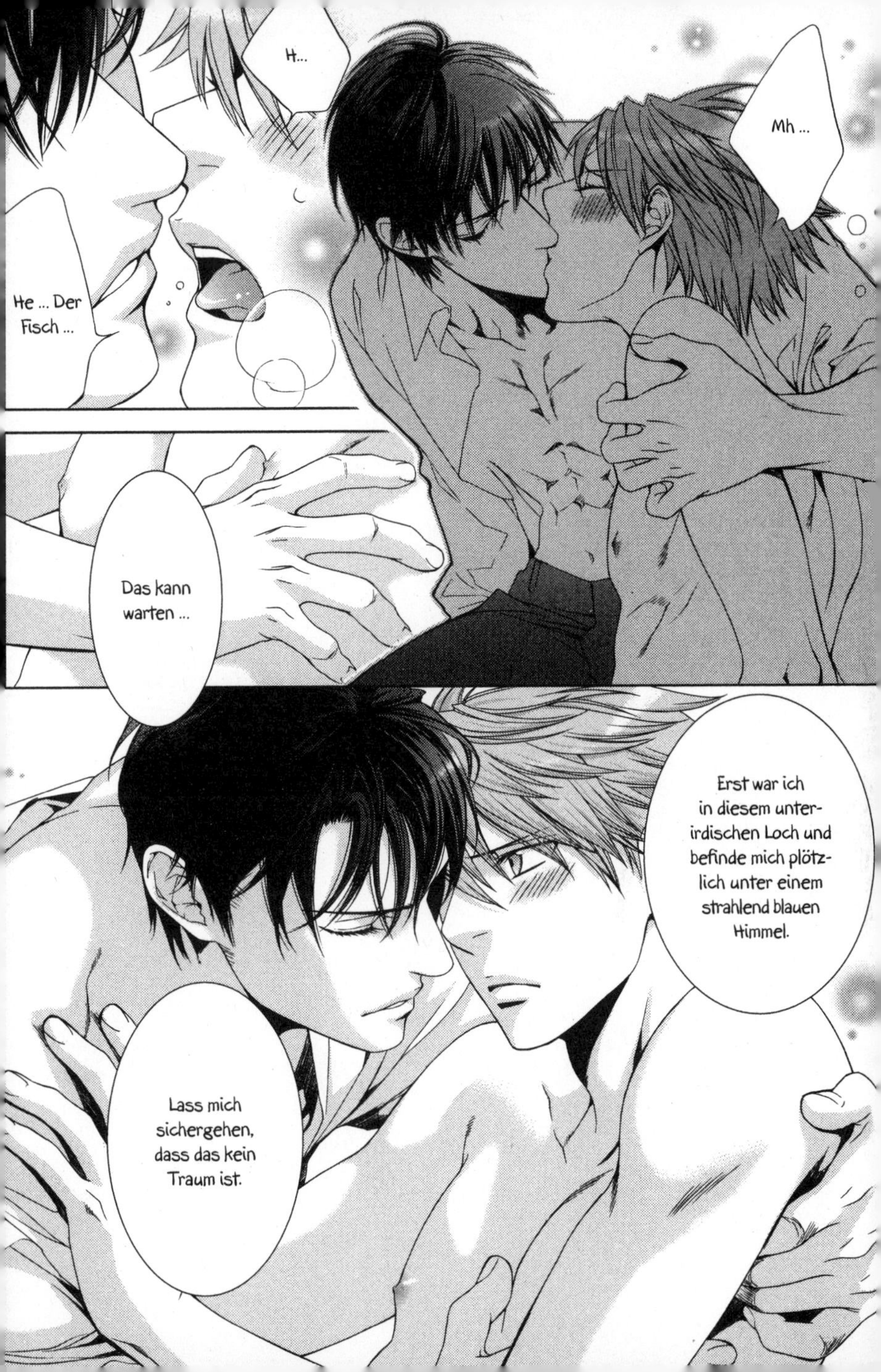

Mh ...
H...
He ... Der Fisch ...
Das kann warten ...
Erst war ich in diesem unterirdischen Loch und befinde mich plötzlich unter einem strahlend blauen Himmel.
Lass mich sichergehen, dass das kein Traum ist.

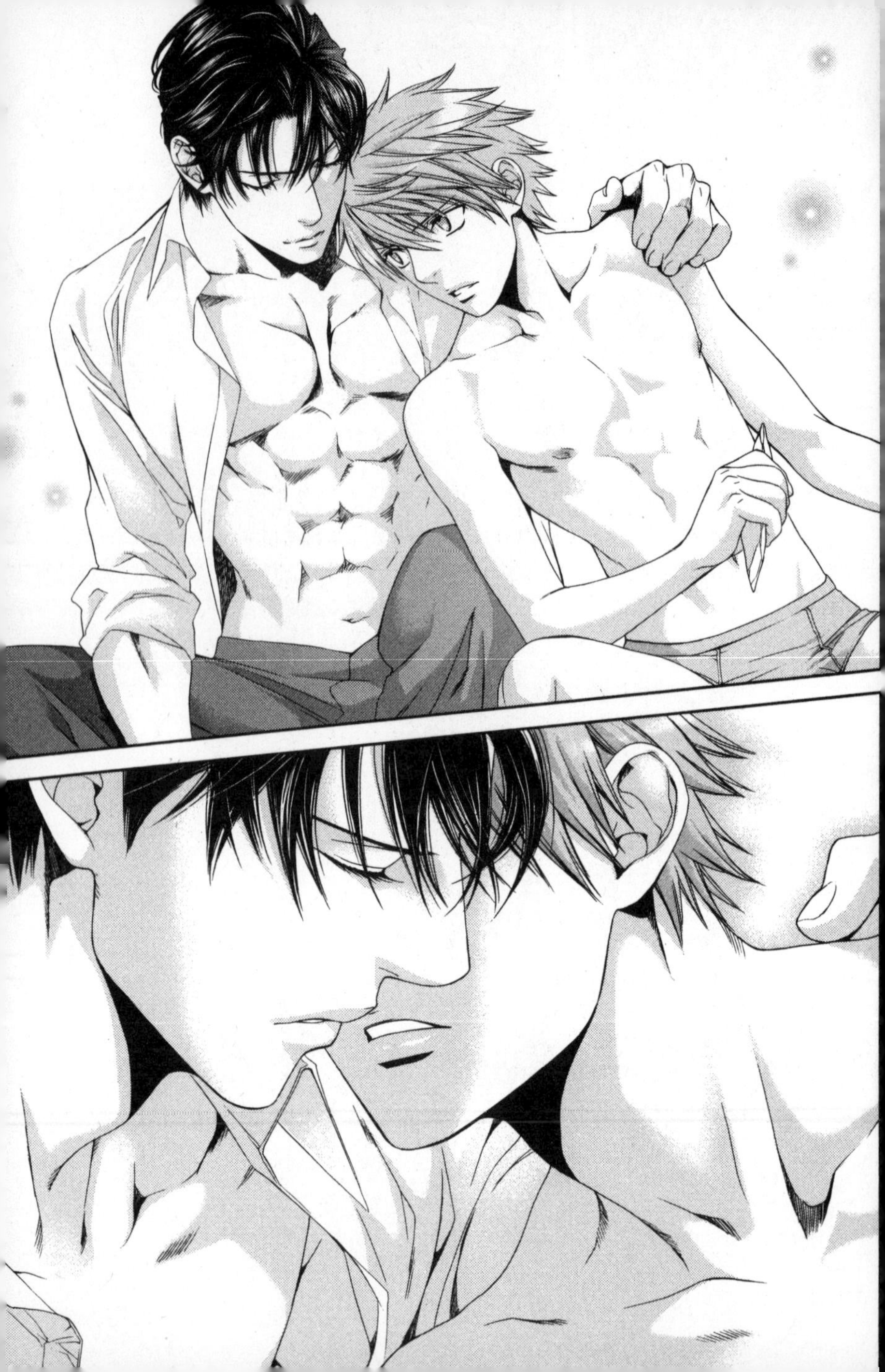

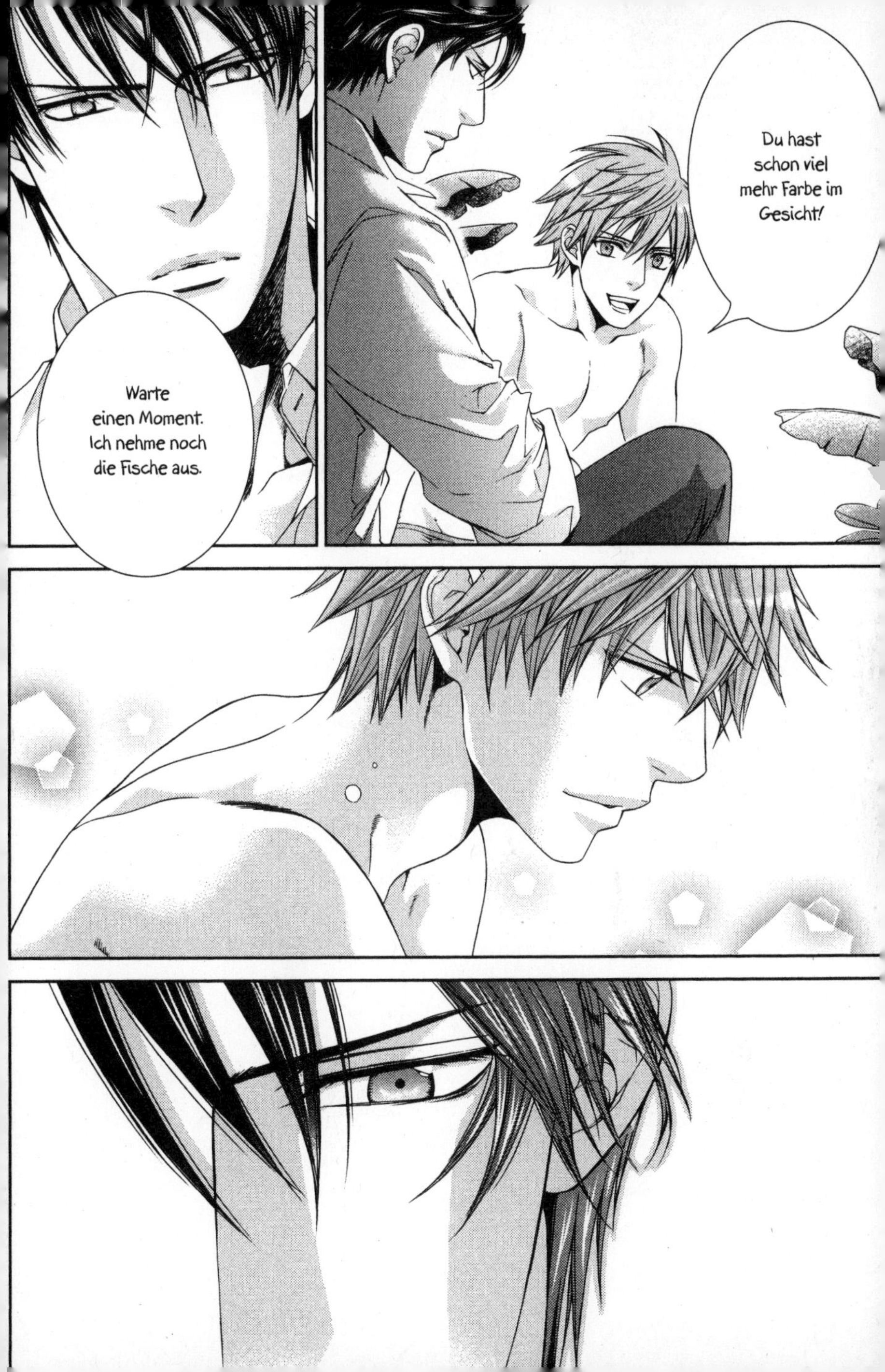
Du hast schon viel mehr Farbe im Gesicht!
Warte einen Moment. Ich nehme noch die Fische aus.

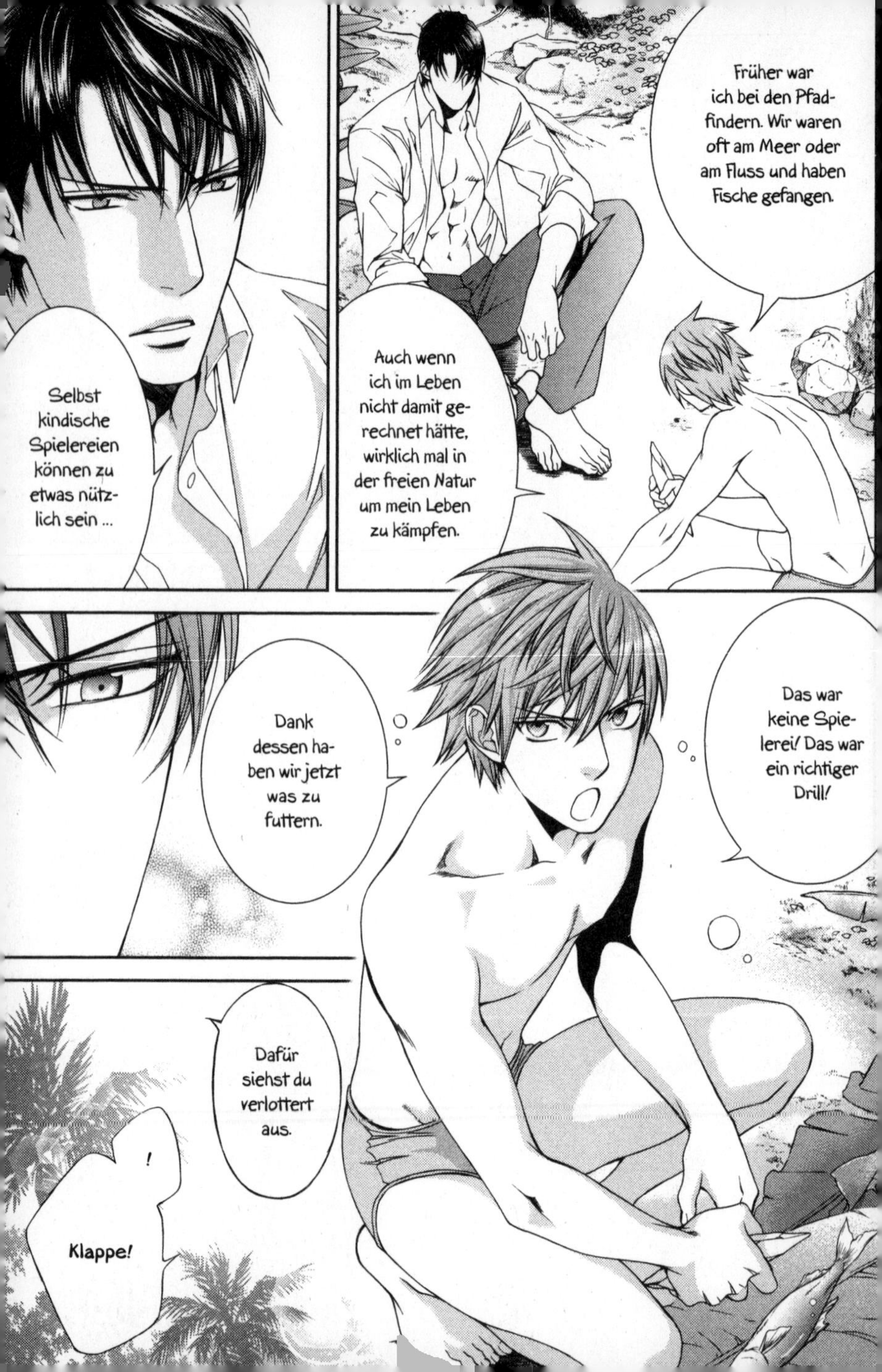

Früher war ich bei den Pfadfindern. Wir waren oft am Meer oder am Fluss und haben Fische gefangen.
Auch wenn ich im Leben nicht damit gerechnet hätte, wirklich mal in der freien Natur um mein Leben zu kämpfen.
Selbst kindische Spielereien können zu etwas nützlich sein ...
Das war keine Spielerei! Das war ein richtiger Drill!
Dank dessen haben wir jetzt was zu futtern.
Dafür siehst du verlottert aus.
!
Klappe!

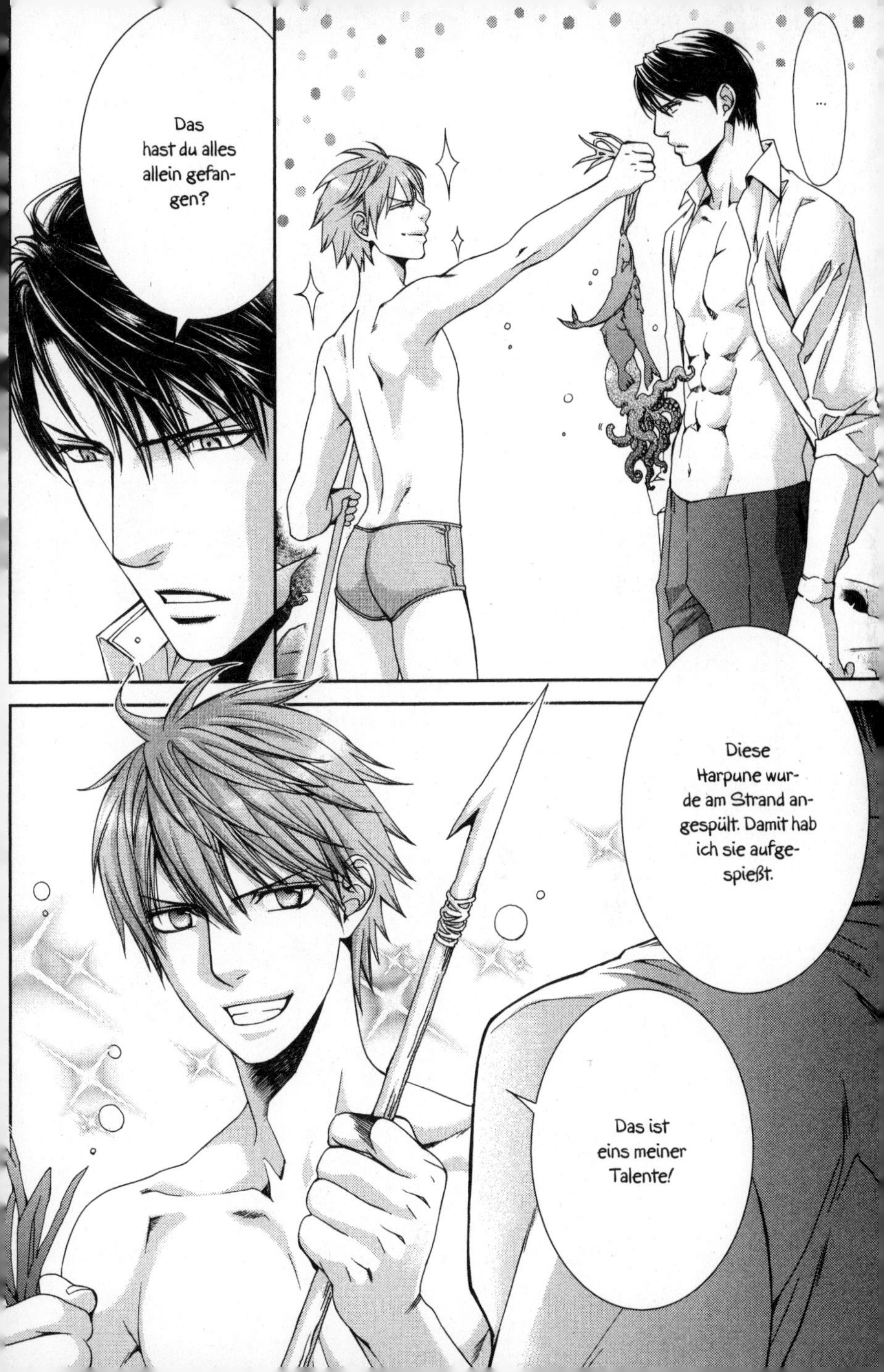
...
Das hast du alles allein gefangen?
Diese Harpune wurde am Strand angespült. Damit hab ich sie aufgespießt.
Das ist eins meiner Talente!

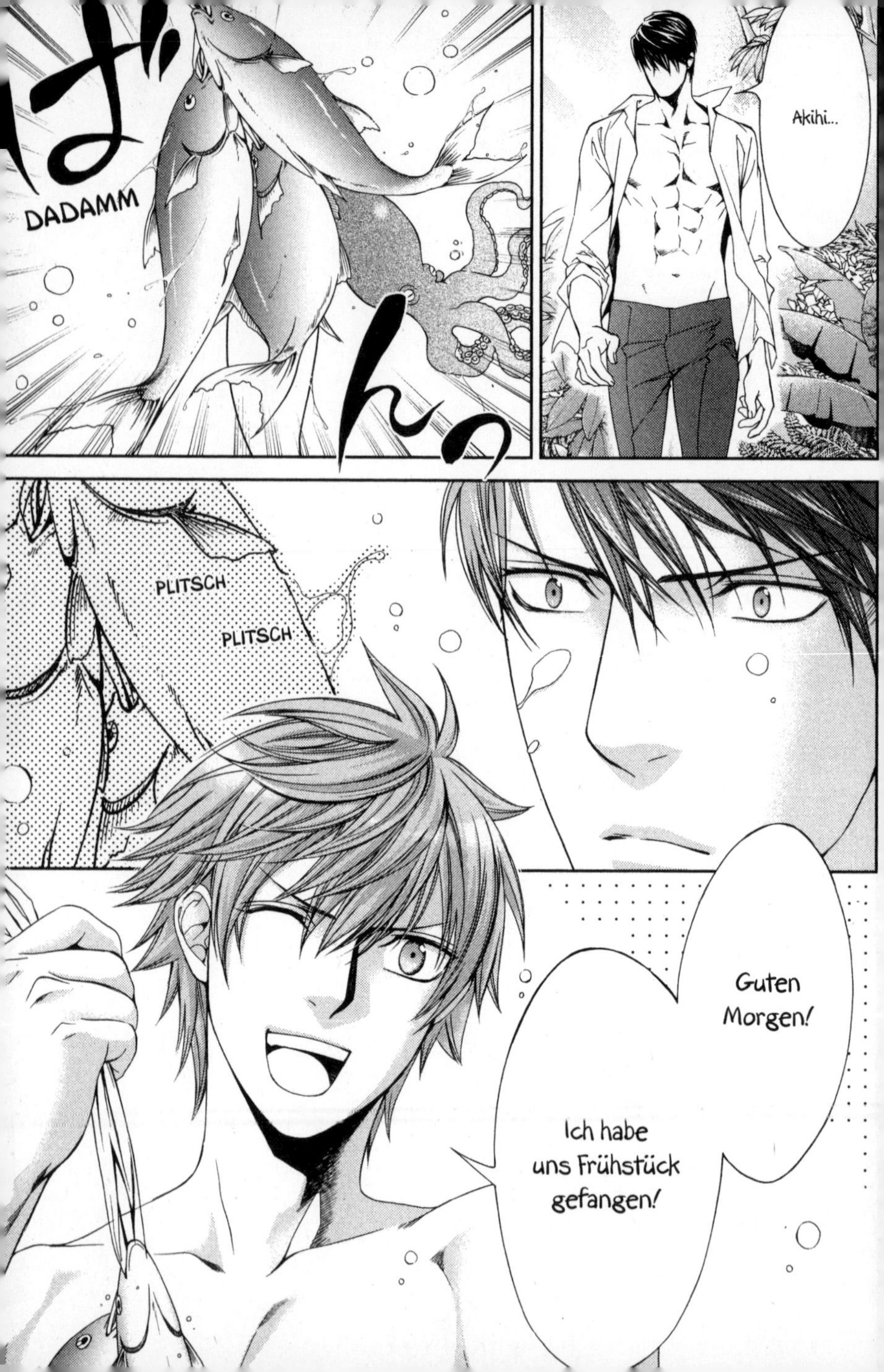
Akihi...
DADAMM
PLITSCH
PLITSCH
Guten Morgen!
Ich habe uns Frühstück gefangen!

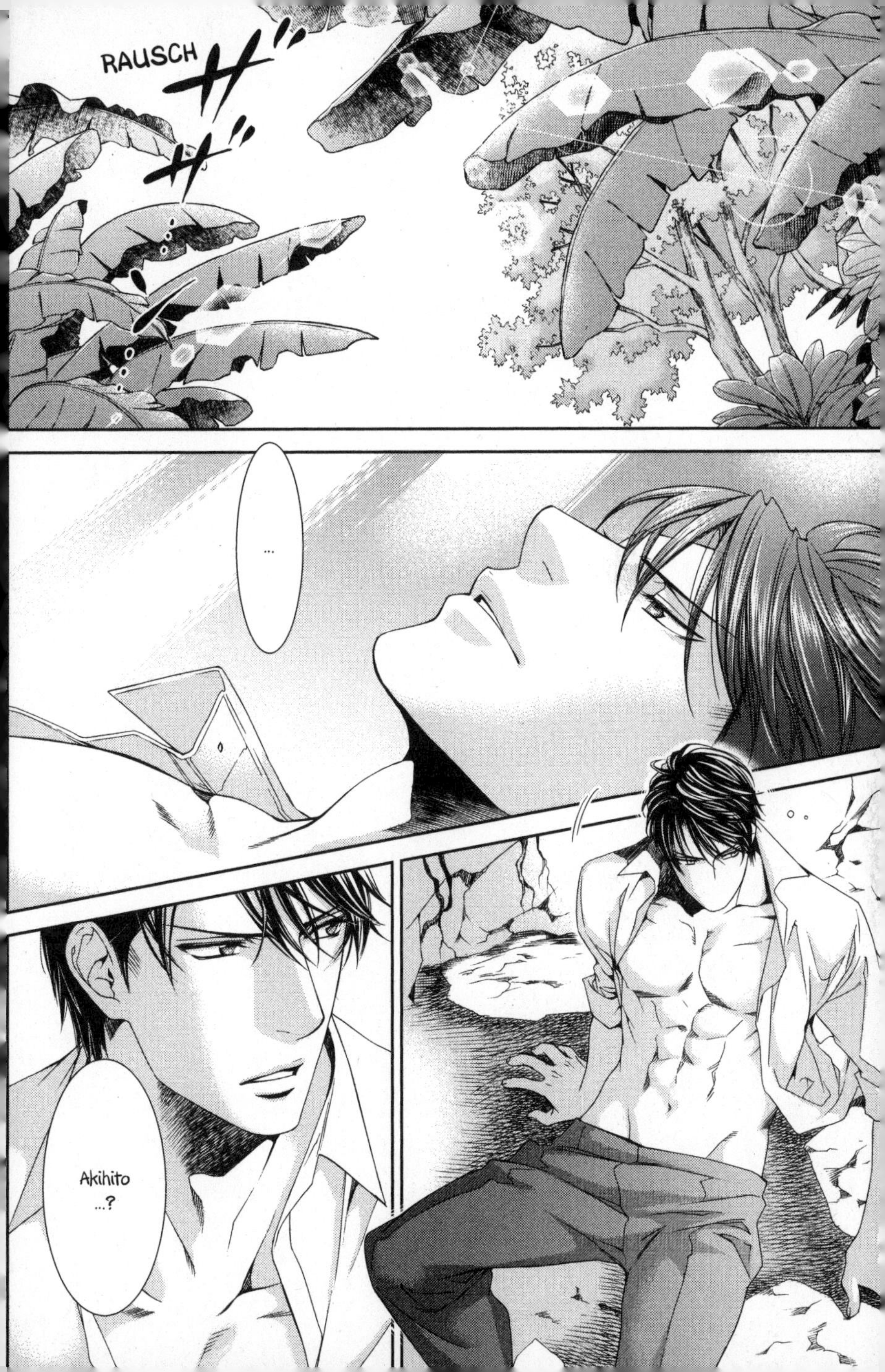
RAUSCH
...
Akihito
...?

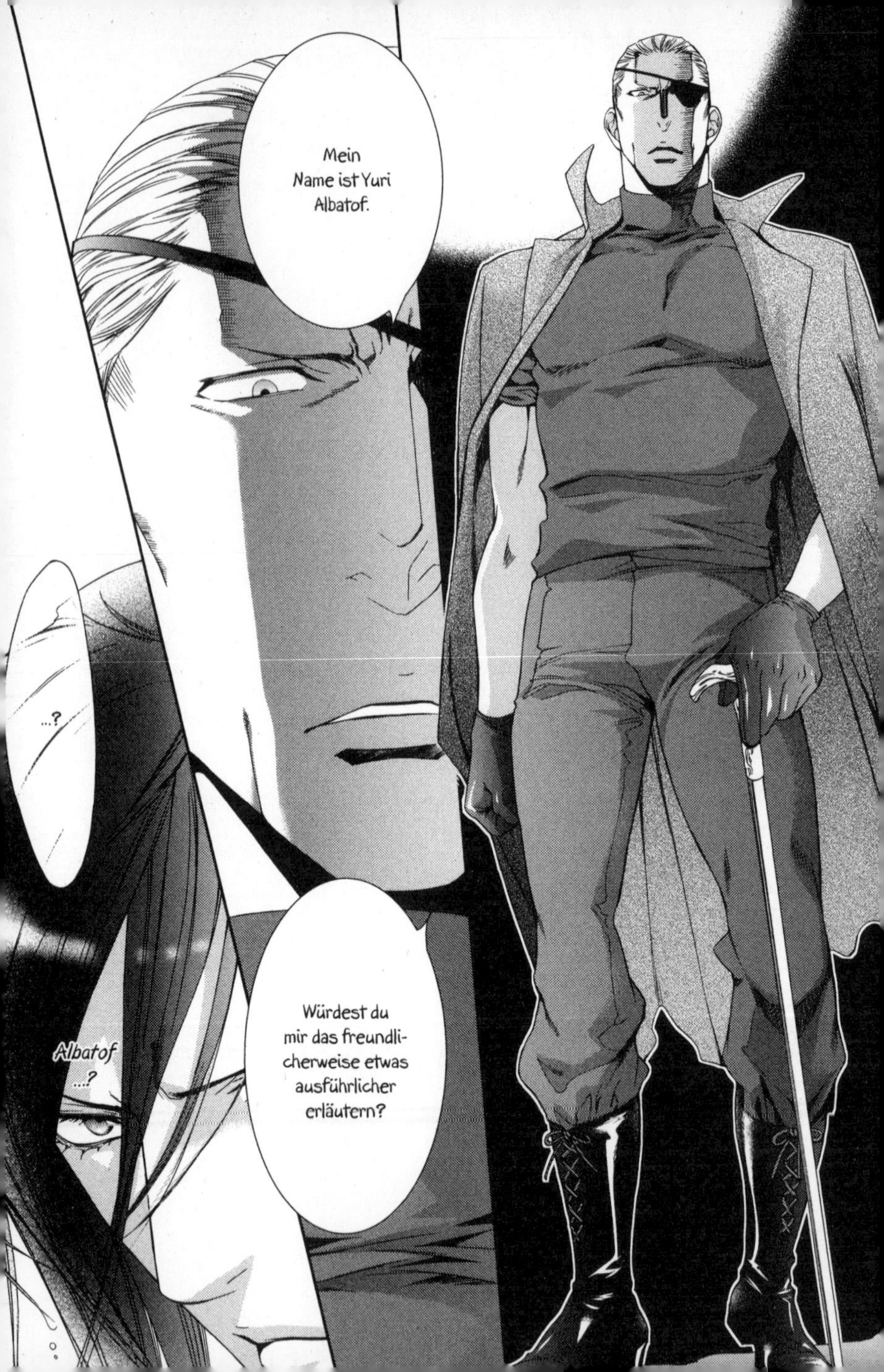

Mein Name ist Yuri Albatof.
...?
Würdest du mir das freundlicherweise etwas ausführlicher erläutern?
Albatof ...?

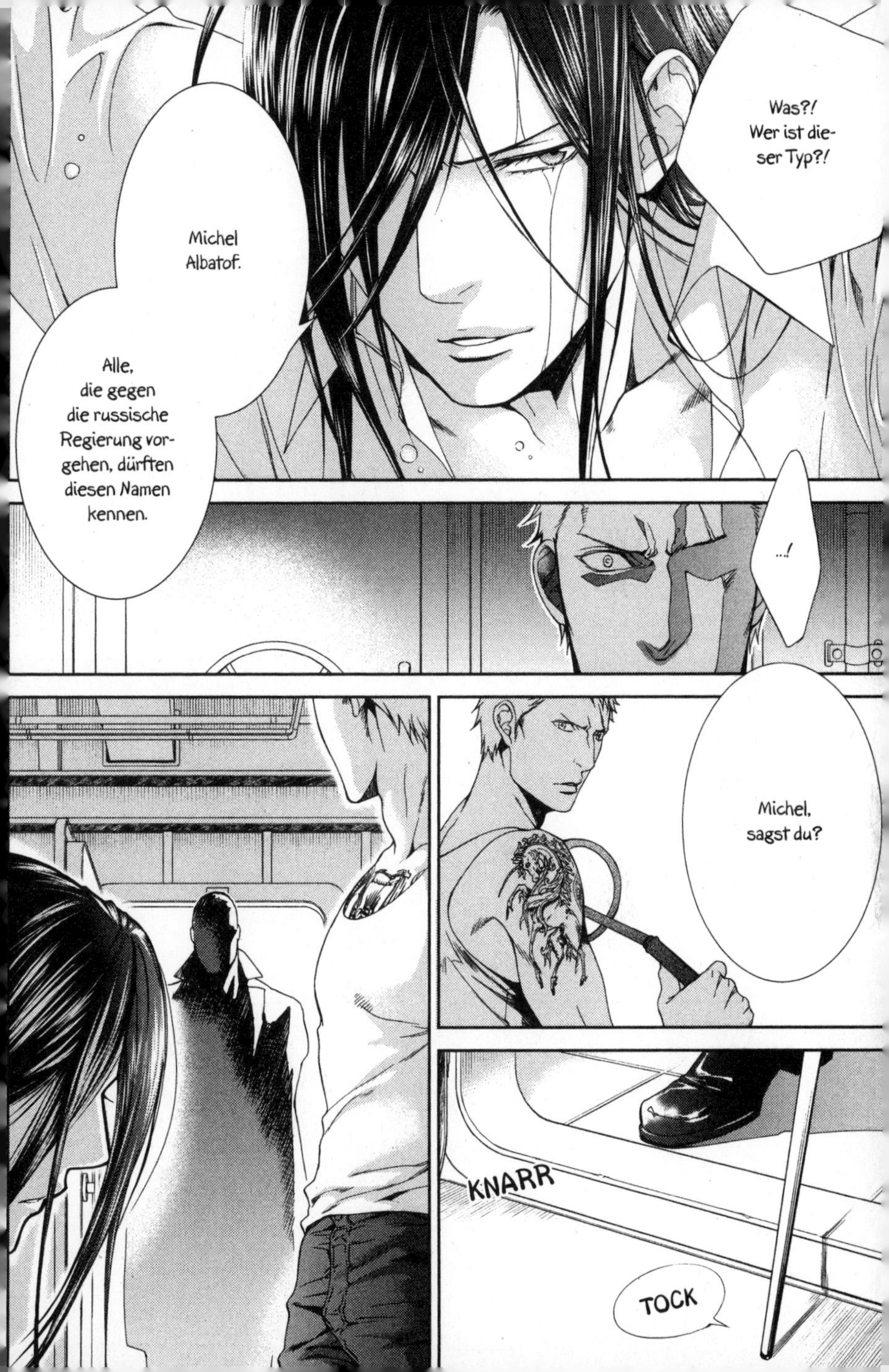
Was?! Wer ist dieser Typ?!
Michel Albatof.
Alle, die gegen die russische Regierung vorgehen, dürften diesen Namen kennen.
...!
Michel, sagst du?
KNARR
TOCK

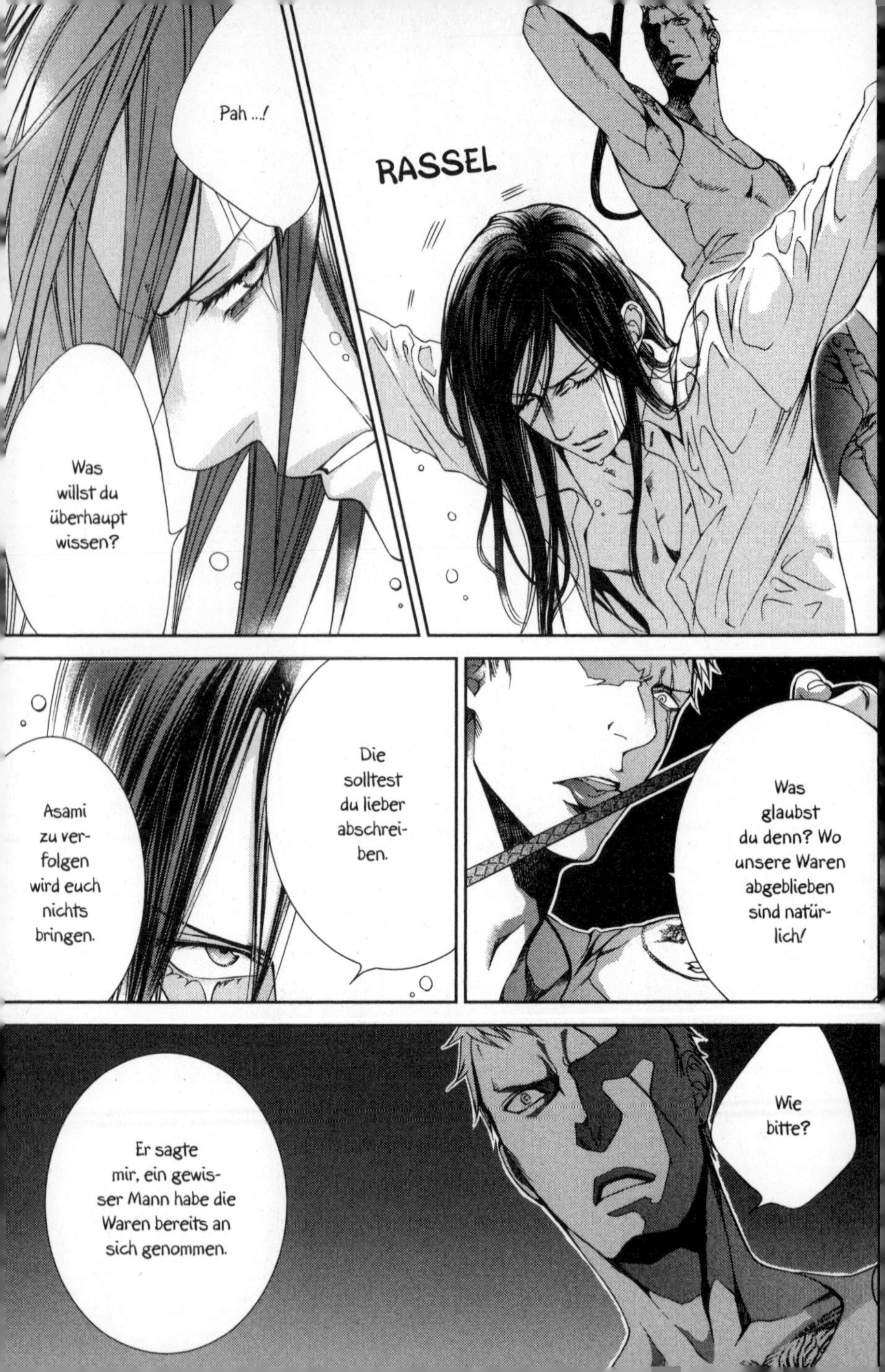
RASSEL
Pah ...!
Was willst du überhaupt wissen?
Was glaubst du denn? Wo unsere Waren abgeblieben sind natürlich!
Die solltest du lieber abschreiben.
Asami zu verfolgen wird euch nichts bringen.
Wie bitte?
Er sagte mir, ein gewisser Mann habe die Waren bereits an sich genommen.

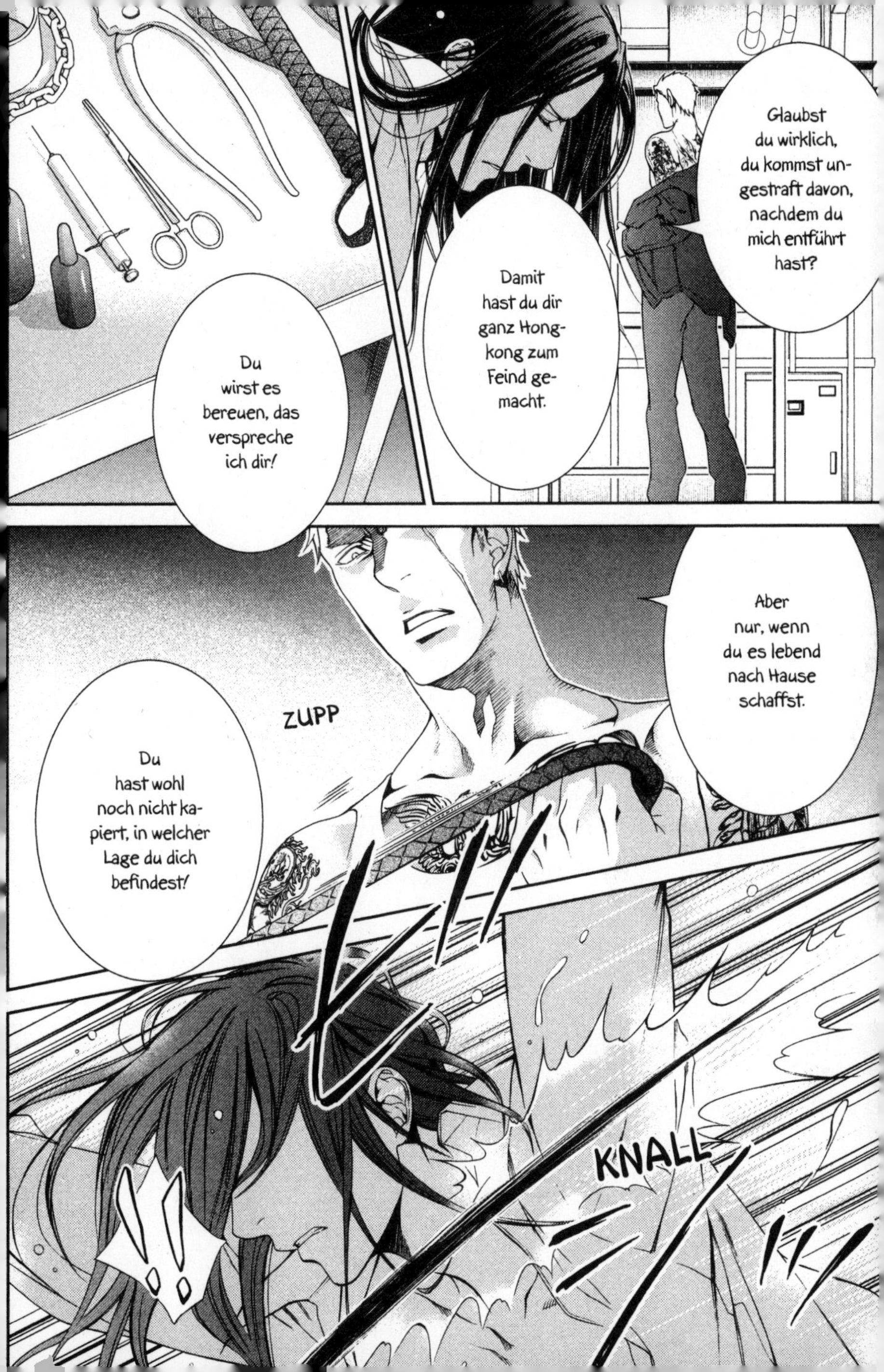
Glaubst du wirklich, du kommst ungestraft davon, nachdem du mich entführt hast?
Damit hast du dir ganz Hongkong zum Feind gemacht.
Du wirst es bereuen, das verspreche ich dir!
Aber nur, wenn du es lebend nach Hause schaffst.
ZUPP
Du hast wohl noch nicht kapiert, in welcher Lage du dich befindest!
KNALL

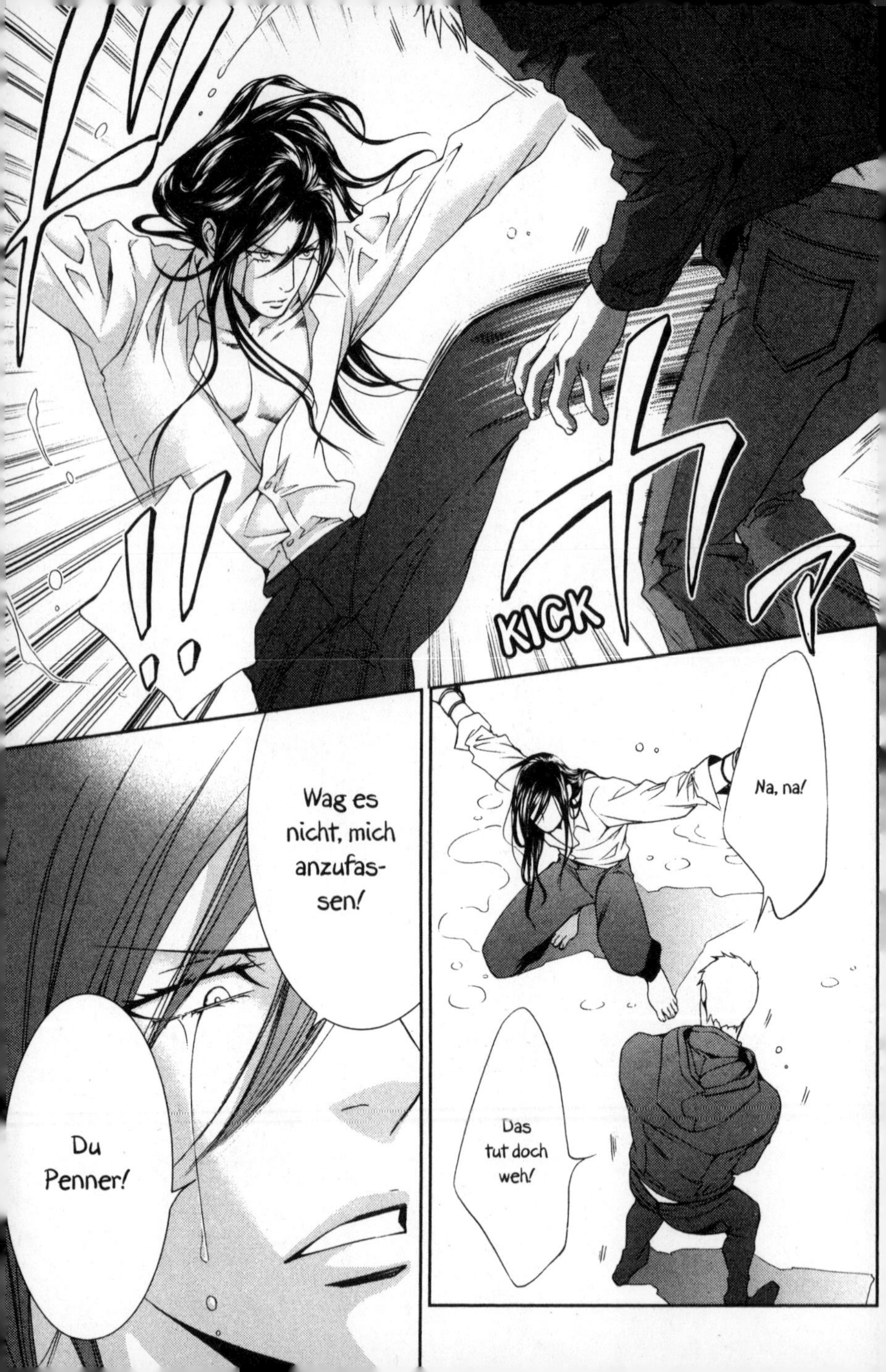
KICK
Na, na!
Das tut doch weh!
Wag es nicht, mich anzufassen!
Du Penner!

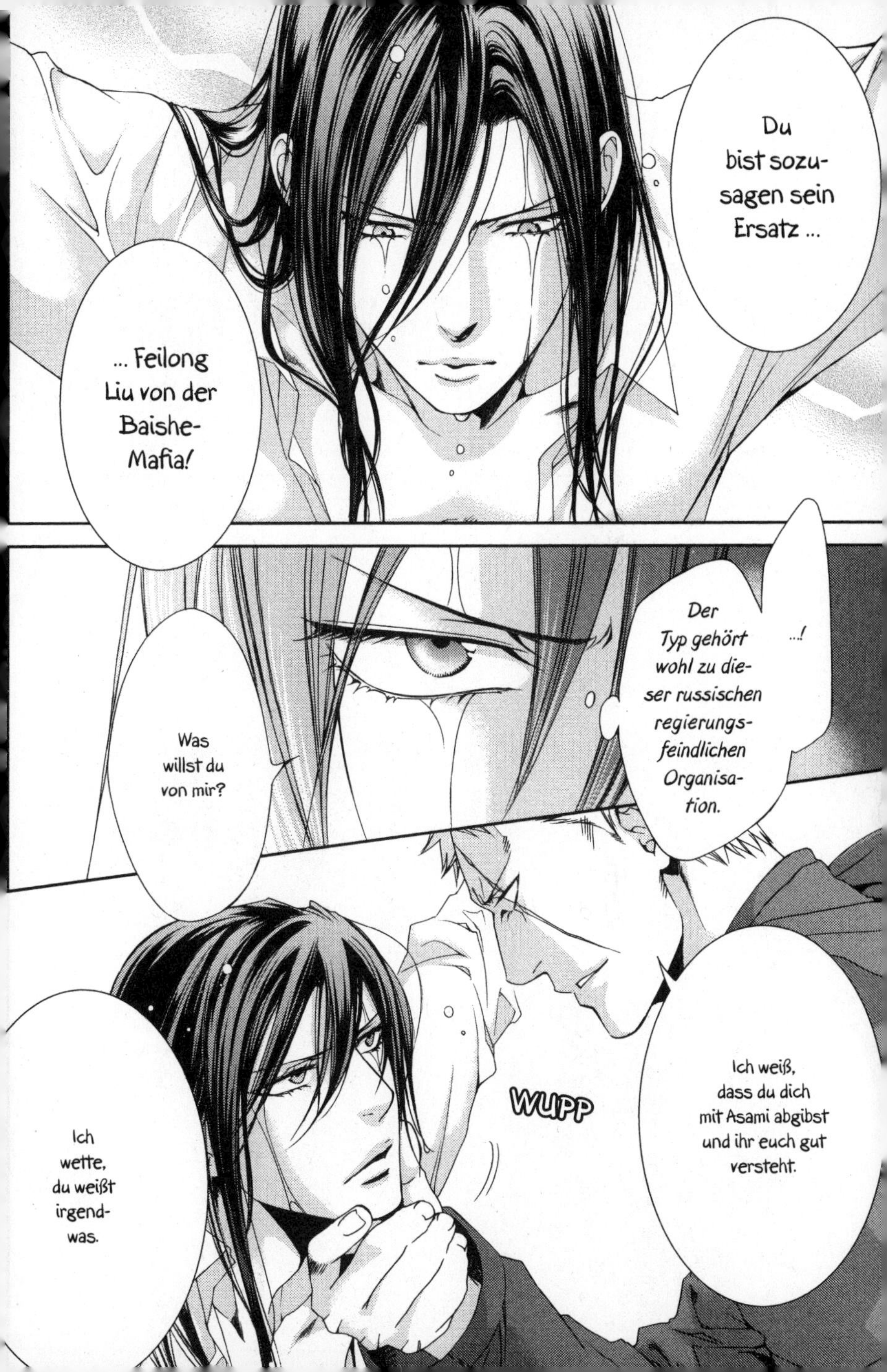

Du bist sozusagen sein Ersatz ...
... Feilong Liu von der Baishe-Mafia!
Der Typ gehört wohl zu dieser russischen regierungsfeindlichen Organisation.
...!
Was willst du von mir?
Ich weiß, dass du dich mit Asami abgibst und ihr euch gut versteht.
WUPP
Ich wette, du weißt irgendwas.

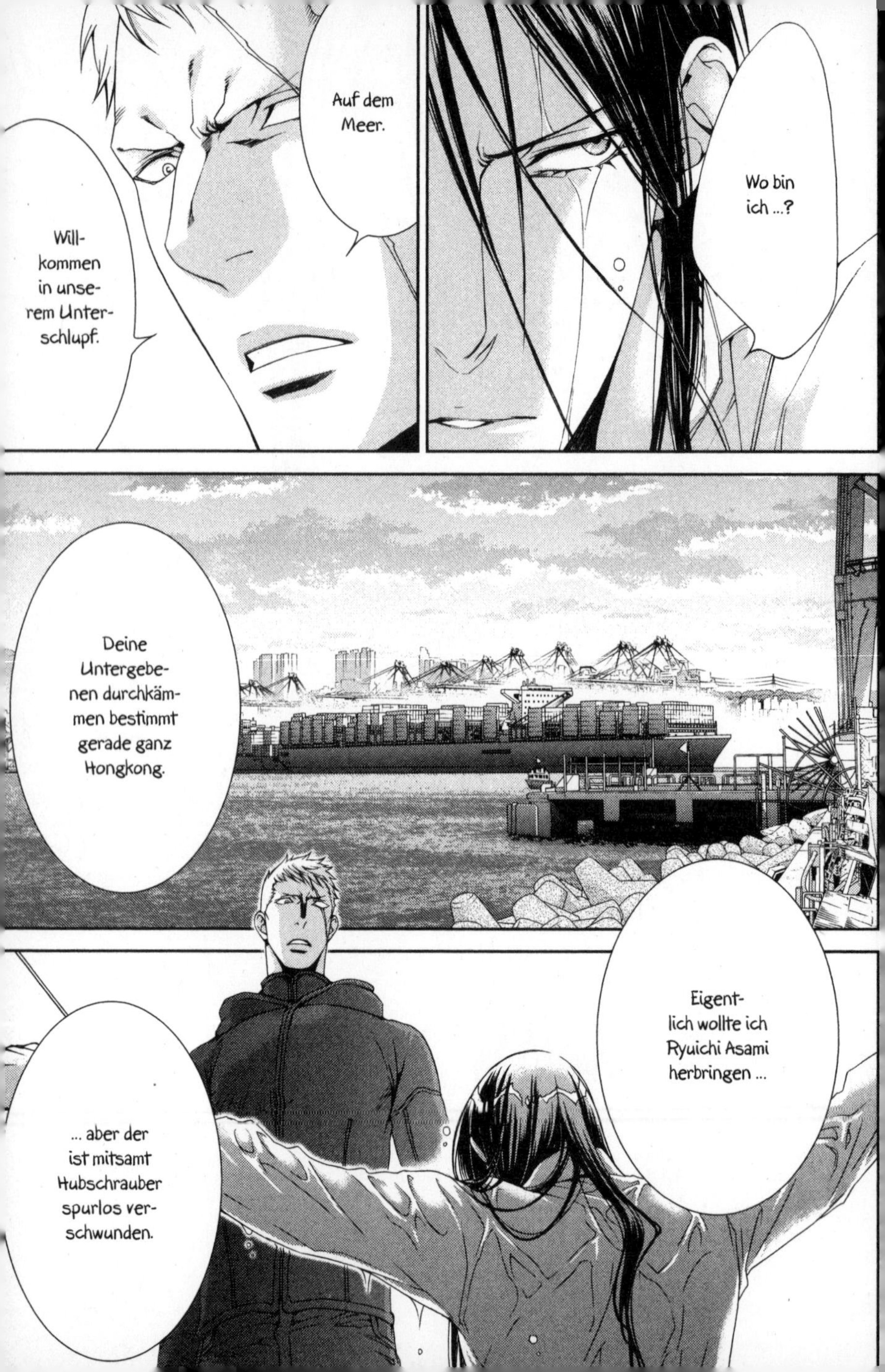
Wo bin ich ...?
Auf dem Meer.
Willkommen in unserem Unterschlupf.
Deine Untergebenen durchkämmen bestimmt gerade ganz Hongkong.
Eigentlich wollte ich Ryuichi Asami herbringen ...
... aber der ist mitsamt Hubschrauber spurlos verschwunden.

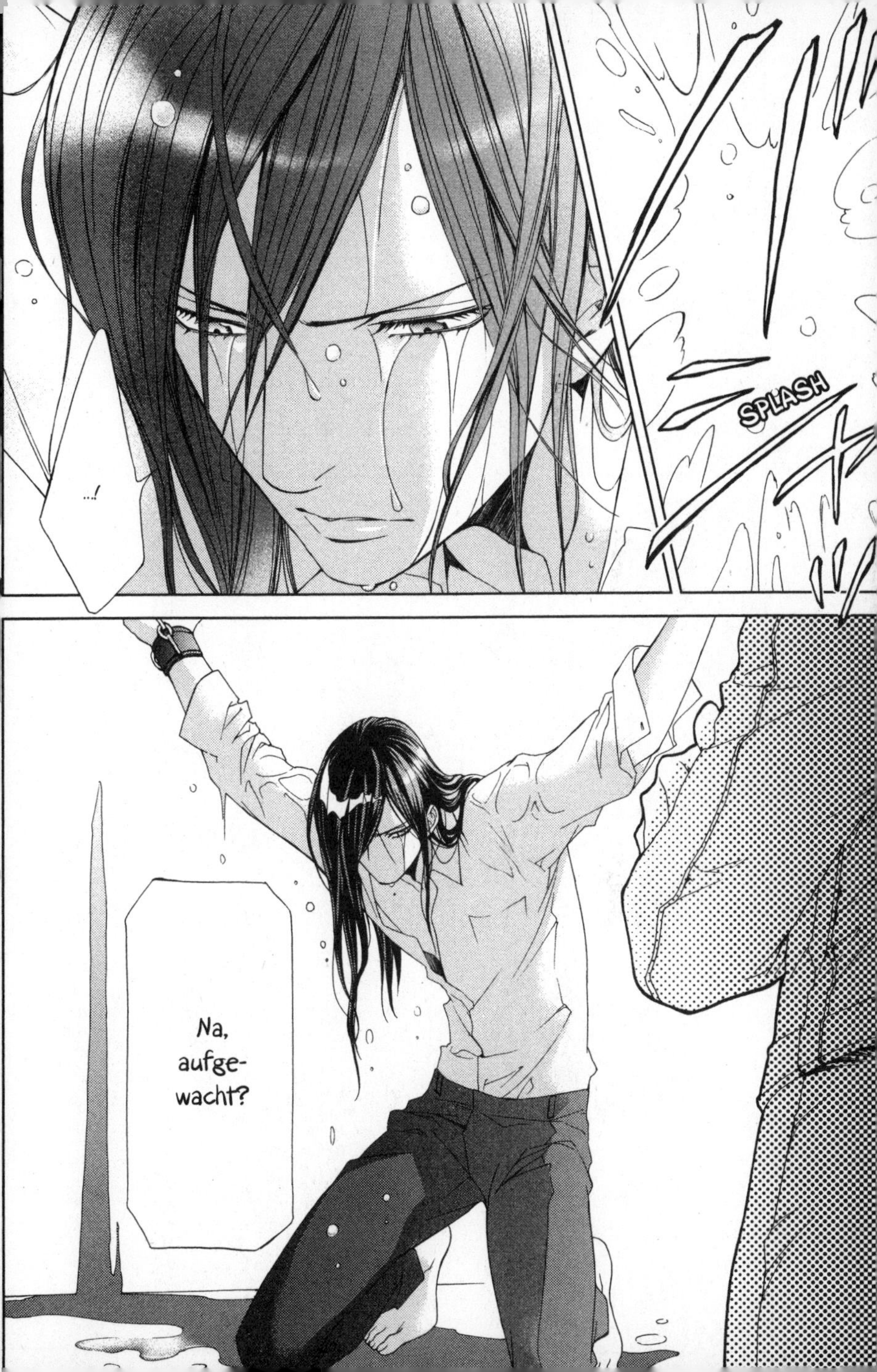
SPLASH
...!
Na, aufge-wacht?

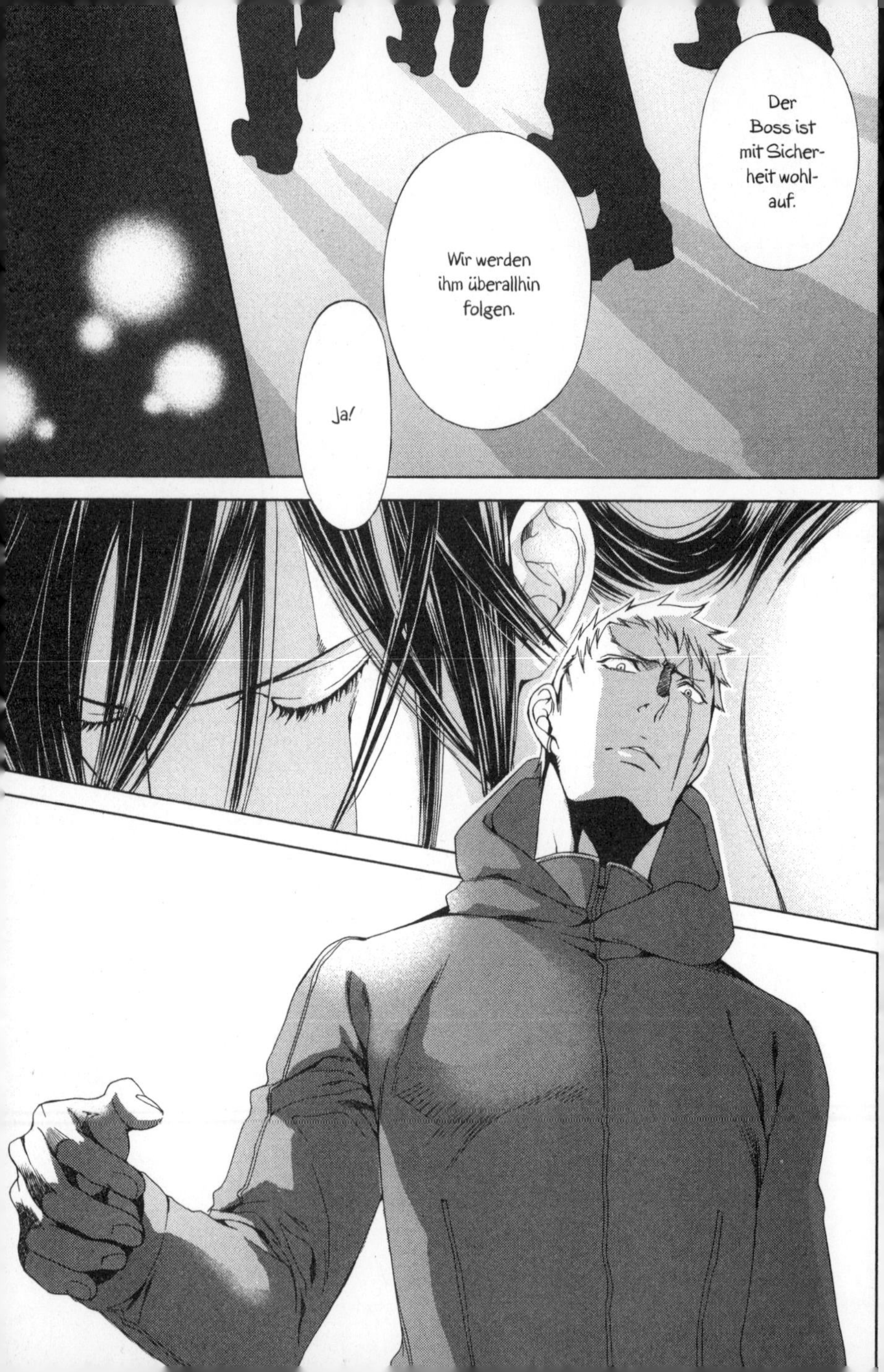
Der Boss ist mit Sicher-heit wohl-auf.
Wir werden ihm überallhin folgen.
Ja!

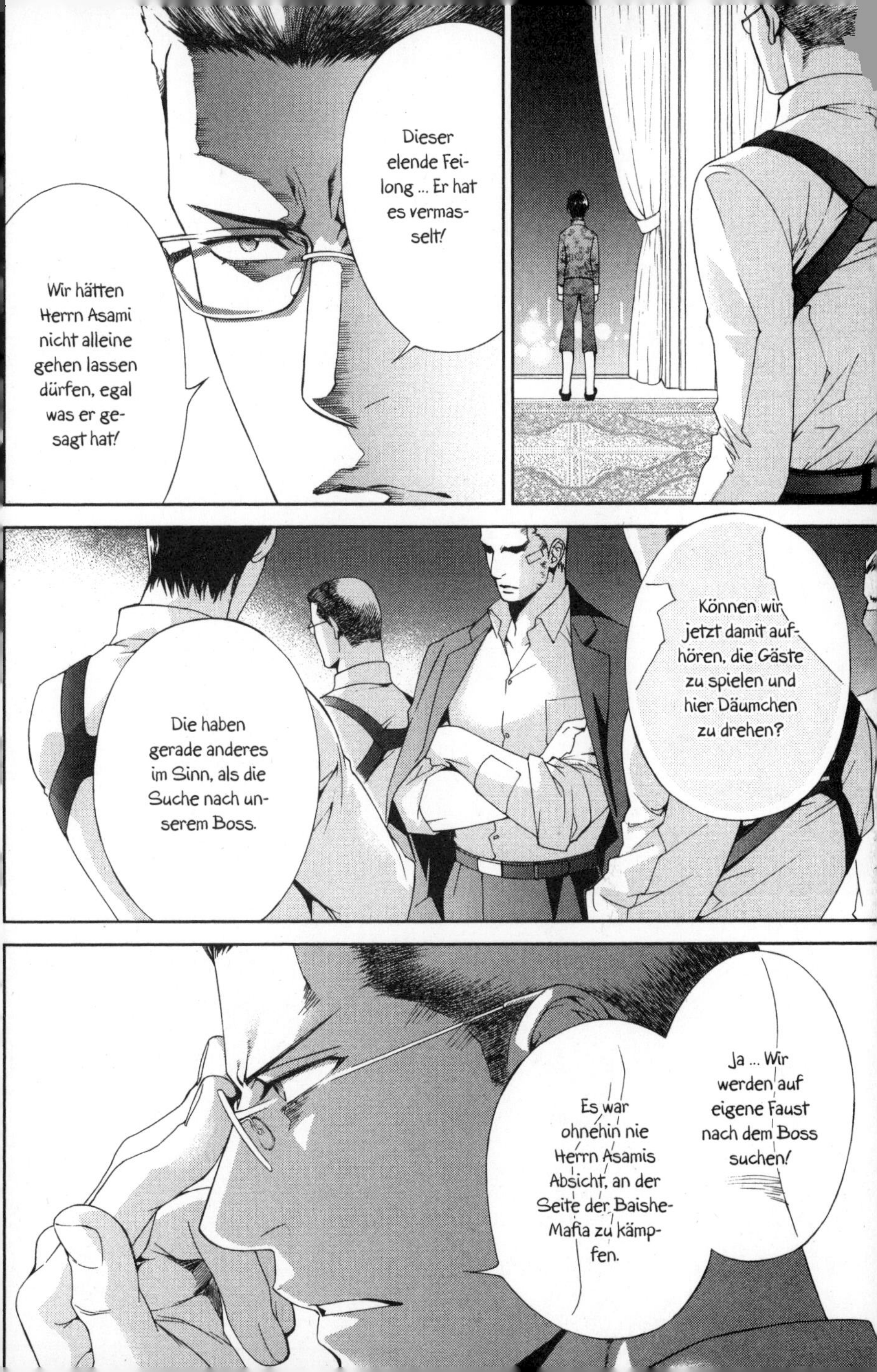
Dieser elende Feilong ... Er hat es vermasselt!
Wir hätten Herrn Asami nicht alleine gehen lassen dürfen, egal was er gesagt hat!
Können wir jetzt damit aufhören, die Gäste zu spielen und hier Däumchen zu drehen?
Die haben gerade anderes im Sinn, als die Suche nach unserem Boss.
Ja ... Wir werden auf eigene Faust nach dem Boss suchen!
Es war ohnehin nie Herrn Asamis Absicht, an der Seite der Baishe-Mafia zu kämpfen.

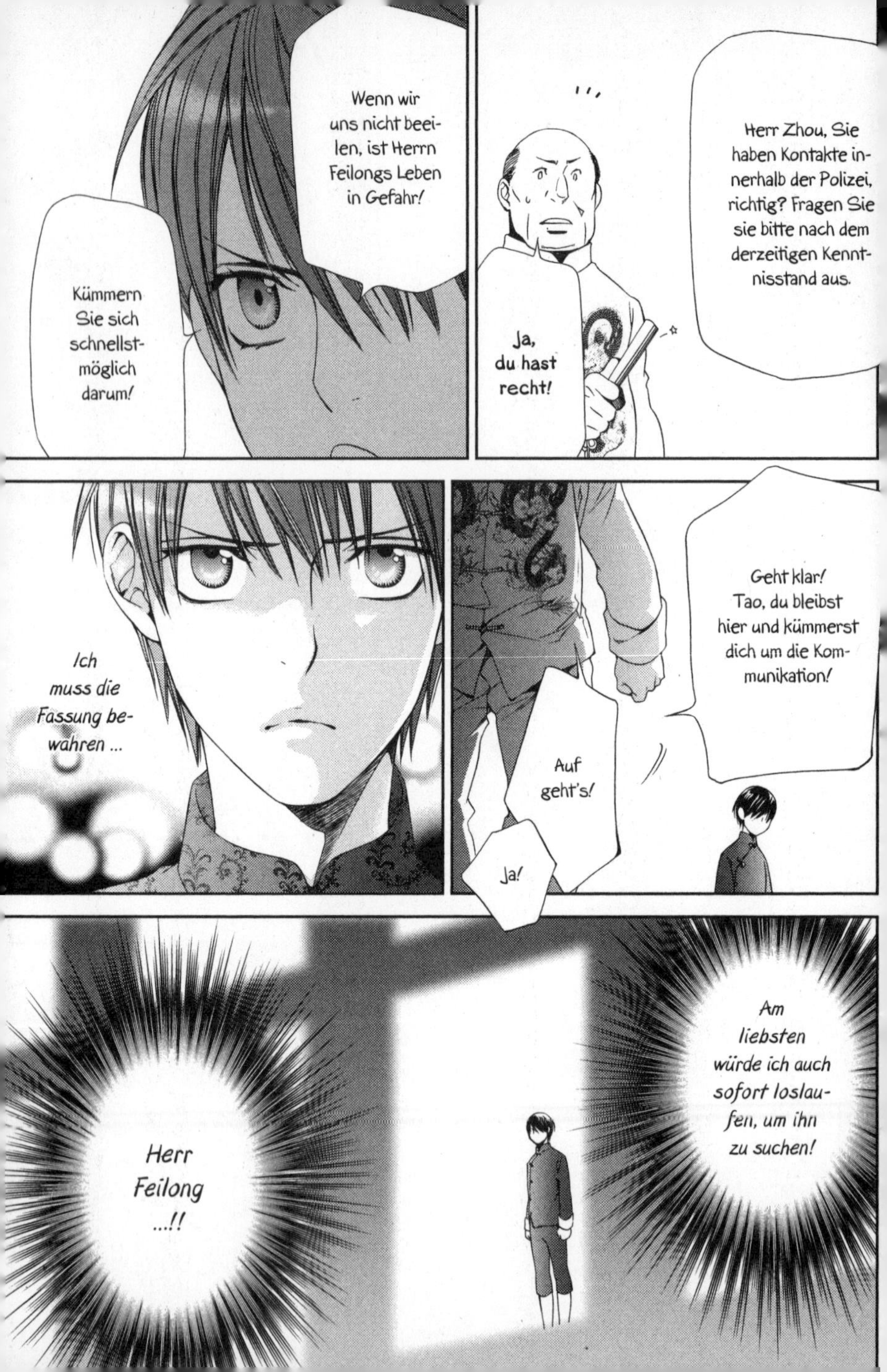
Herr Zhou, Sie haben Kontakte innerhalb der Polizei, richtig? Fragen Sie sie bitte nach dem derzeitigen Kenntnisstand aus.
Ja, du hast recht!
Wenn wir uns nicht beeilen, ist Herrn Feilongs Leben in Gefahr!
Kümmern Sie sich schnellstmöglich darum!
Geht klar! Tao, du bleibst hier und kümmerst dich um die Kommunikation!
Auf geht's!
Ja!
Ich muss die Fassung bewahren ...
Am liebsten würde ich auch sofort loslaufen, um ihn zu suchen!
Herr Feilong ...!!

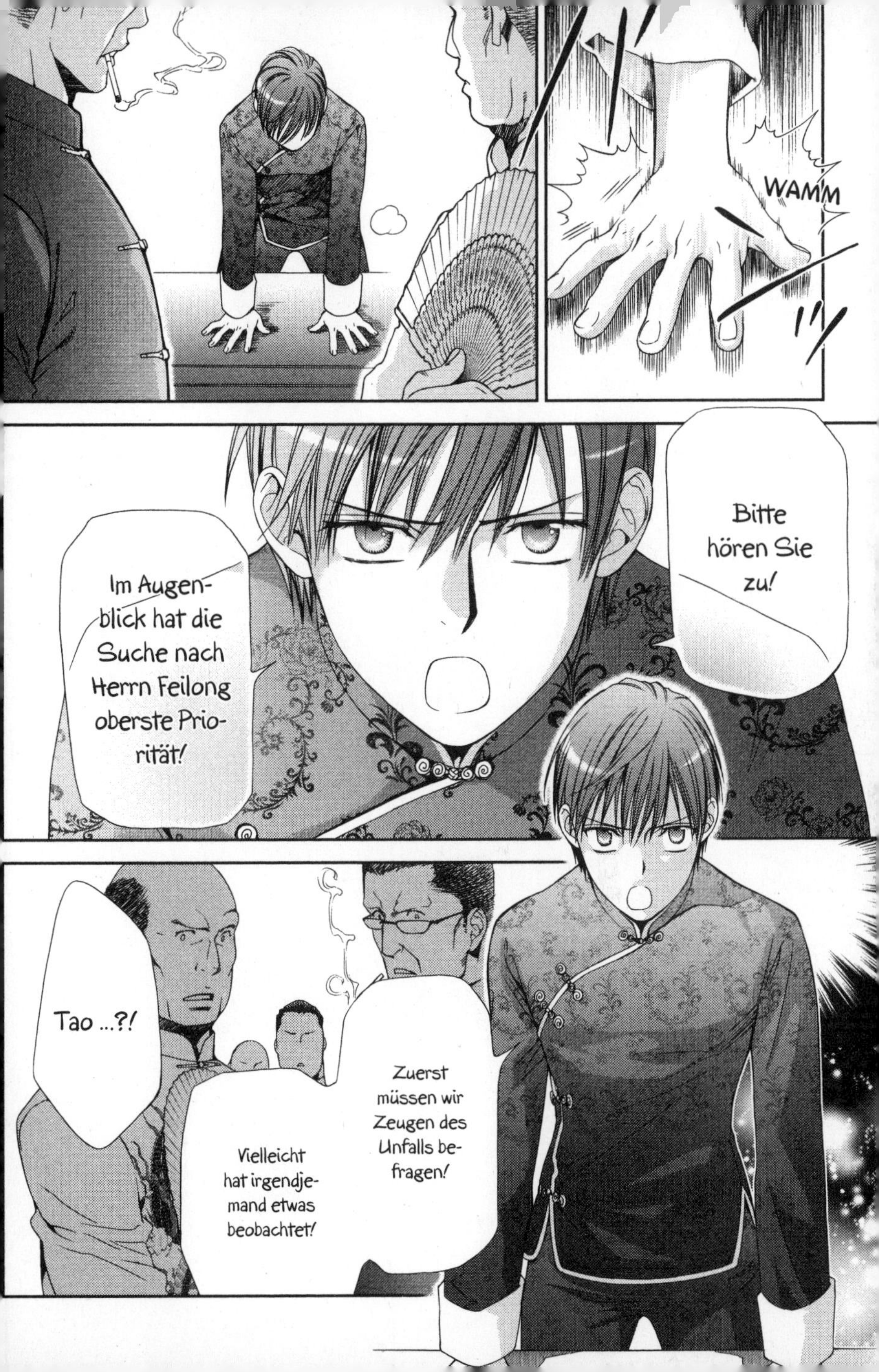
WAMM
Bitte hören Sie zu!
Im Augenblick hat die Suche nach Herrn Feilong oberste Priorität!
Zuerst müssen wir Zeugen des Unfalls befragen!
Vielleicht hat irgendjemand etwas beobachtet!
Tao ...?!

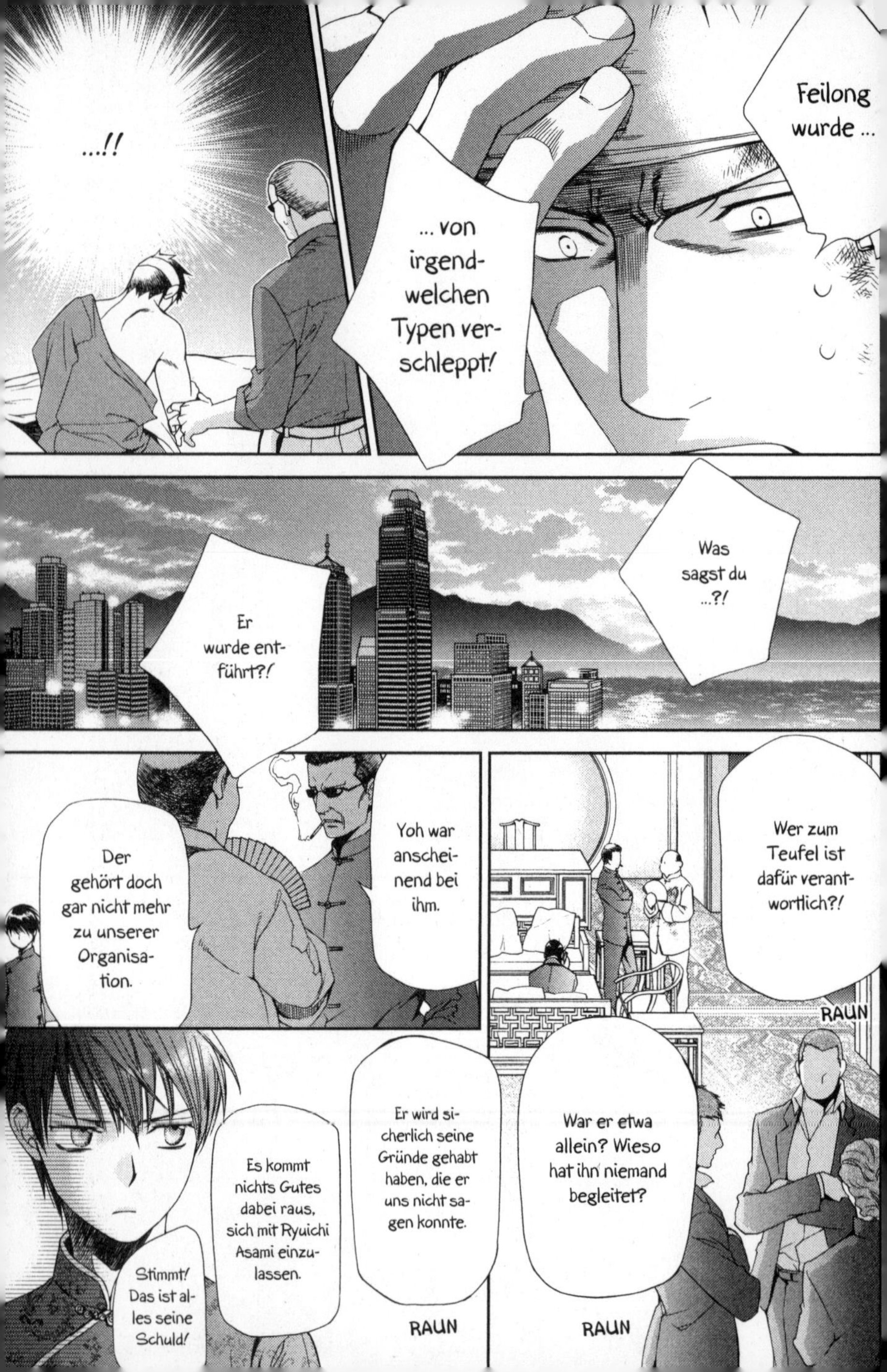
Feilong wurde ...
... von irgendwelchen Typen verschleppt!
...!!
Was sagst du ...?!
Er wurde entführt?!
Wer zum Teufel ist dafür verantwortlich?!
RAUN
Yoh war anscheinend bei ihm.
Der gehört doch gar nicht mehr zu unserer Organisation.
War er etwa allein? Wieso hat ihn niemand begleitet?
RAUN
Er wird sicherlich seine Gründe gehabt haben, die er uns nicht sagen konnte.
RAUN
Es kommt nichts Gutes dabei raus, sich mit Ryuichi Asami einzulassen.
Stimmt! Das ist alles seine Schuld!

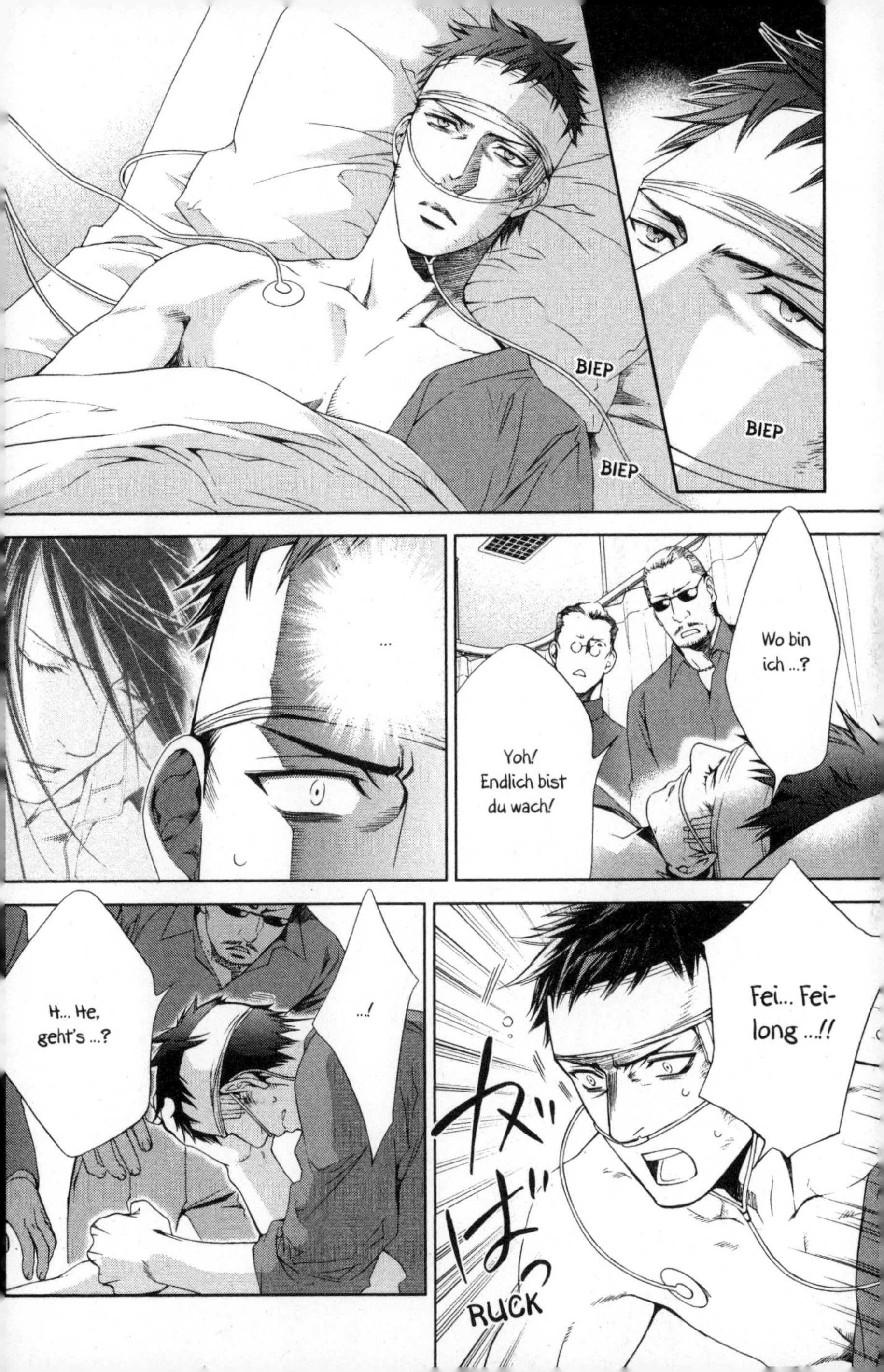
BIEP
BIEP
BIEP
Wo bin ich ...?
Yoh! Endlich bist du wach!
...
Fei... Fei-long ...!!
RUCK
...!
H... He, geht's ...?

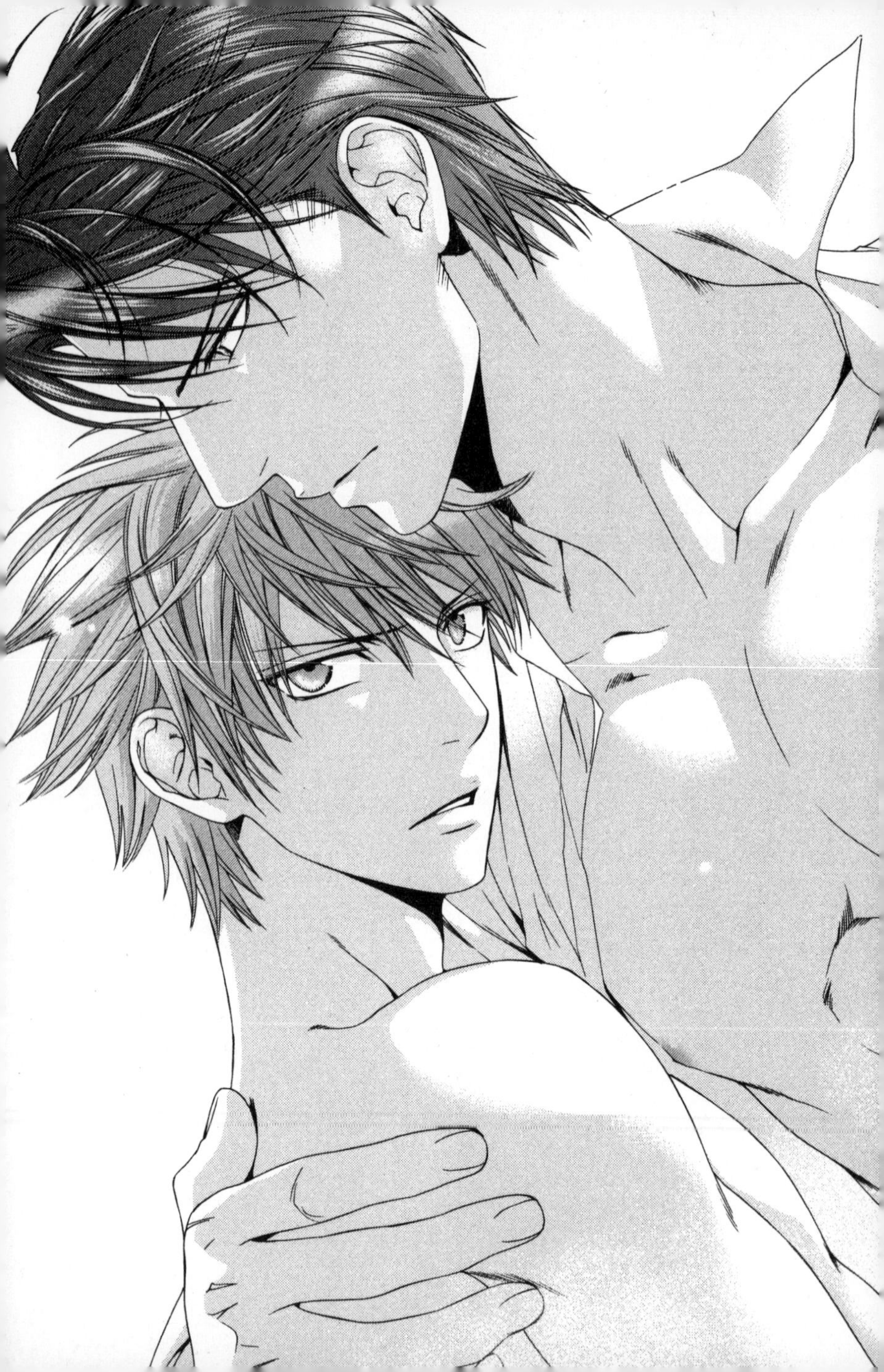

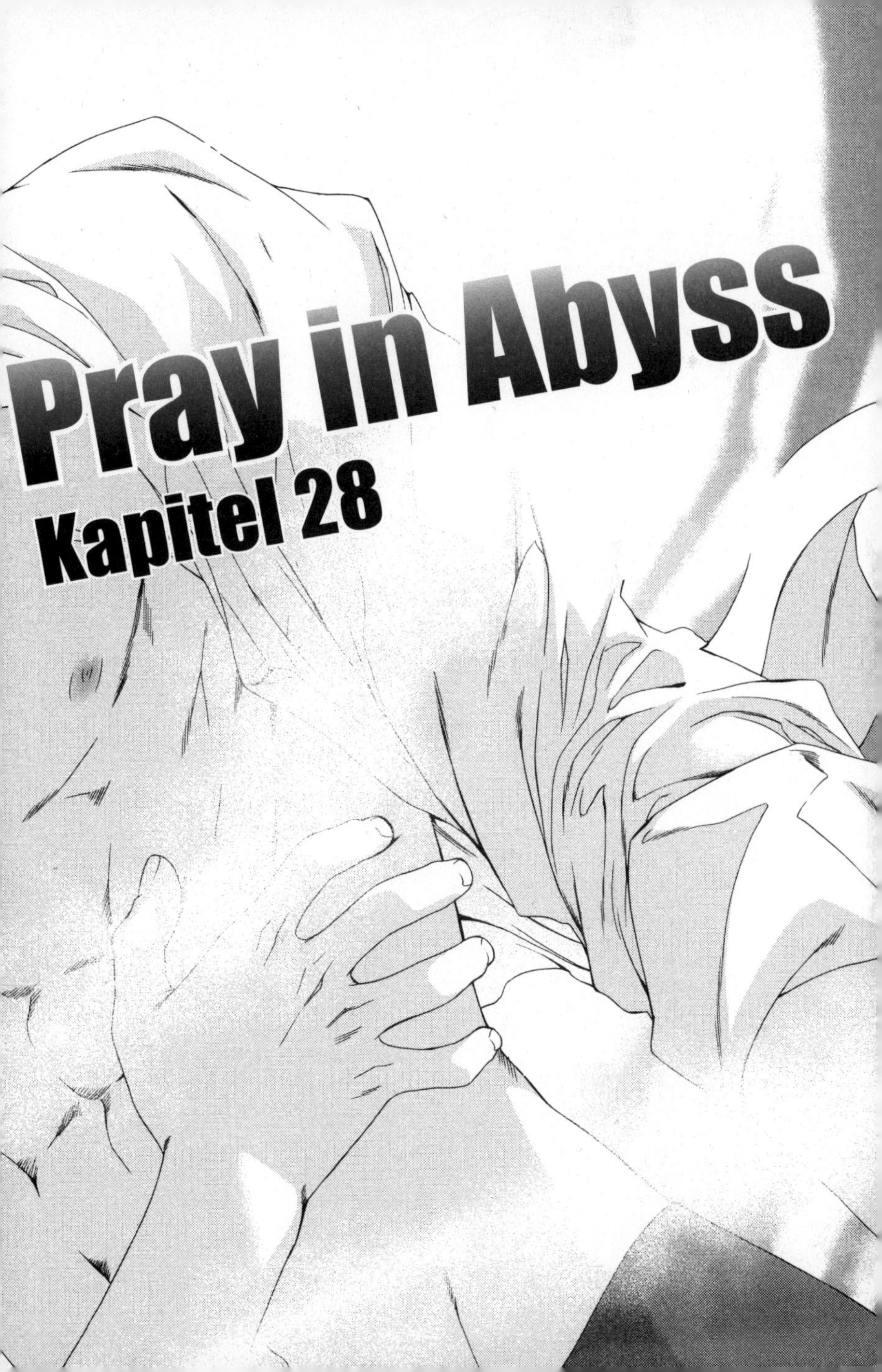
Pray in Abyss
Kapitel 28

Pray in Abyss

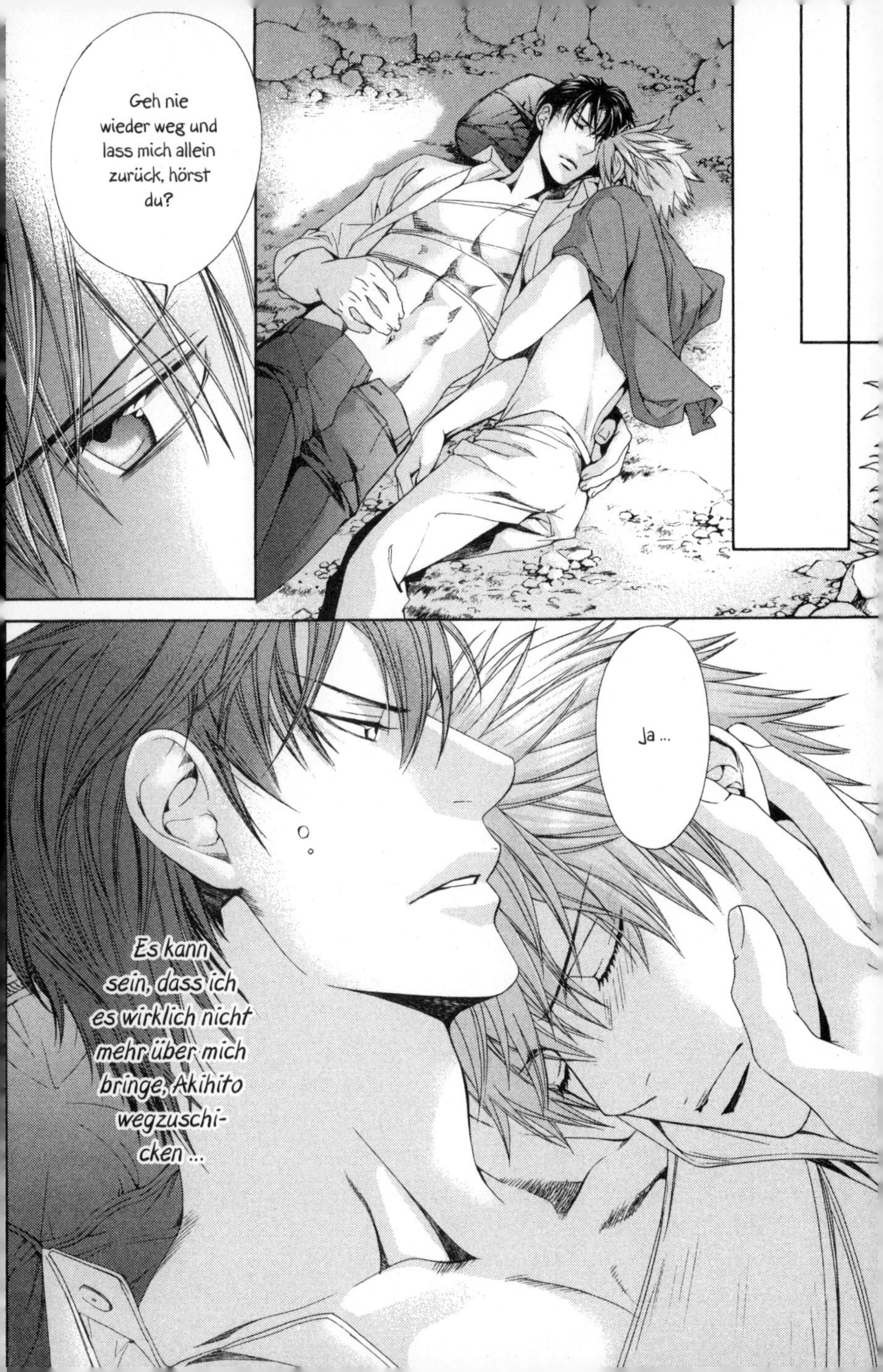
Geh nie wieder weg und lass mich allein zurück, hörst du?
Ja ...
Es kann sein, dass ich es wirklich nicht mehr über mich bringe, Akihito wegzuschi-cken ...

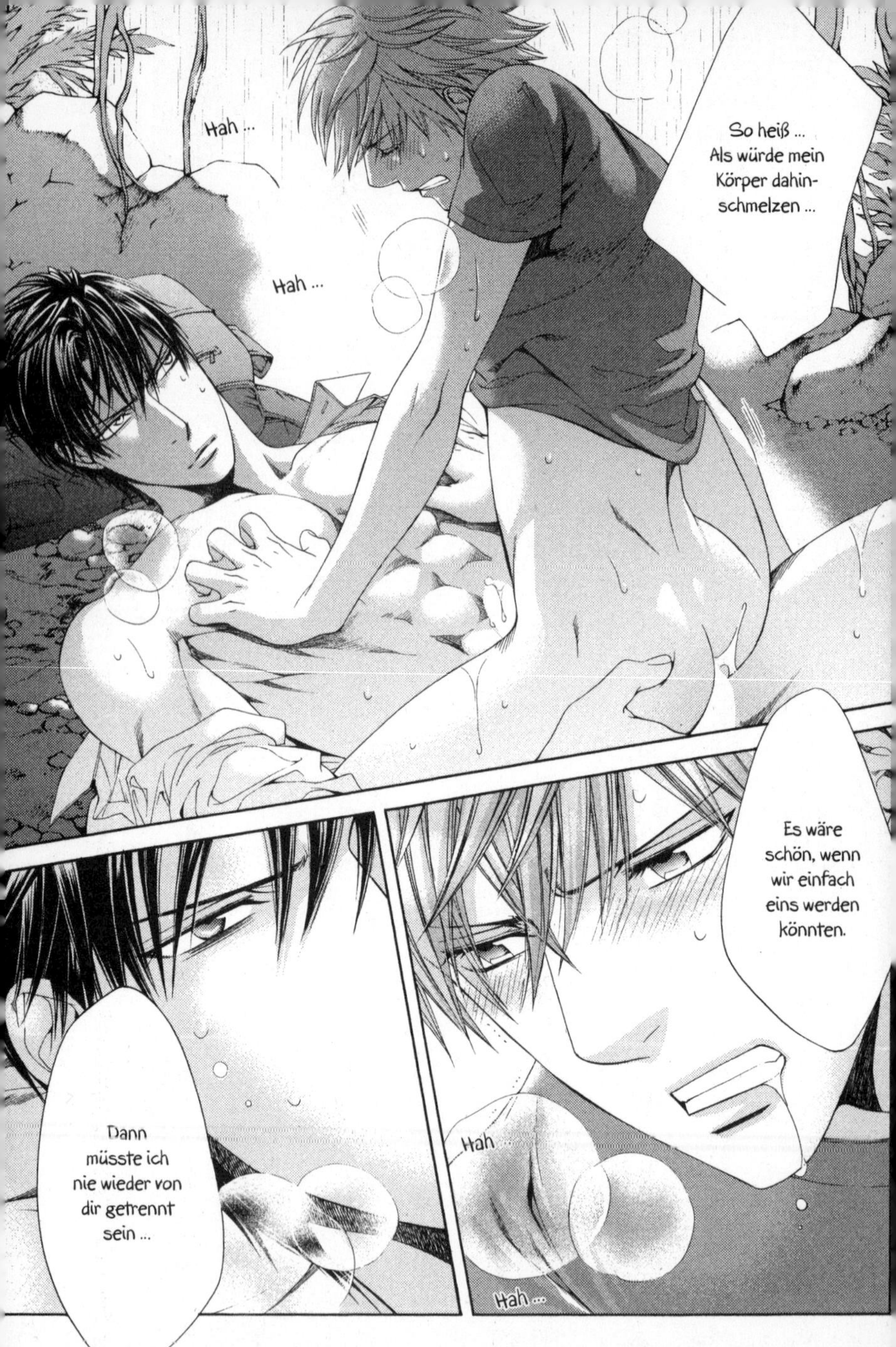
So heiß ...
Als würde mein Körper dahin-schmelzen ...
Hah ...
Hah ...
Es wäre schön, wenn wir einfach eins werden könnten.
Hah ...
Hah ...
Dann müsste ich nie wieder von dir getrennt sein ...

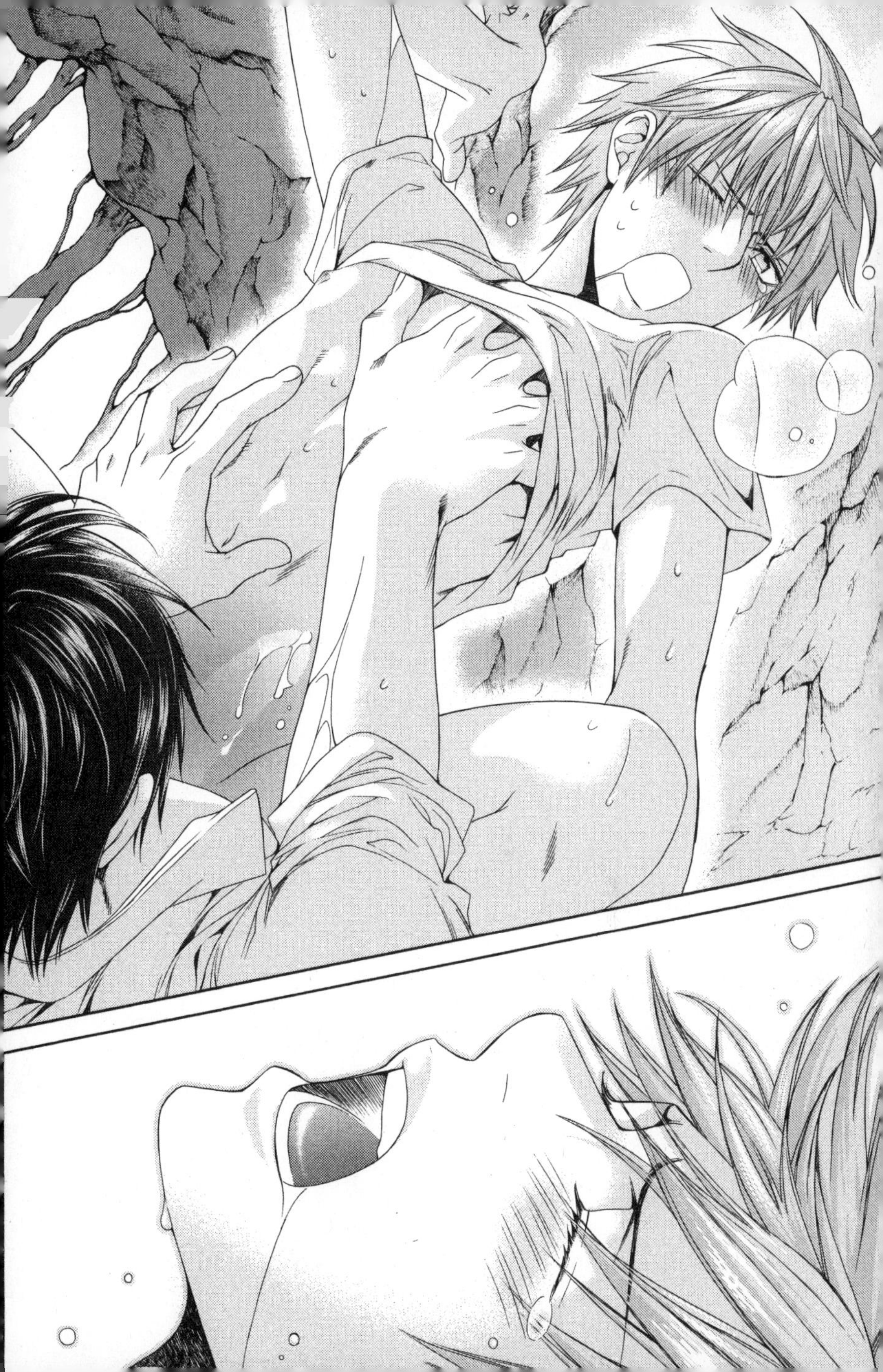

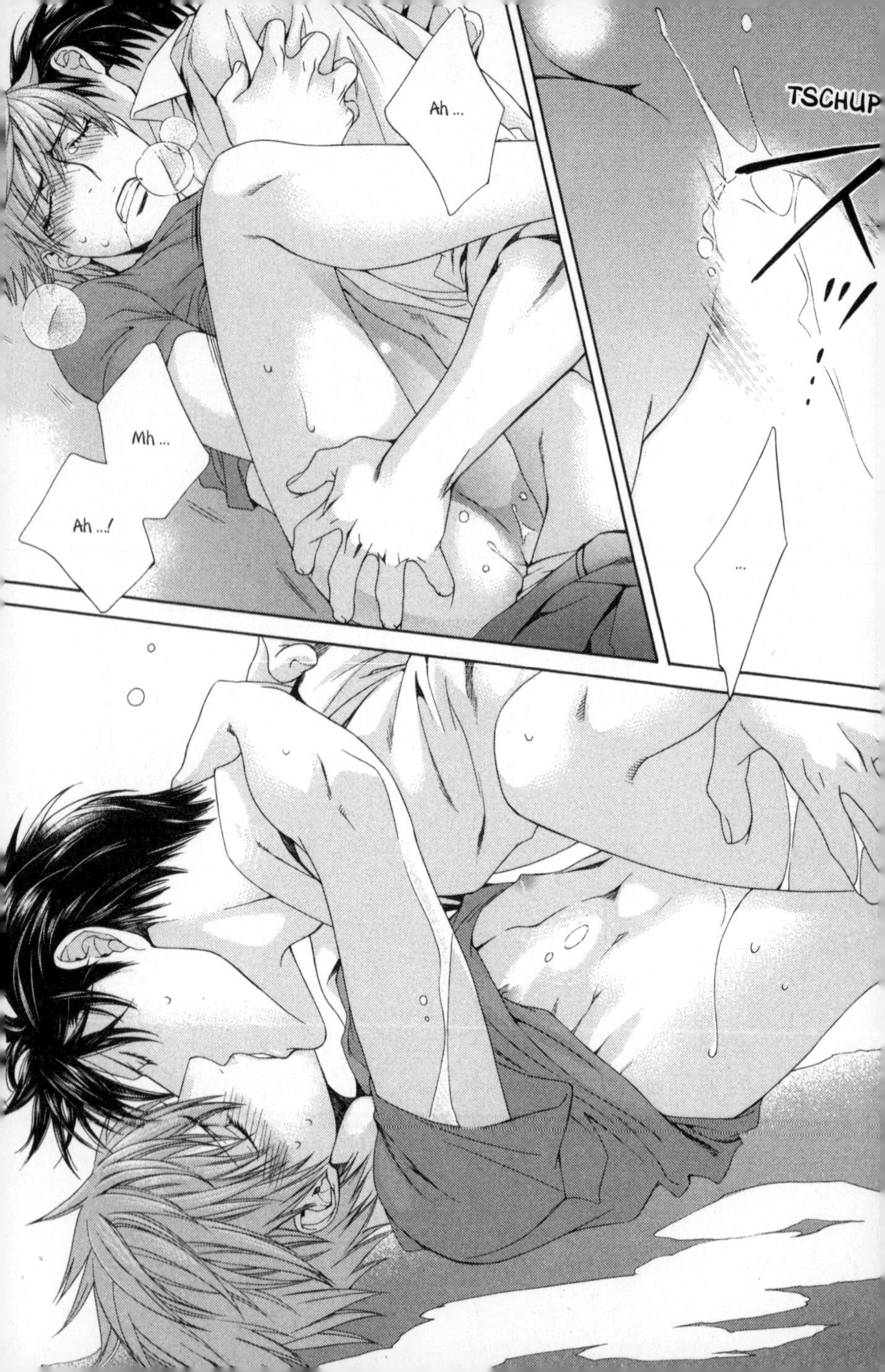
TSCHUP
...
Ah ...
Mh ...
Ah ...!

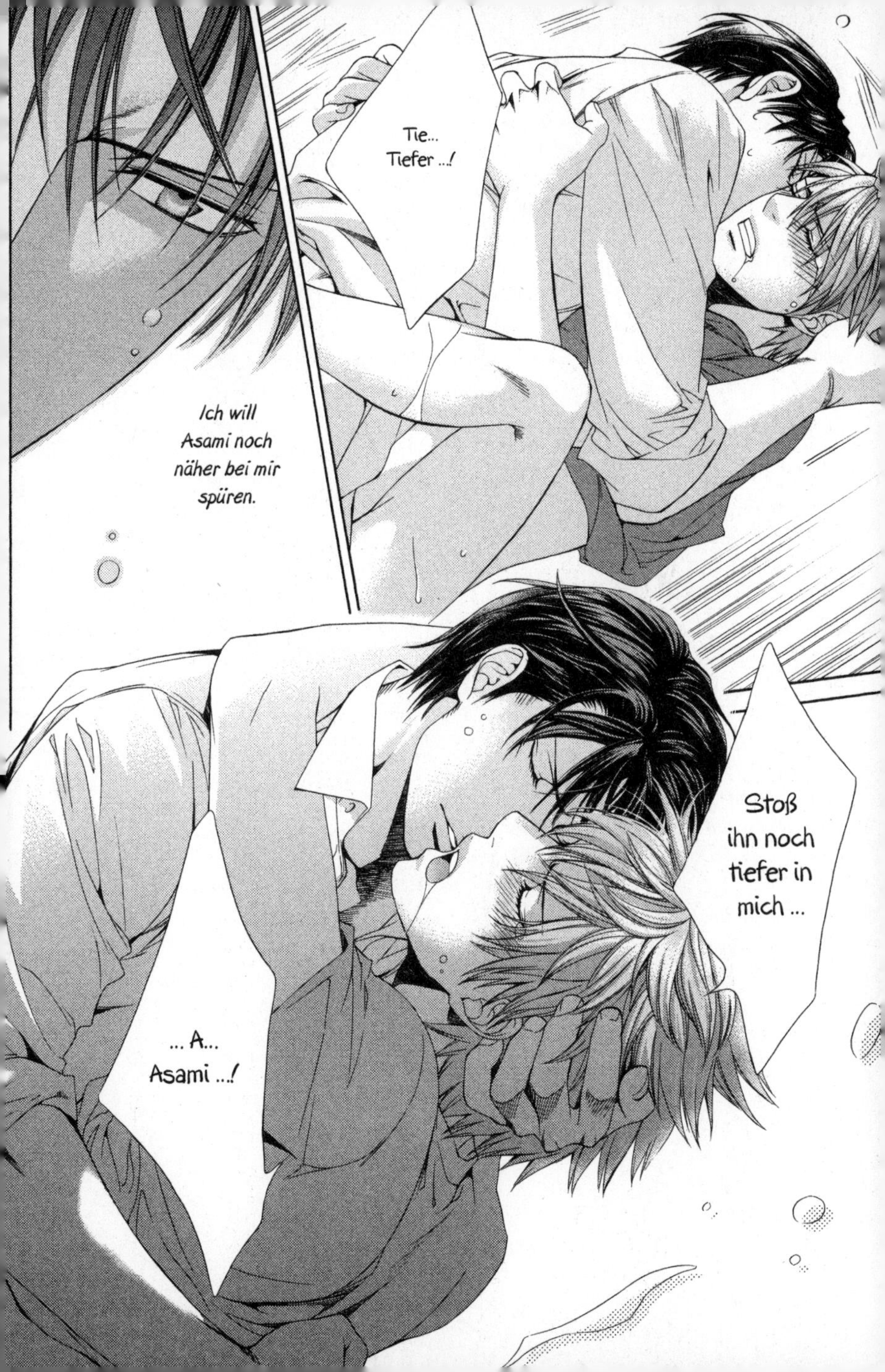
Tie... Tiefer ...!
Ich will Asami noch näher bei mir spüren.
Stoß ihn noch tiefer in mich ...
... A... Asami ...!

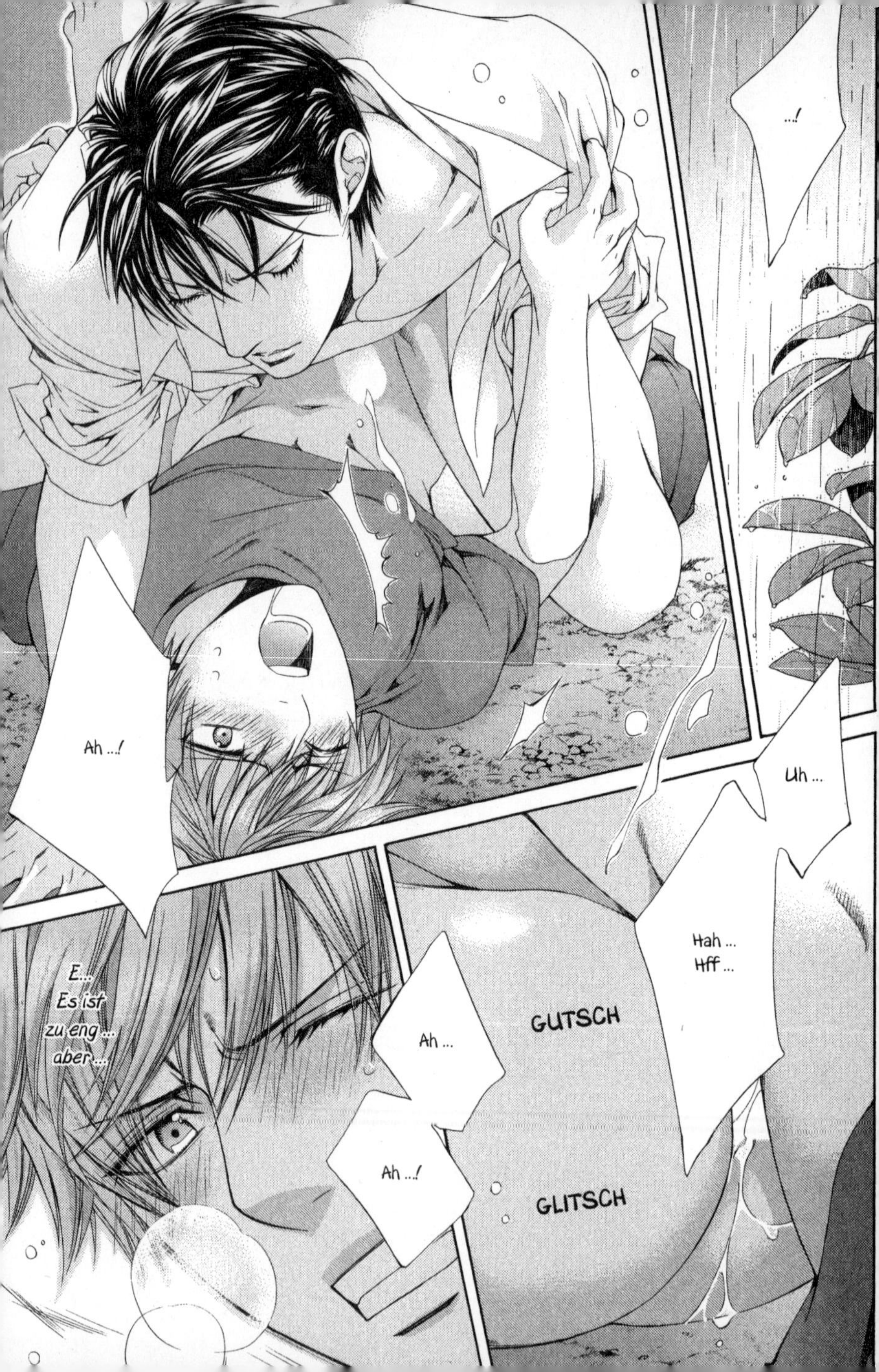
...!
Ah ...!
Uh ...
Hah ...
Hff ...
GUTSCH
Ah ...
GLITSCH
Ah ...!
E...
Es ist
zu eng ...
aber ...

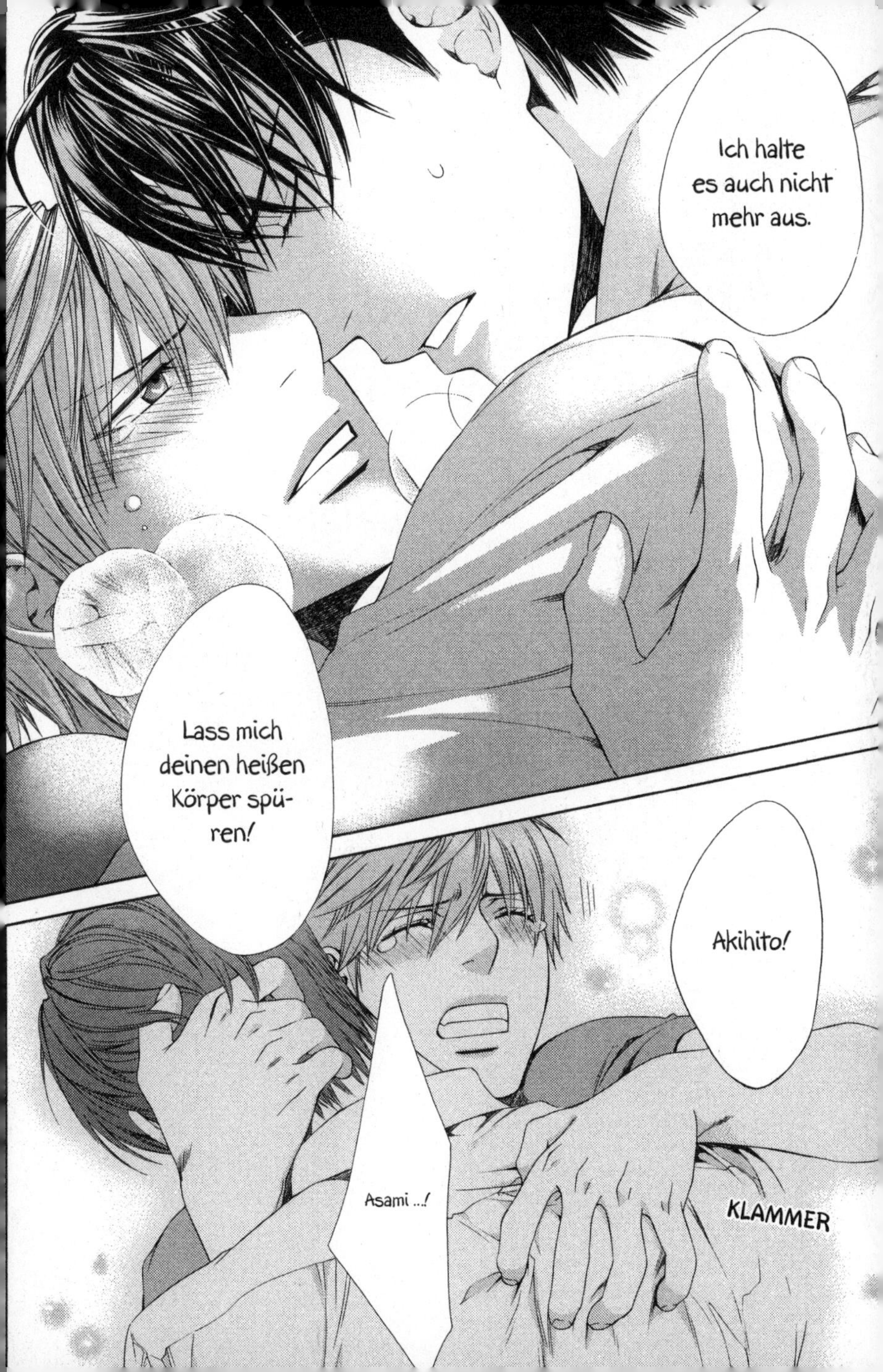
Ich halte es auch nicht mehr aus.
Lass mich deinen heißen Körper spüren!
Akihito!
KLAMMER
Asami ...!

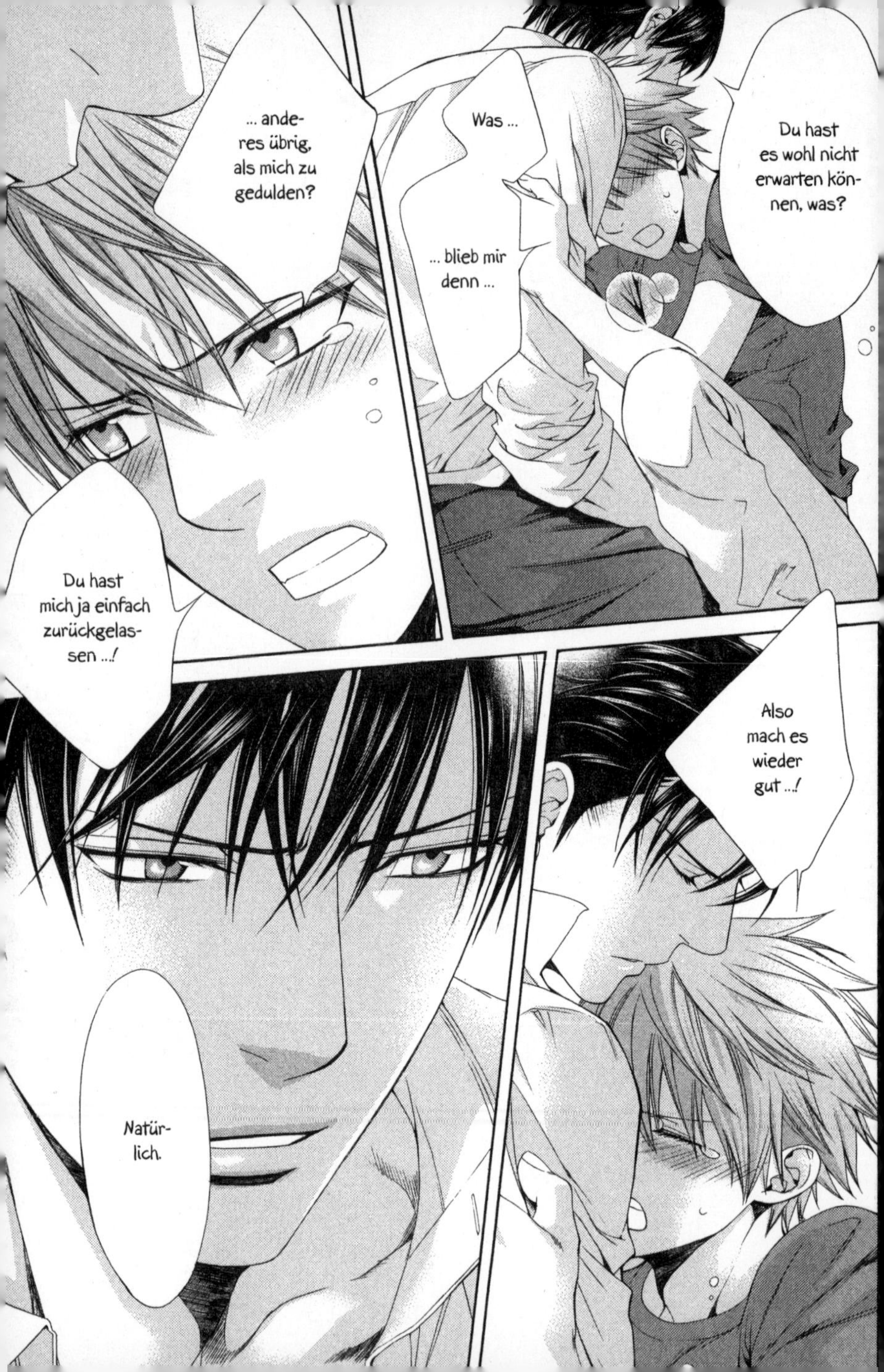

Du hast es wohl nicht erwarten können, was?
Was ...
... blieb mir denn ...
... anderes übrig, als mich zu gedulden?
Du hast mich ja einfach zurückgelassen ...!
Also mach es wieder gut ...!
Natürlich.

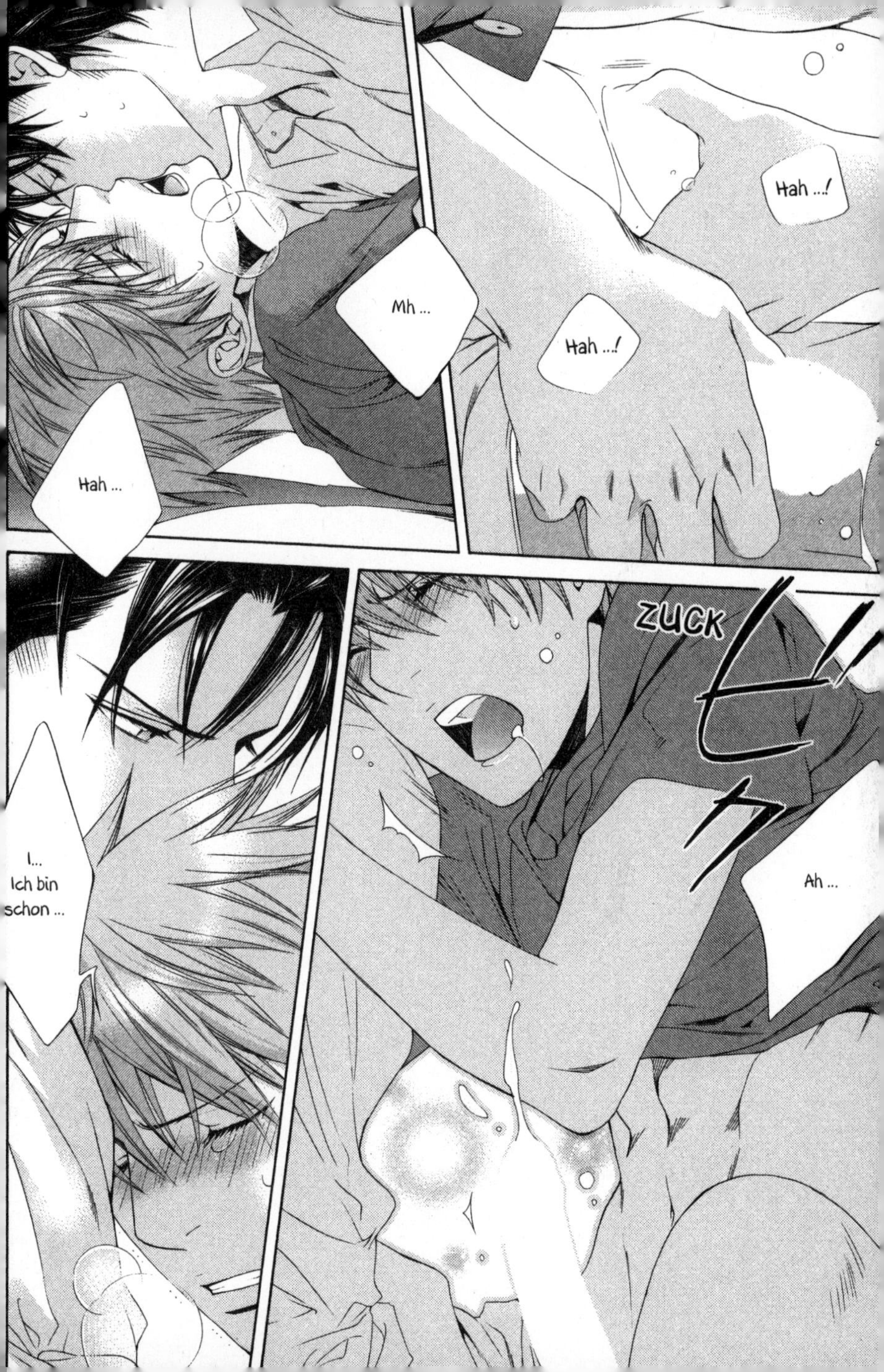
Hah ...!
Hah ...!
Mh ...
Hah ...
ZUCK
Ah ...
I...
Ich bin
schon ...

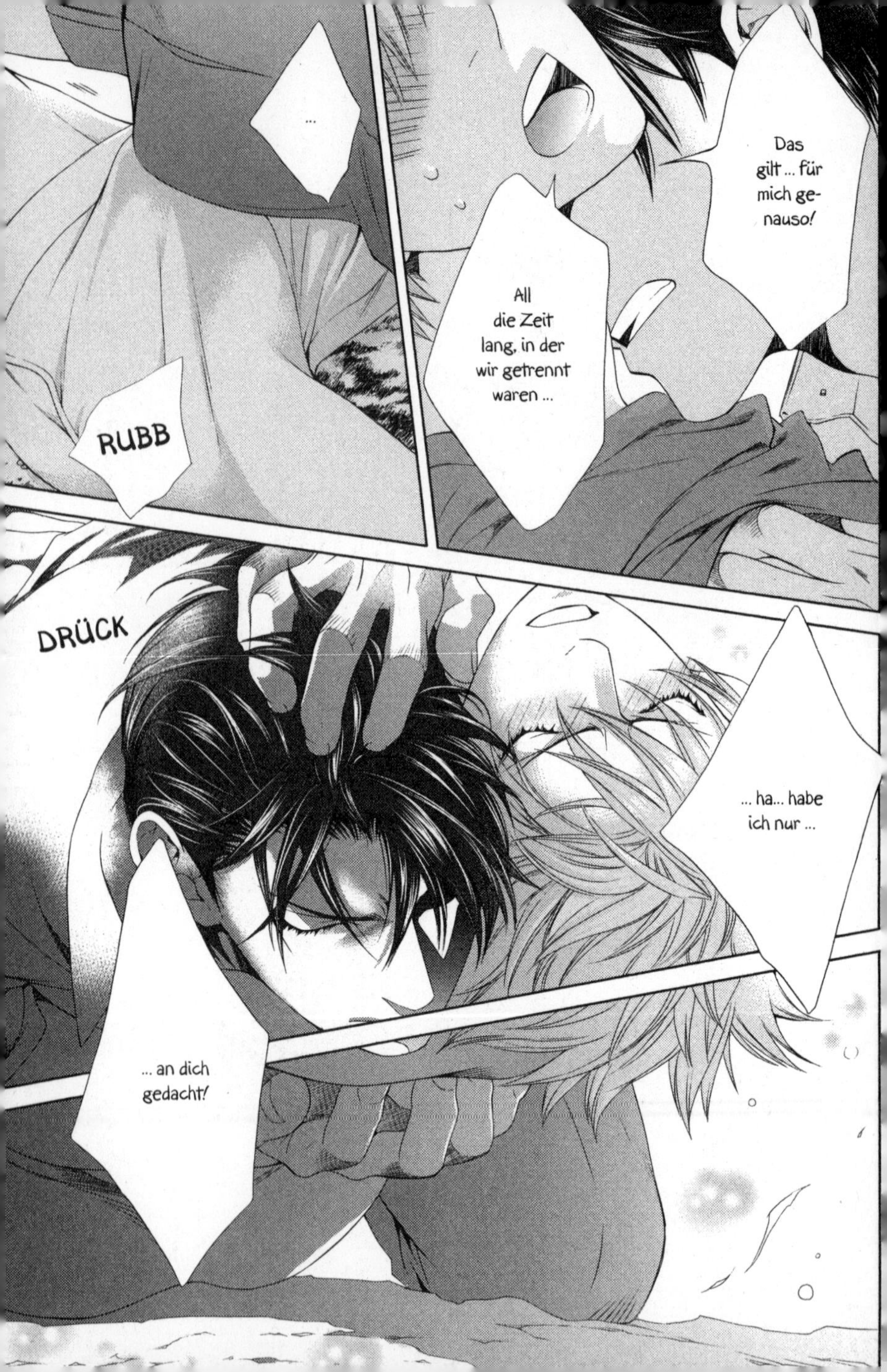
Das gilt ... für mich genauso!
All die Zeit lang, in der wir getrennt waren ...
...
RUBB
DRÜCK
... ha... habe ich nur ...
... an dich gedacht!

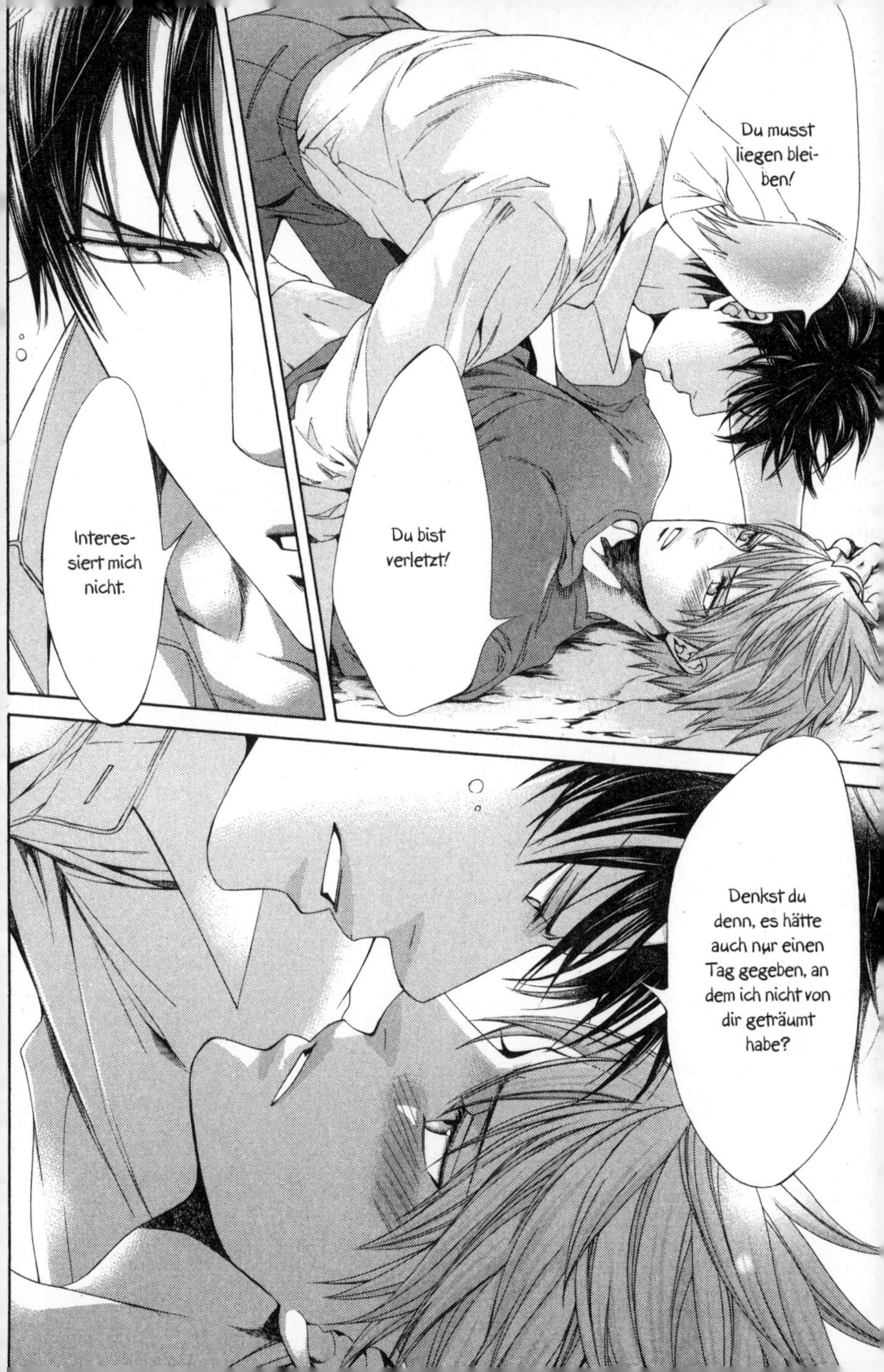
Du musst liegen bleiben!
Du bist verletzt!
Interessiert mich nicht.
Denkst du denn, es hätte auch nur einen Tag gegeben, an dem ich nicht von dir geträumt habe?

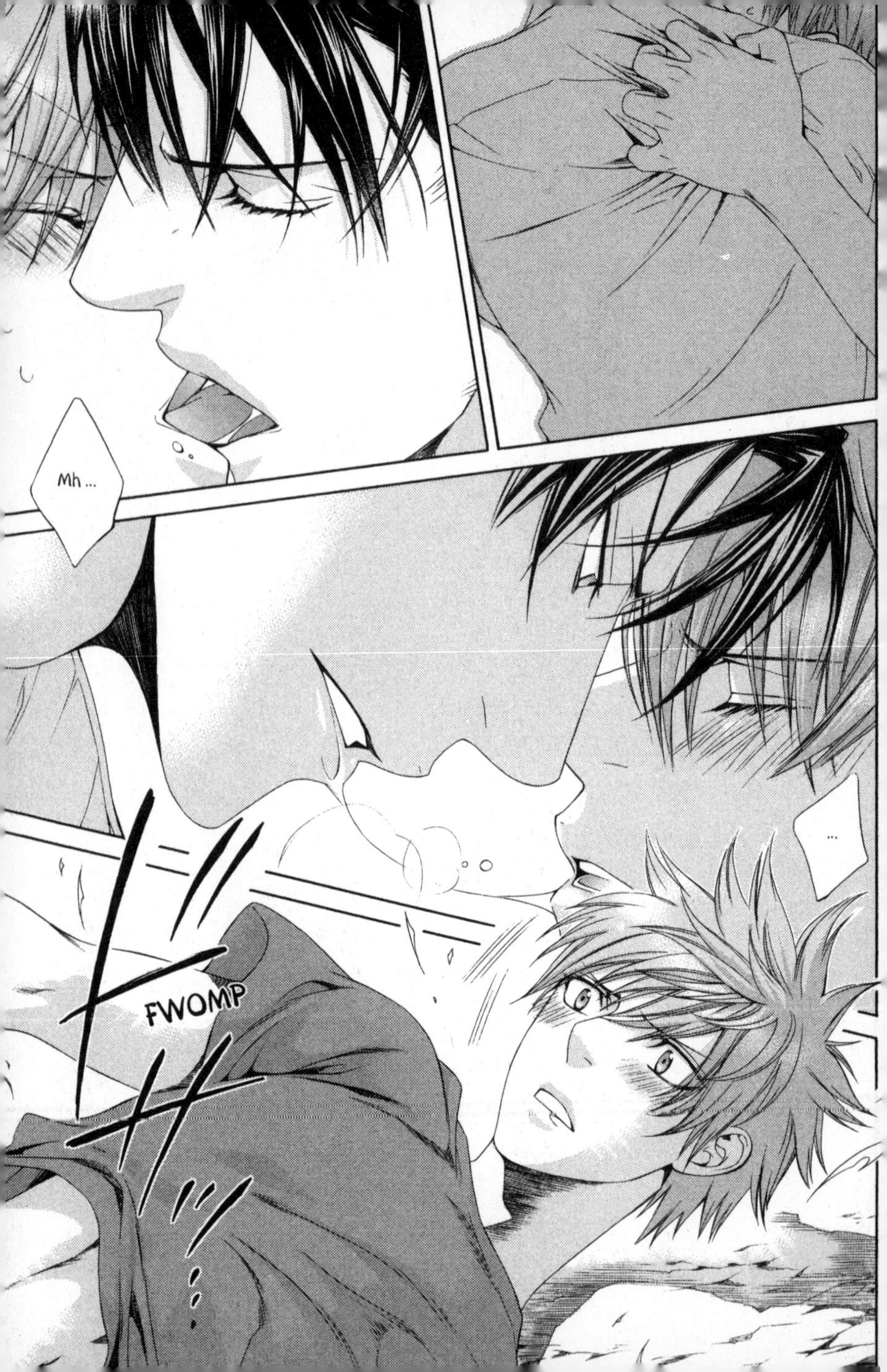
Mh ...
...
FWOMP

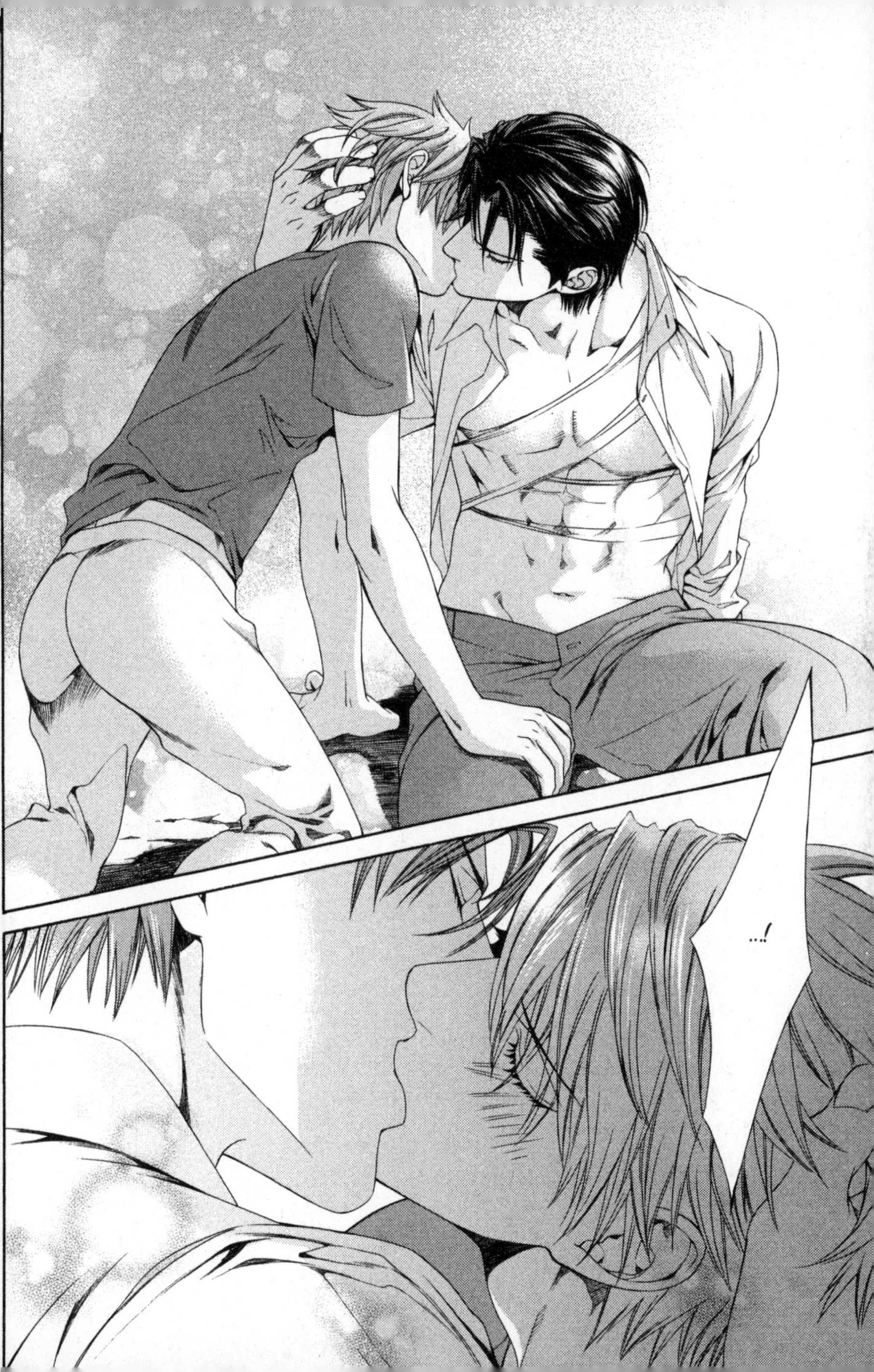

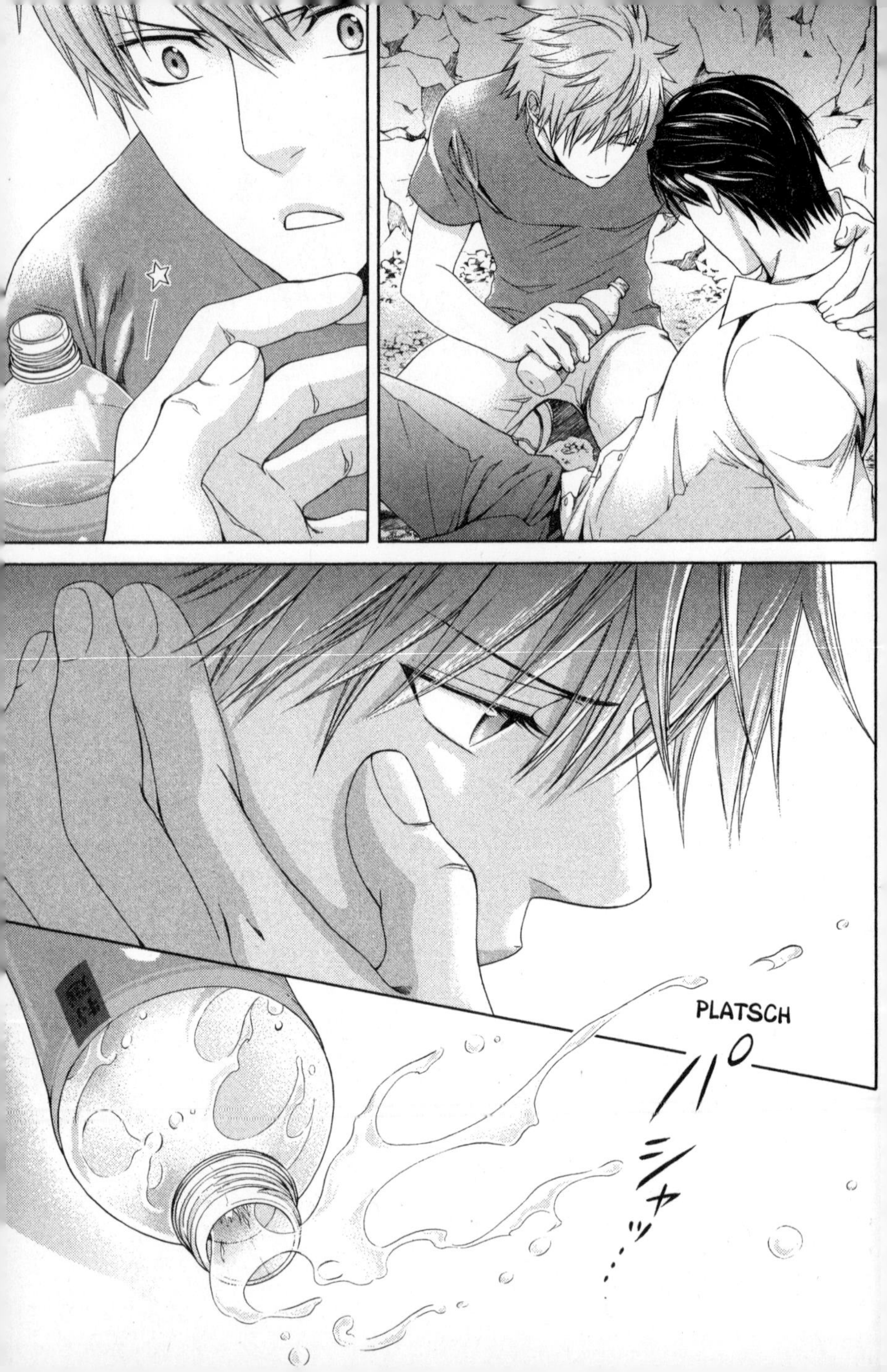
PLATSCH
パシャッ…

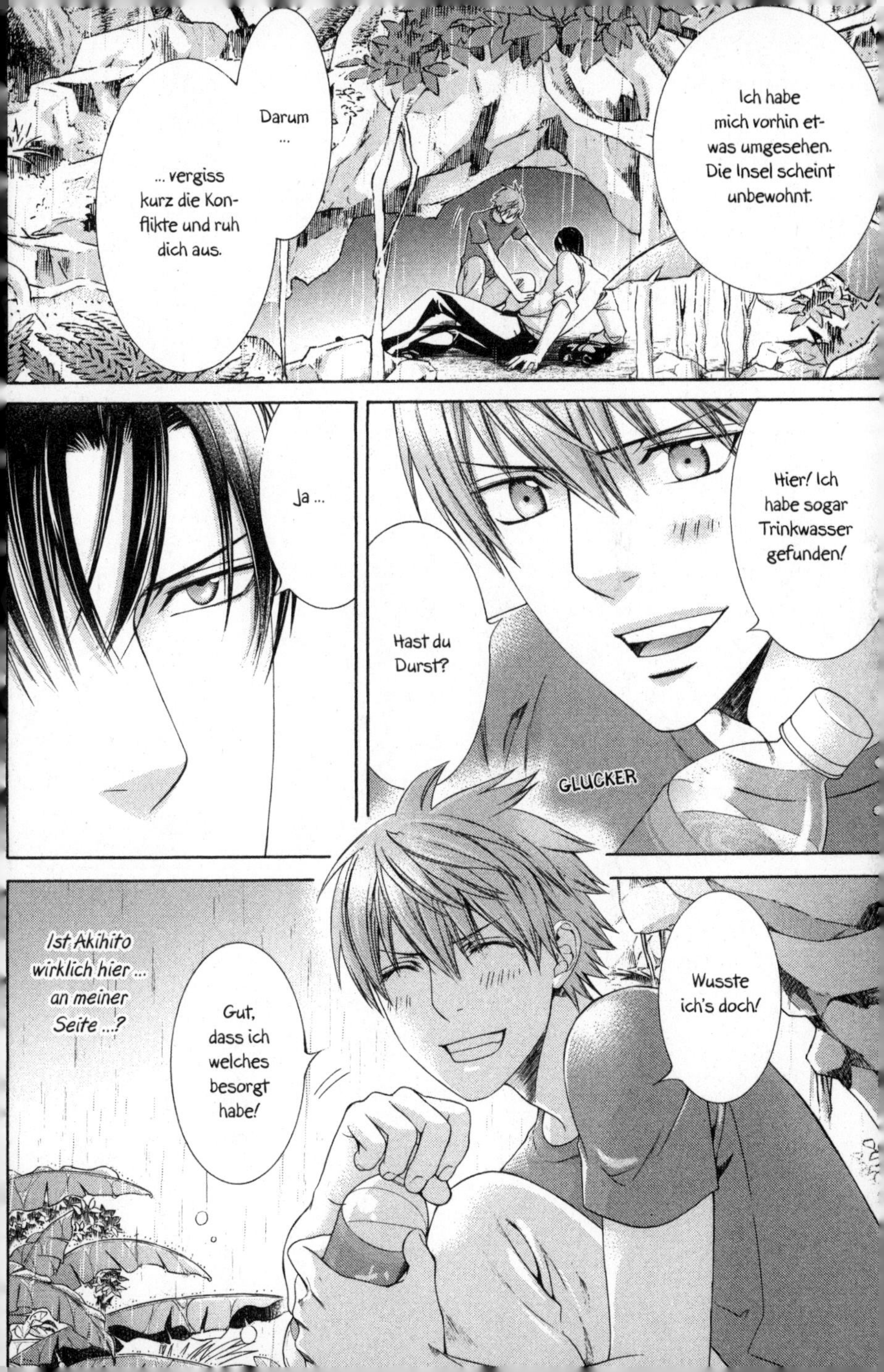

Ich habe mich vorhin etwas umgesehen. Die Insel scheint unbewohnt.
Darum ...
... vergiss kurz die Konflikte und ruh dich aus.
Hier! Ich habe sogar Trinkwasser gefunden!
Hast du Durst?
GLUCKER
Ja ...
Wusste ich's doch!
Gut, dass ich welches besorgt habe!
Ist Akihito wirklich hier ... an meiner Seite ...?

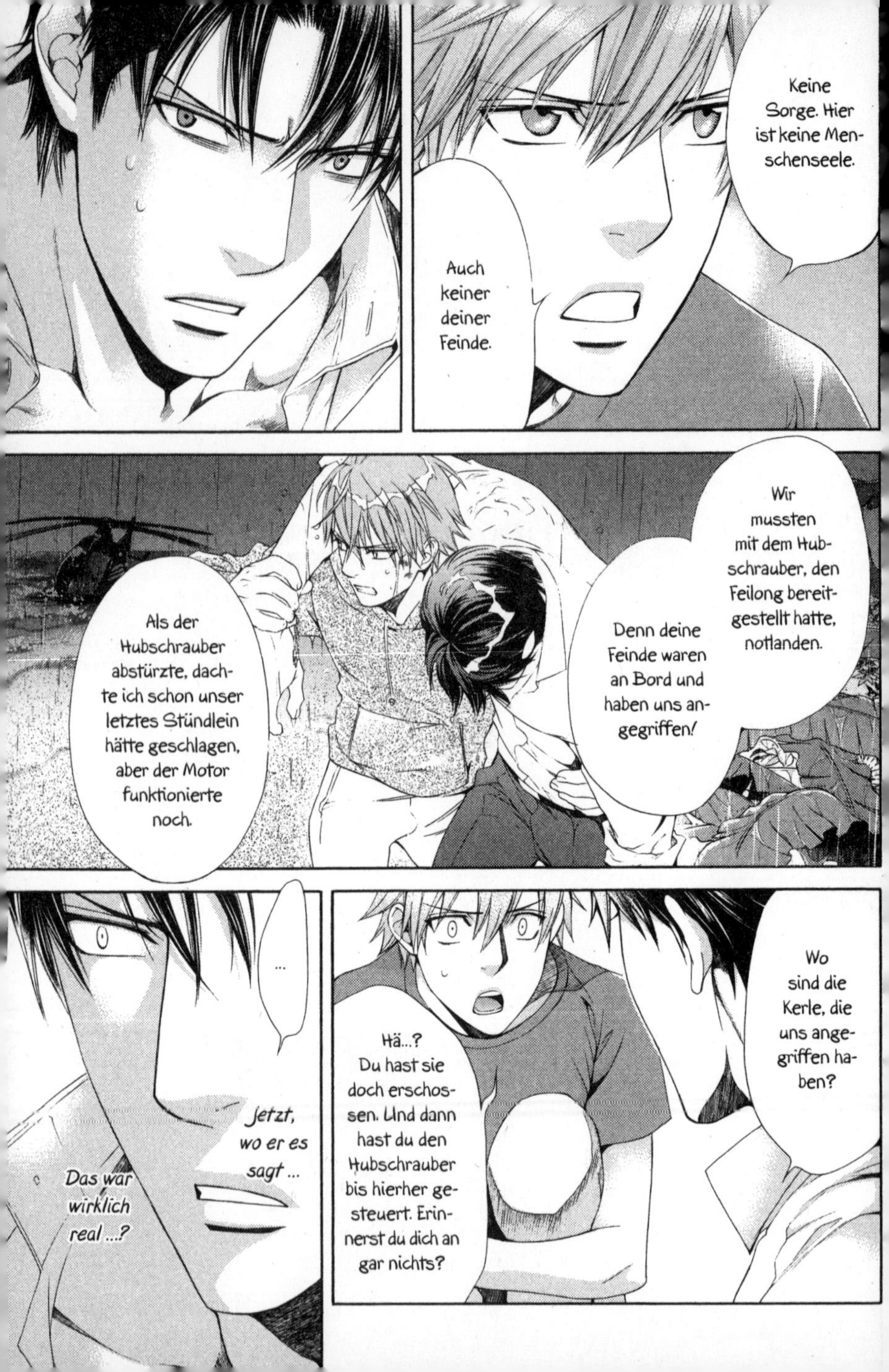
Keine Sorge. Hier ist keine Menschenseele.
Auch keiner deiner Feinde.
Wir mussten mit dem Hubschrauber, den Feilong bereitgestellt hatte, notlanden.
Denn deine Feinde waren an Bord und haben uns angegriffen!
Als der Hubschrauber abstürzte, dachte ich schon unser letztes Stündlein hätte geschlagen, aber der Motor funktionierte noch.
Wo sind die Kerle, die uns angegriffen haben?
Hä...? Du hast sie doch erschossen. Und dann hast du den Hubschrauber bis hierher gesteuert. Erinnerst du dich an gar nichts?
...
Jetzt, wo er es sagt ...
Das war wirklich real ...?

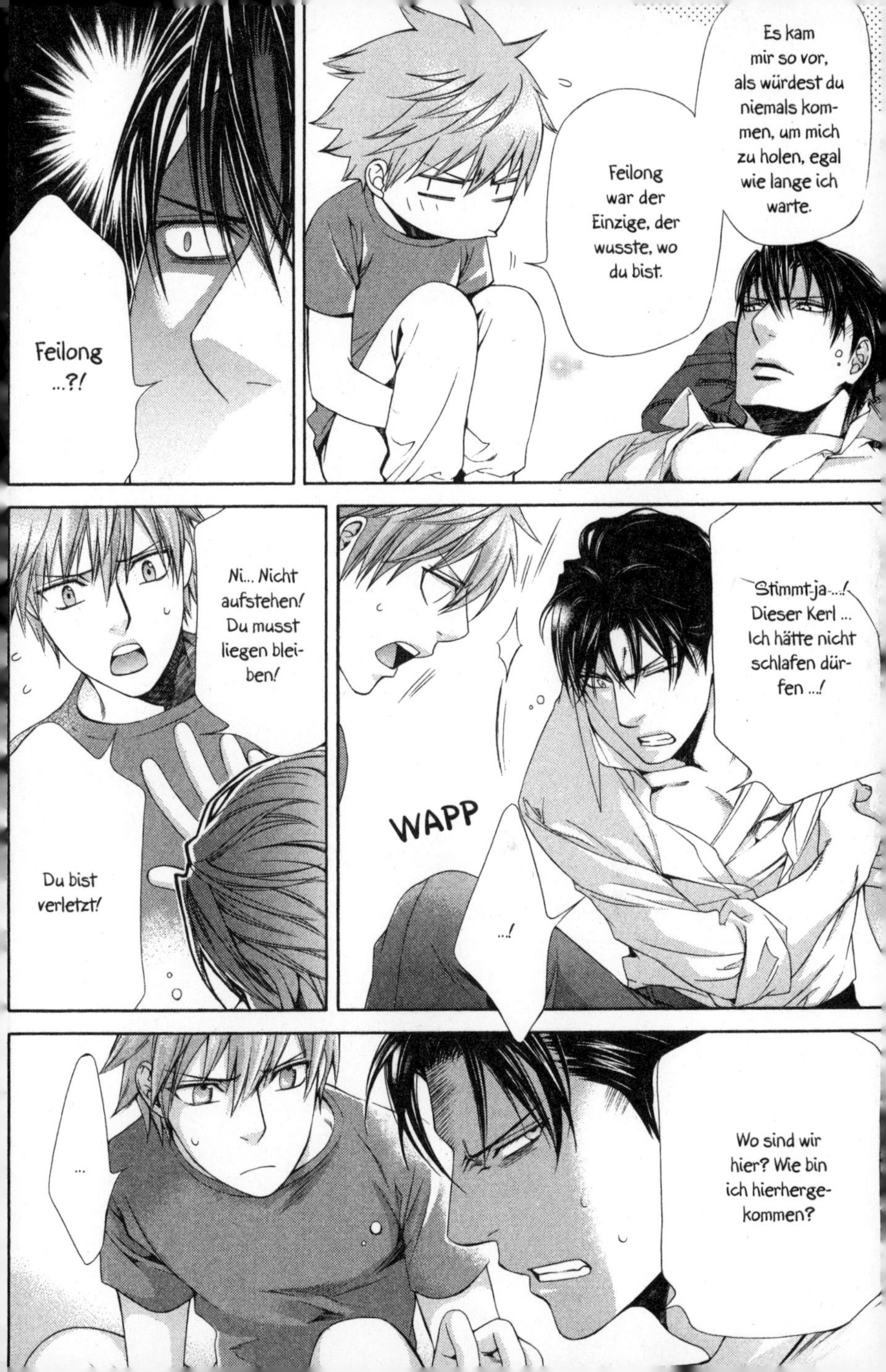
Es kam mir so vor, als würdest du niemals kommen, um mich zu holen, egal wie lange ich warte.
Feilong war der Einzige, der wusste, wo du bist.
Feilong ...?!
Stimmt ja ...! Dieser Kerl ... Ich hätte nicht schlafen dürfen ...!
WAPP
...!
Ni... Nicht aufstehen! Du musst liegen bleiben!
Du bist verletzt!
Wo sind wir hier? Wie bin ich hierhergekommen?
...

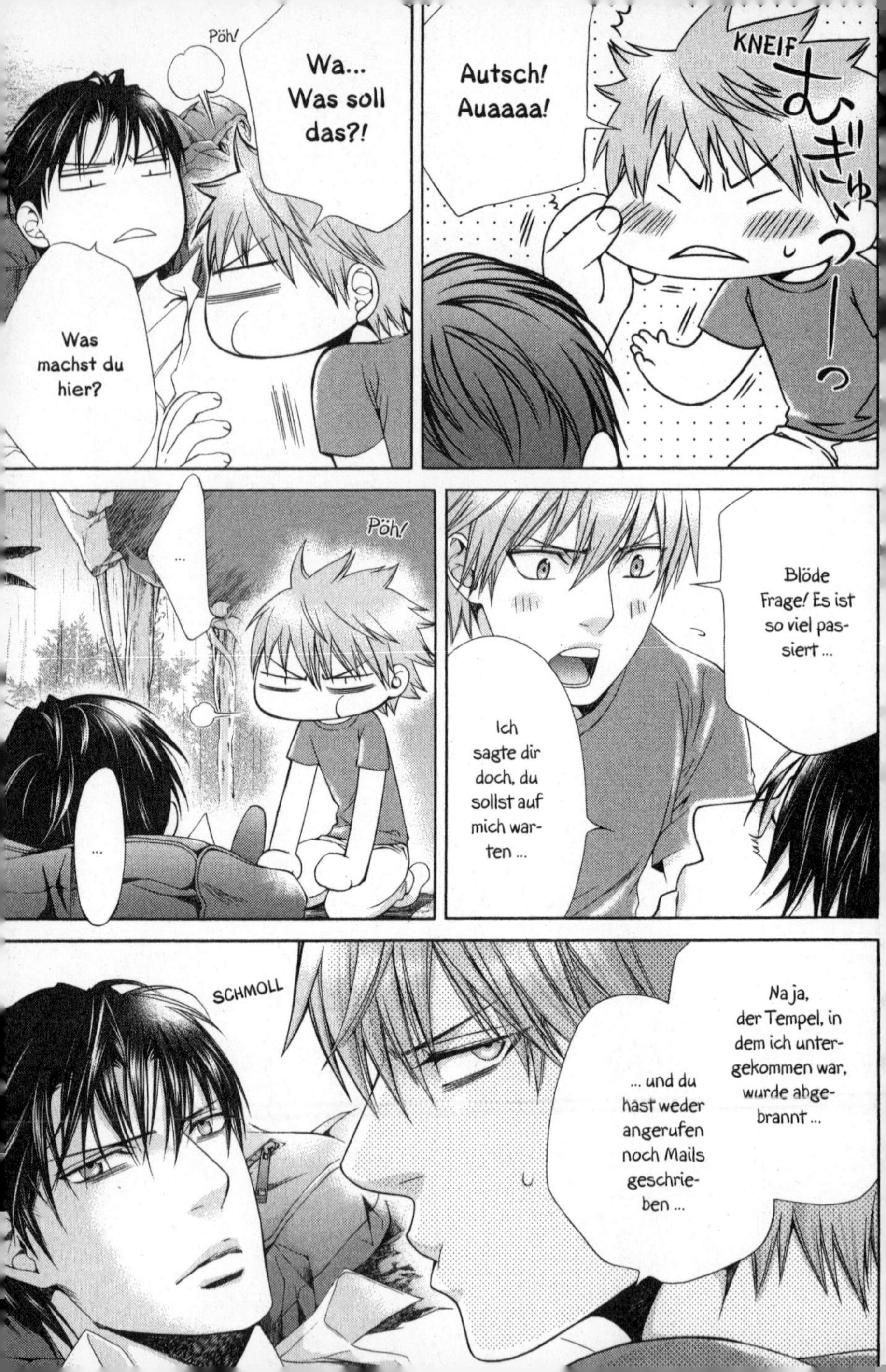

KNEIF
むぎゅっーっ
Autsch! Auaaaa!
Wa... Was soll das?!
Pöh!
Was machst du hier?
Blöde Frage! Es ist so viel passiert ...
Ich sagte dir doch, du sollst auf mich warten ...
Pöh!
...
...
Na ja, der Tempel, in dem ich untergekommen war, wurde abgebrannt ...
... und du hast weder angerufen noch Mails geschrieben ...
SCHMOLL

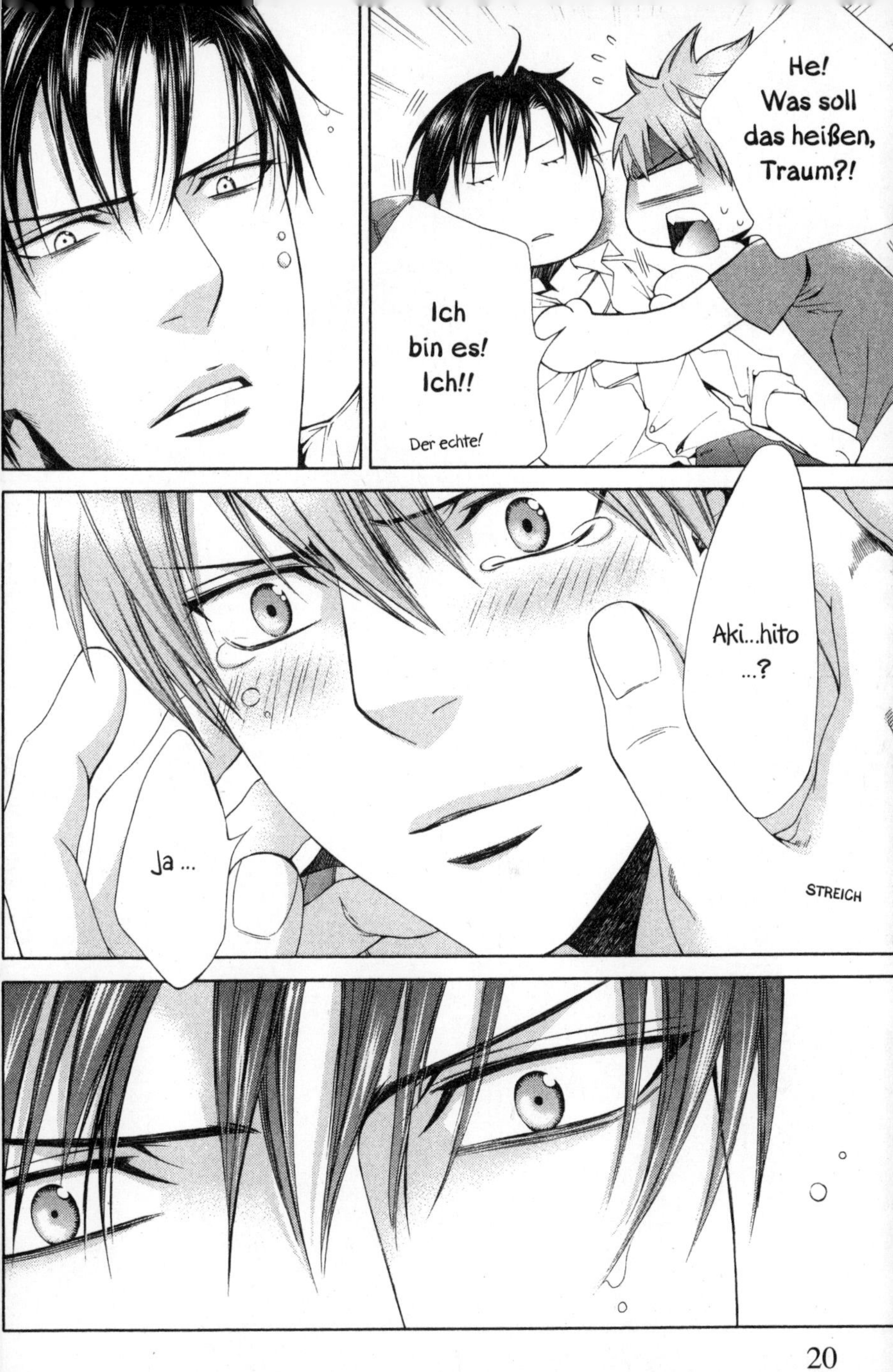
He!
Was soll
das heißen,
Traum?!
Ich
bin es!
Ich!!
Der echte!
Aki...hito
...?
STREICH
Ja ...

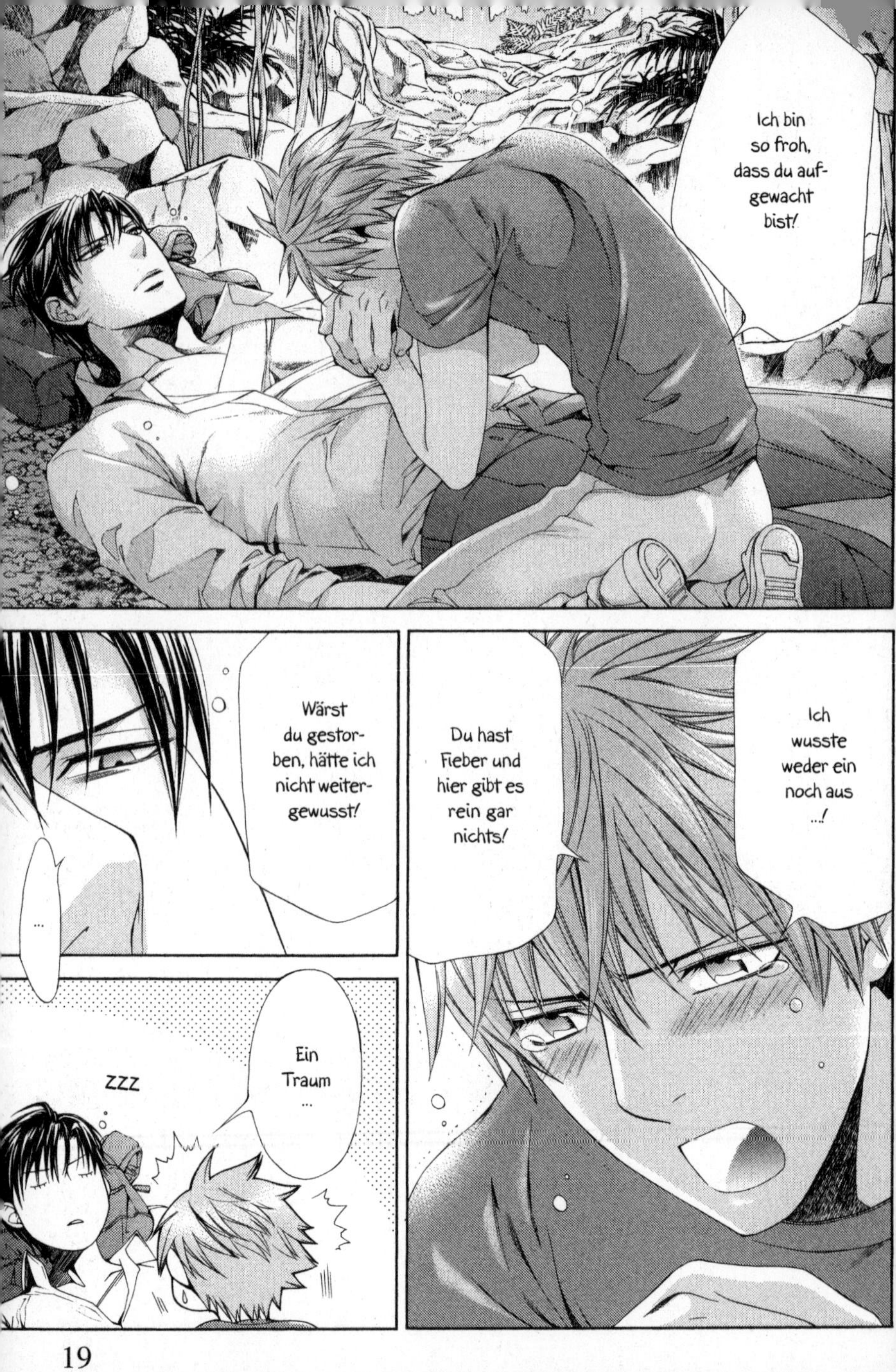

Ich bin so froh, dass du aufgewacht bist!
Ich wusste weder ein noch aus ...!
Du hast Fieber und hier gibt es rein gar nichts!
Wärst du gestorben, hätte ich nicht weitergewusst!
...
Ein Traum ...
ZZZ

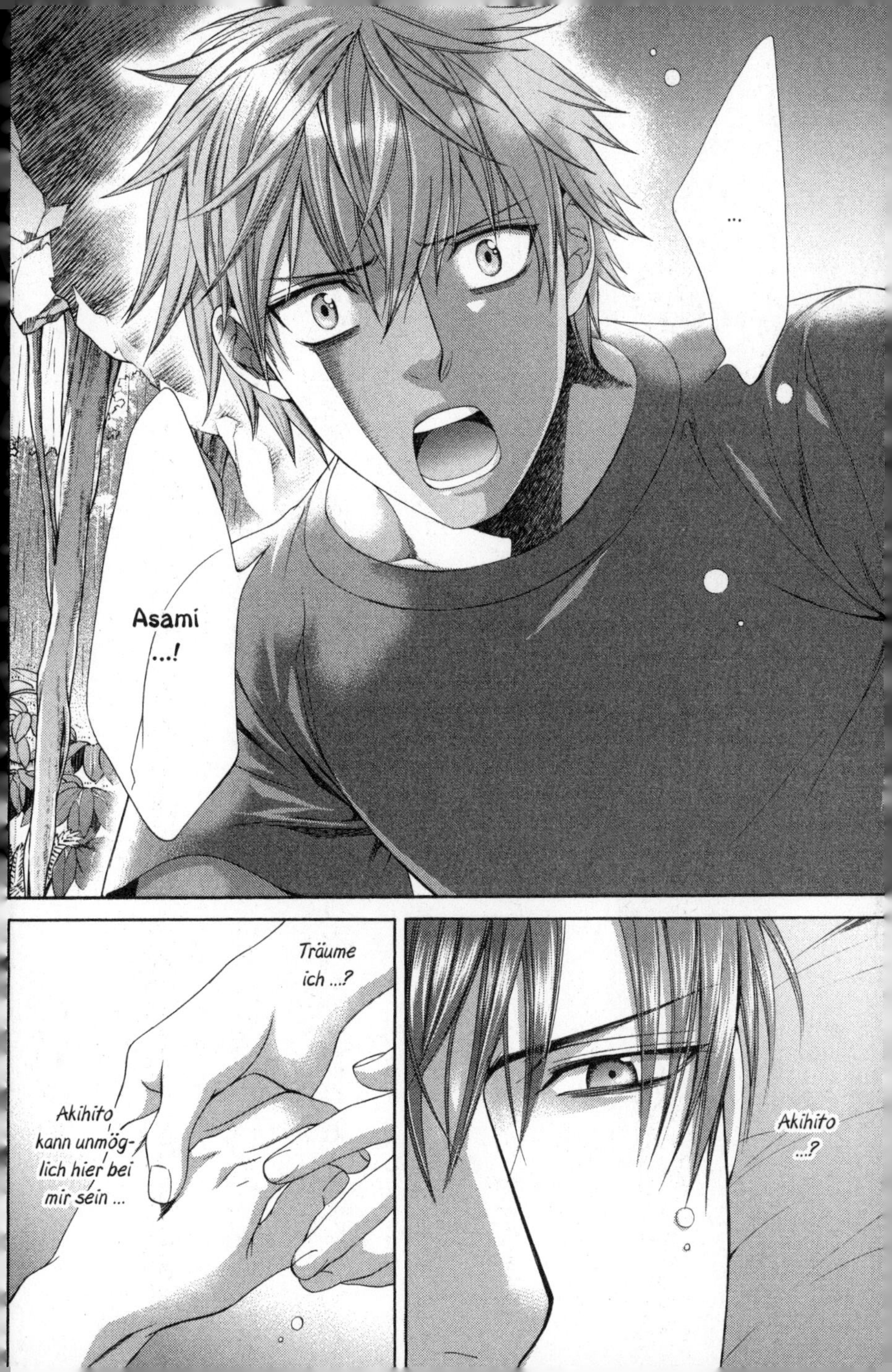
...
Asami ...!
Akihito ...?
Träume ich ...?
Akihito kann unmöglich hier bei mir sein ...

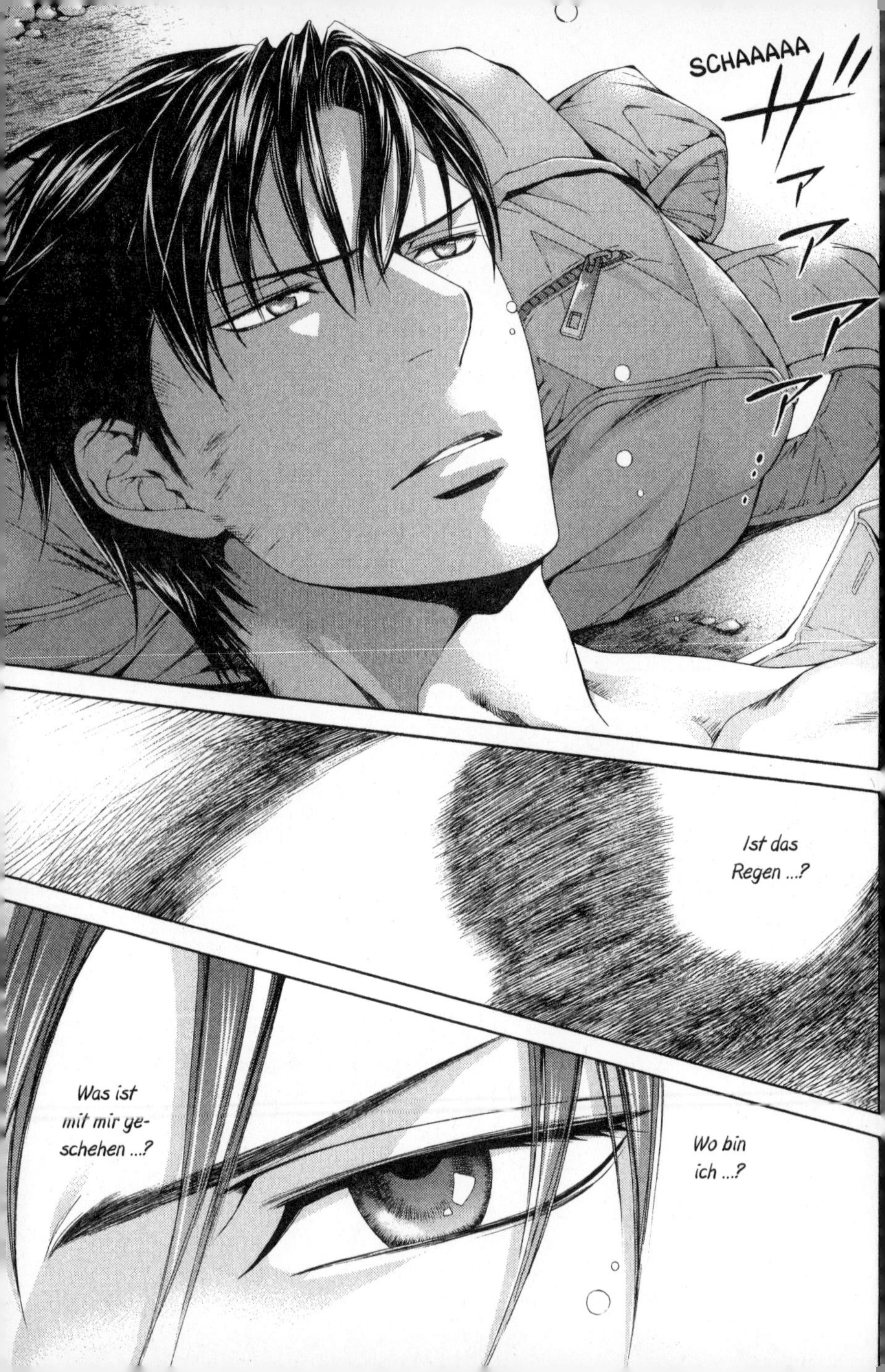
SCHAAAAA
ザァァァァ
Ist das Regen …?
Wo bin ich …?
Was ist mit mir geschehen …?

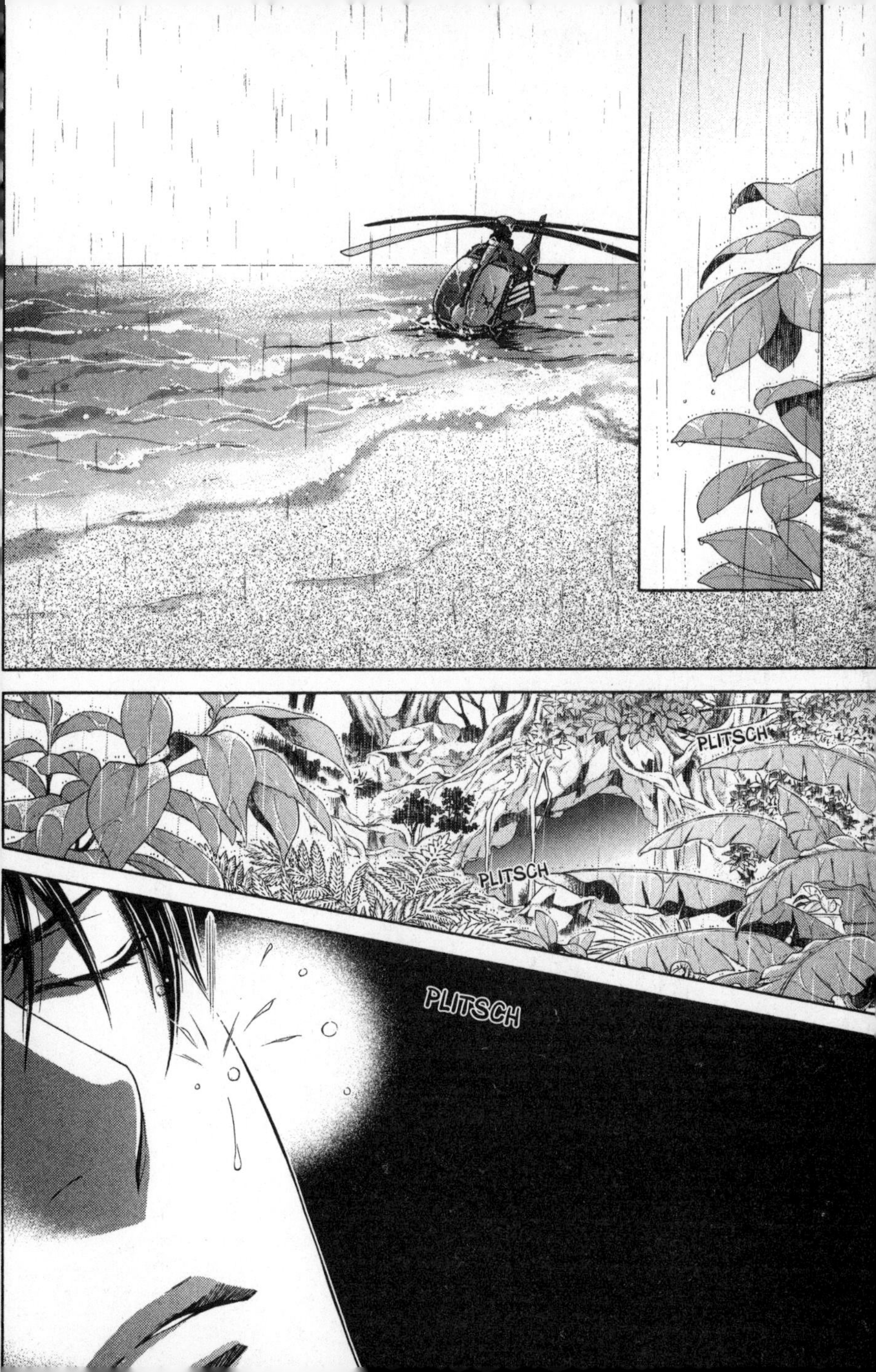
PLITSCH
PLITSCH
PLITSCH

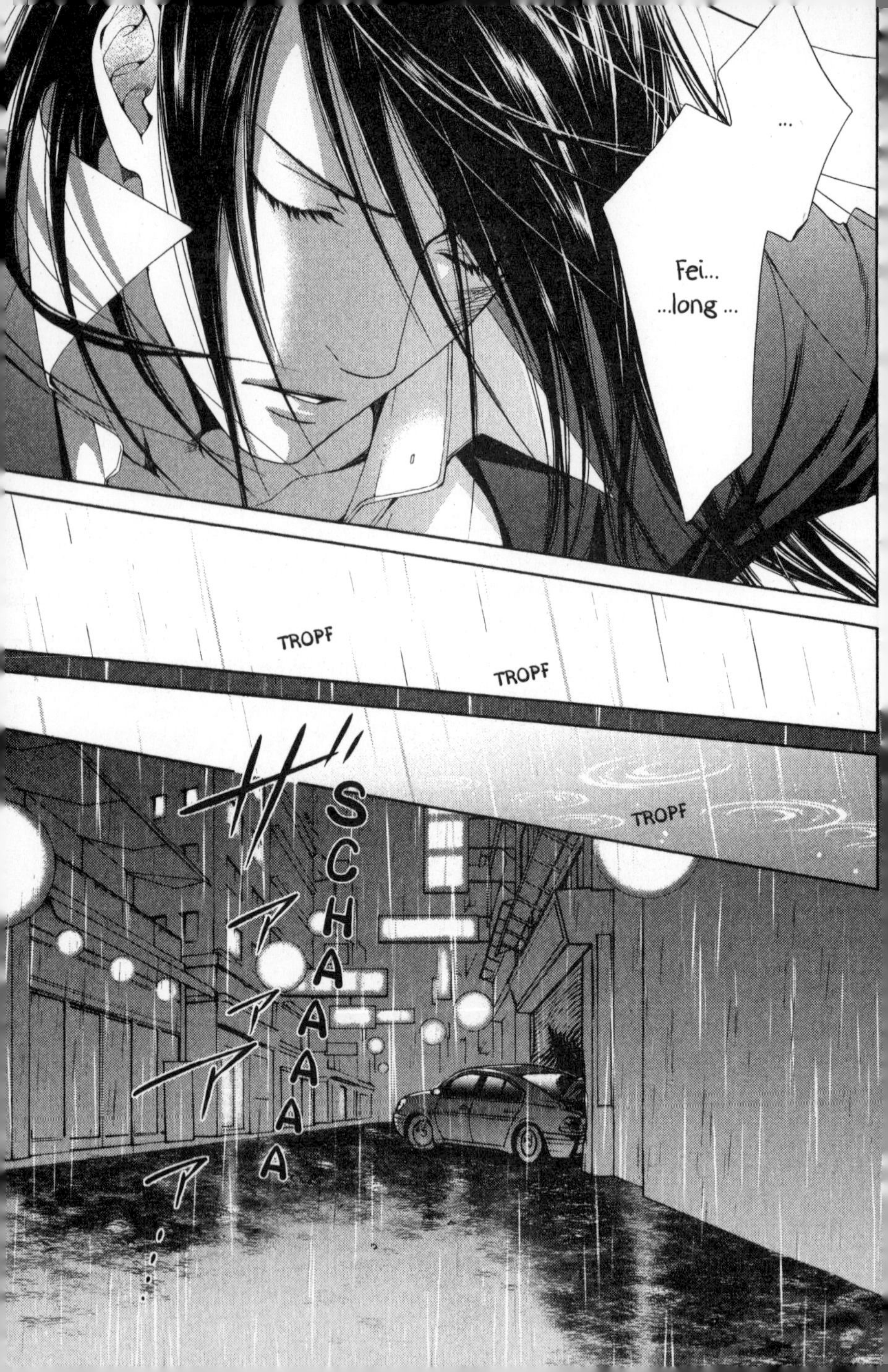
...
Fei...
...long ...
TROPF
TROPF
TROPF
SCHAAAAAA

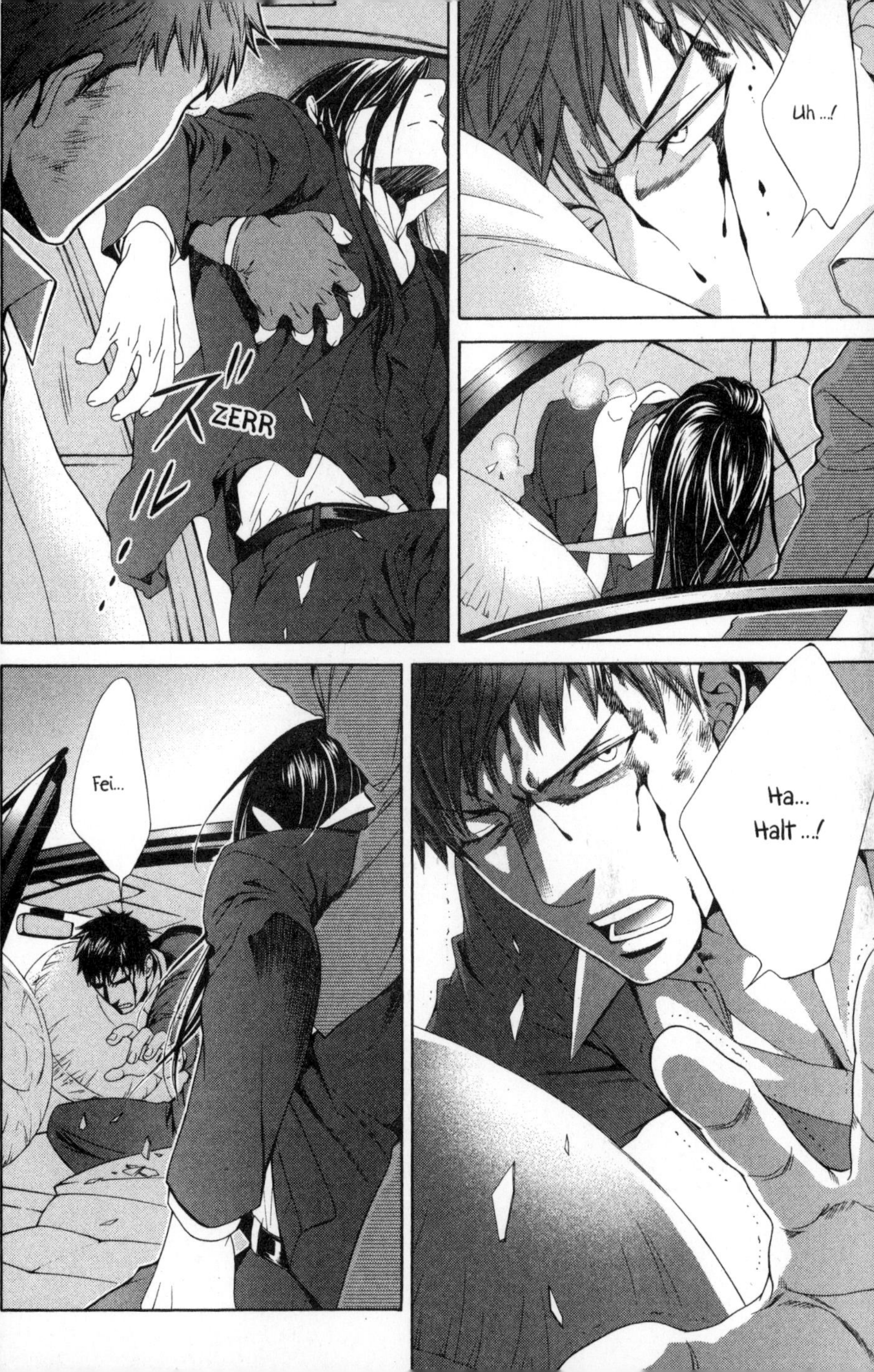
Uh ...!
ZERR
Ha...
Halt ...!
Fei...

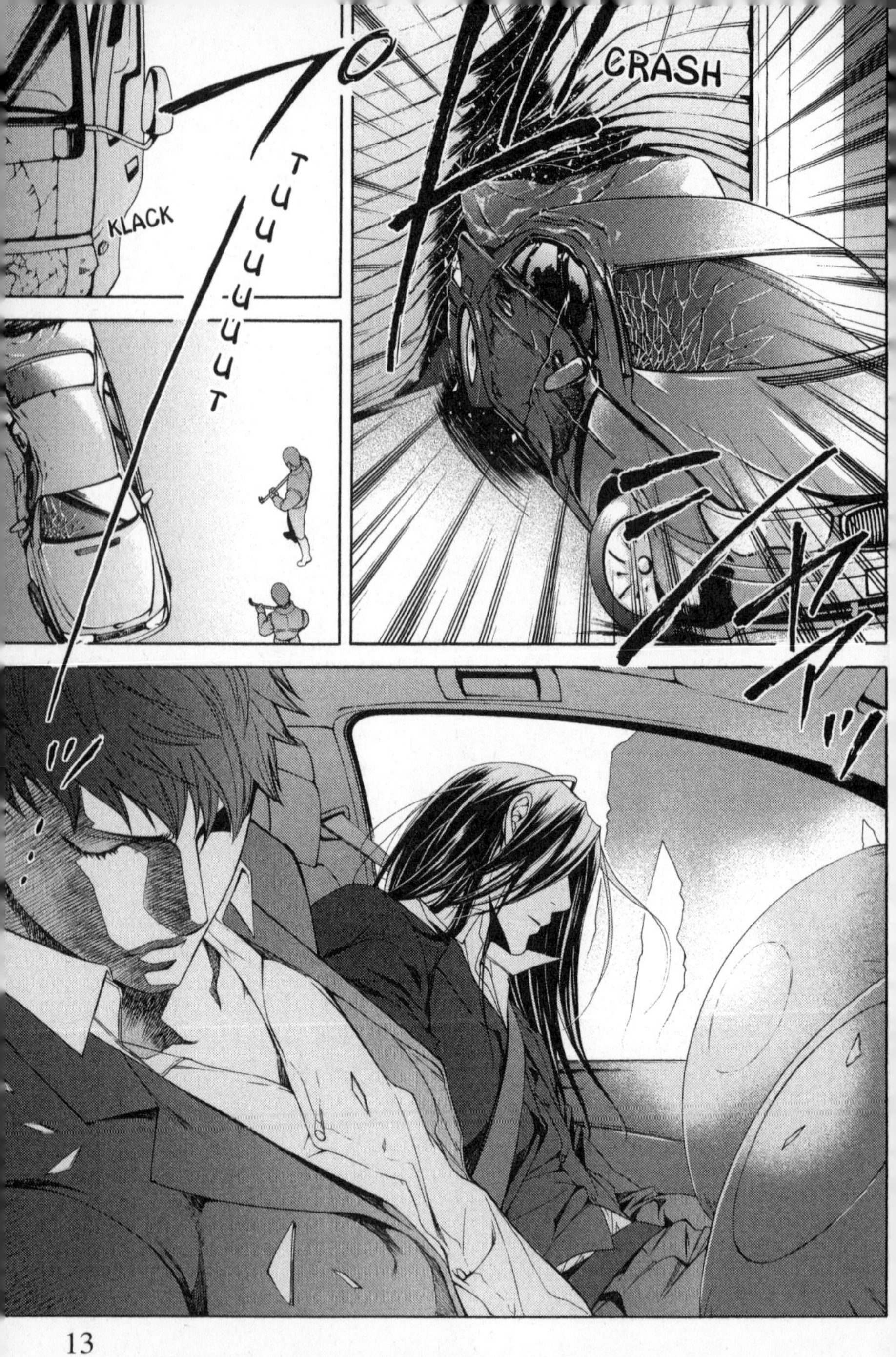
CRASH
KLACK
TUUUUUUUUT

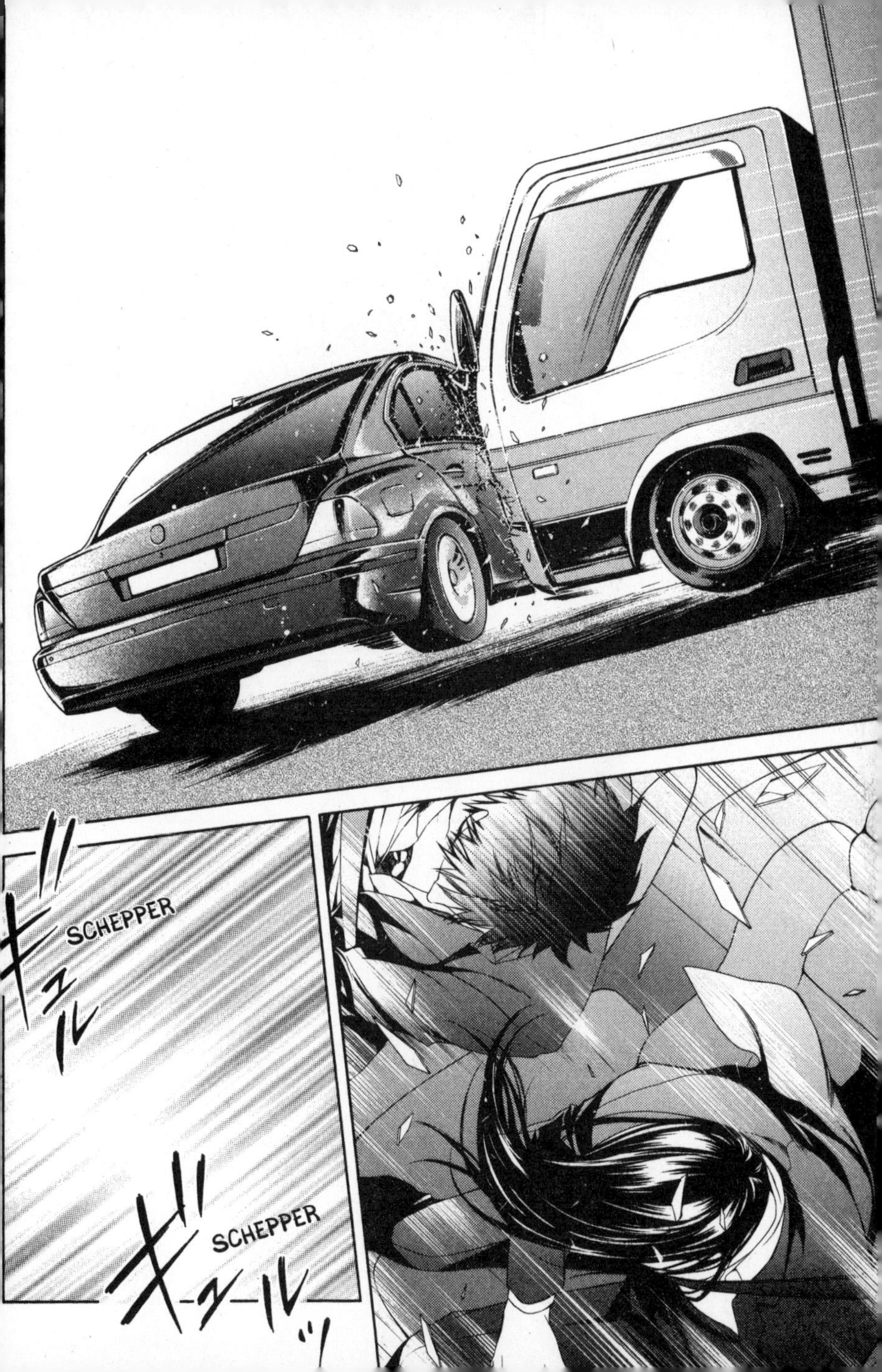
ギュル
SCHEPPER
ギューールッ
SCHEPPER

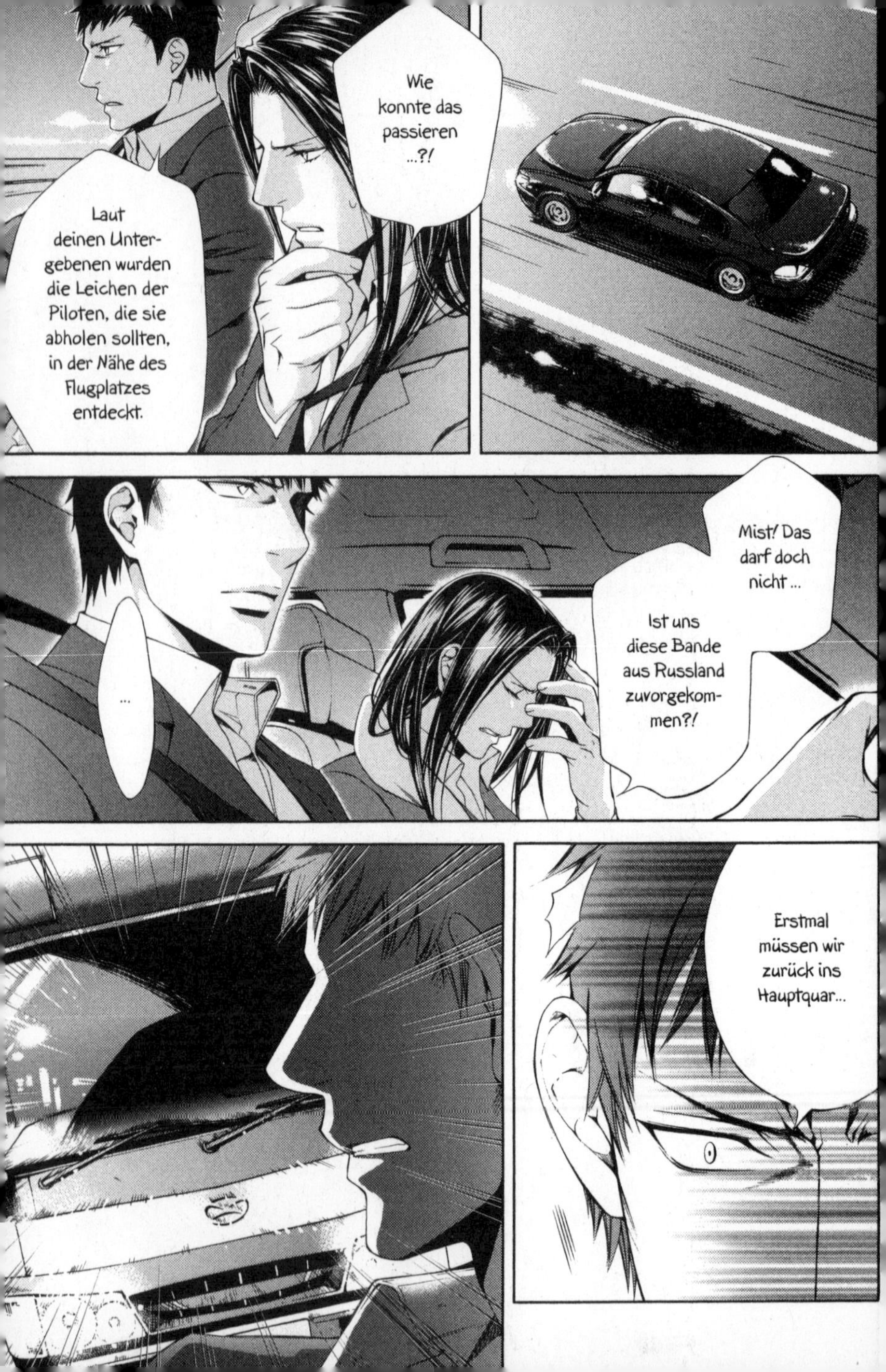
Wie konnte das passieren ...?!
Laut deinen Untergebenen wurden die Leichen der Piloten, die sie abholen sollten, in der Nähe des Flugplatzes entdeckt.
Mist! Das darf doch nicht ...
Ist uns diese Bande aus Russland zuvorgekommen?!
...
Erstmal müssen wir zurück ins Hauptquar...

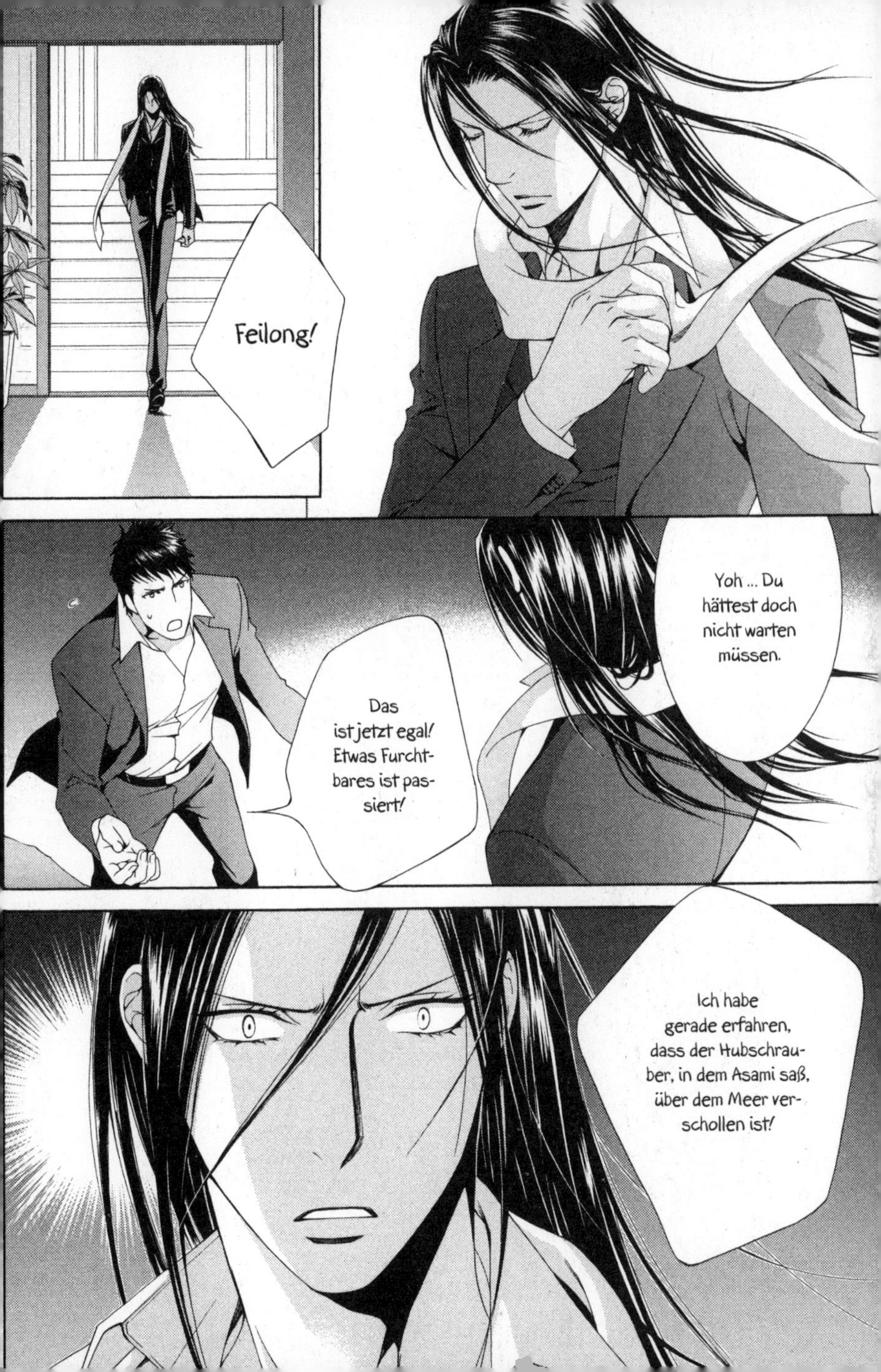
Feilong!
Yoh ... Du hättest doch nicht warten müssen.
Das ist jetzt egal! Etwas Furchtbares ist passiert!
Ich habe gerade erfahren, dass der Hubschrauber, in dem Asami saß, über dem Meer verschollen ist!

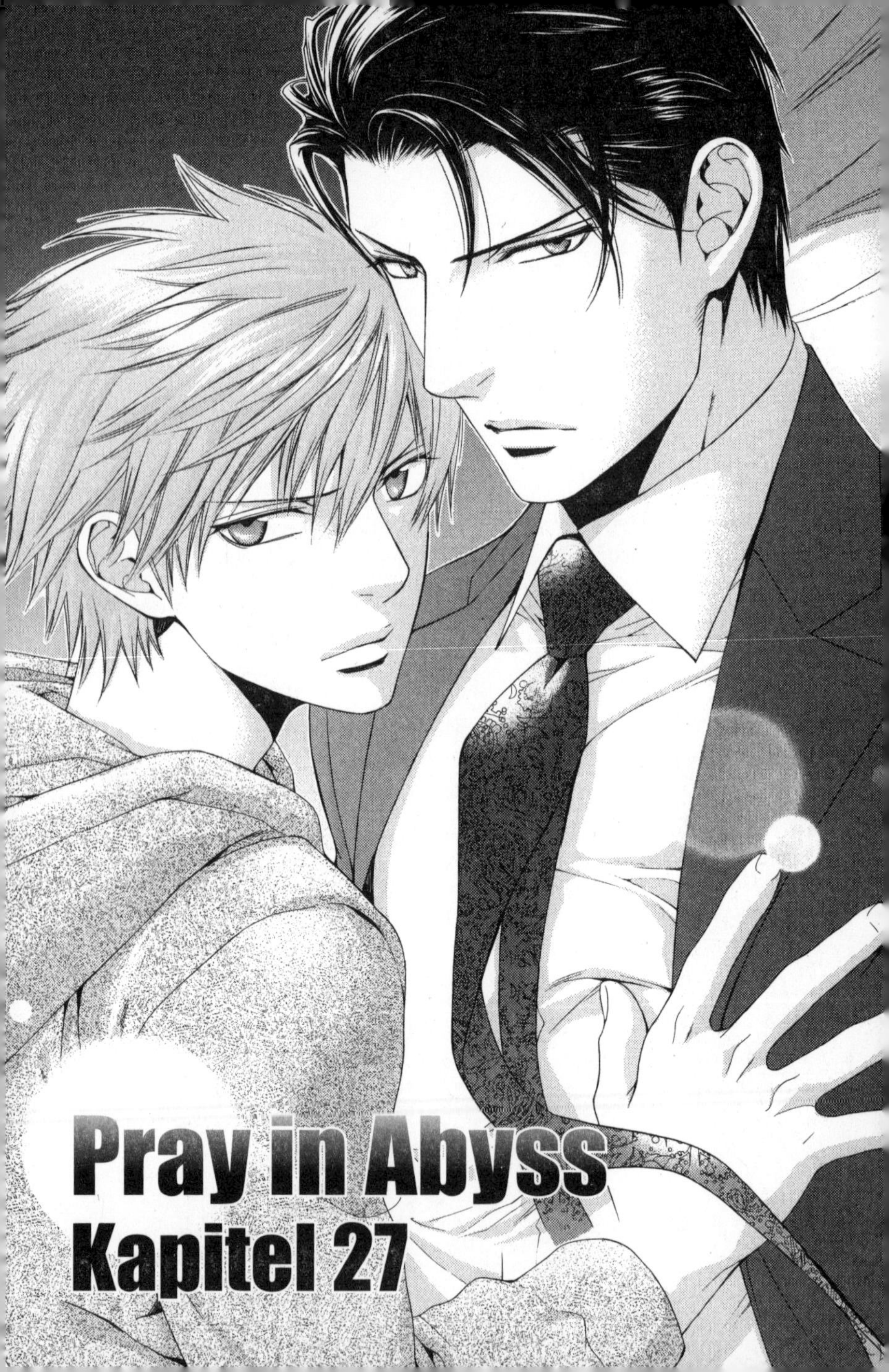
Pray in Abyss
Kapitel 27

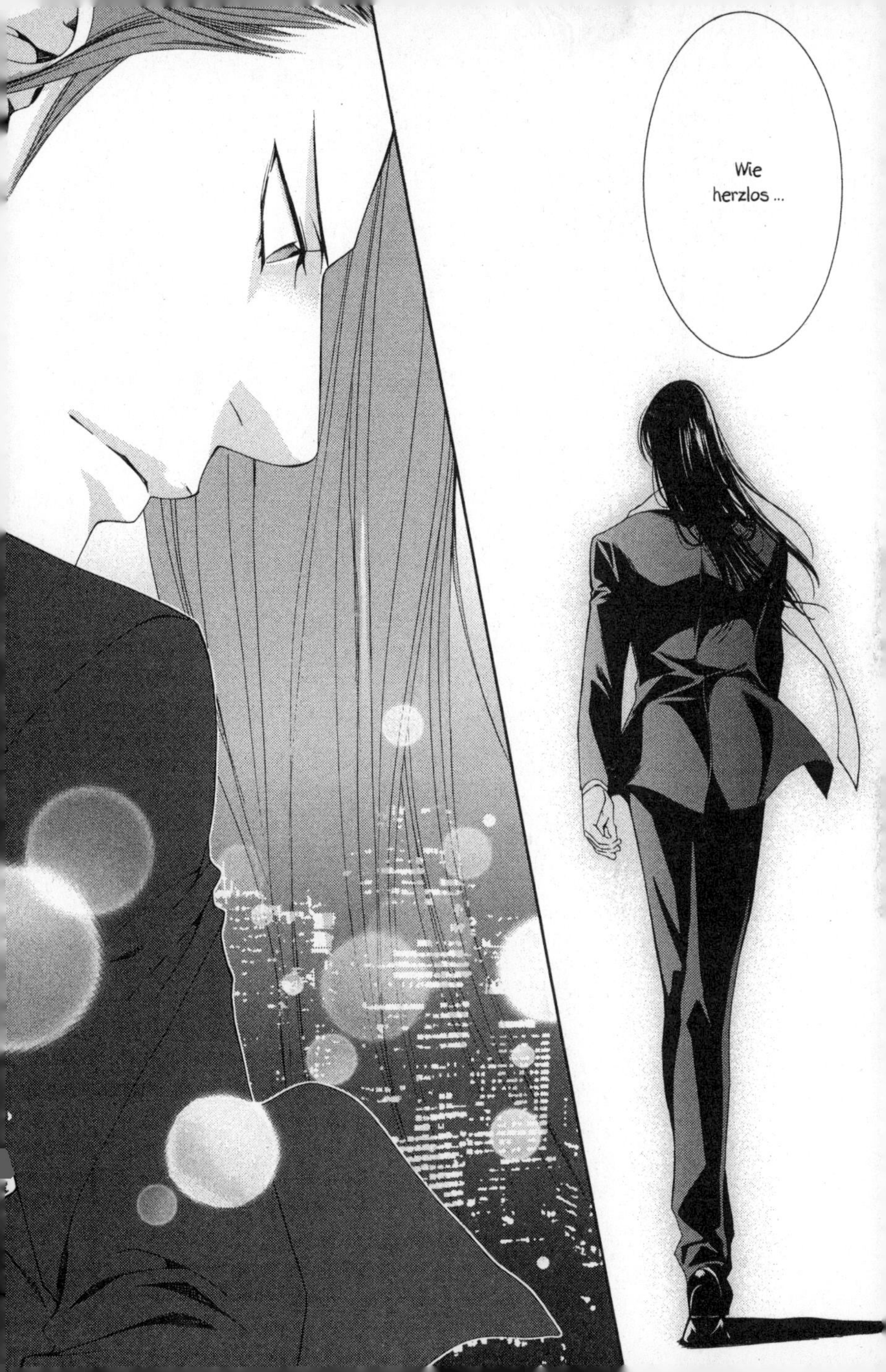
Wie herzlos ...

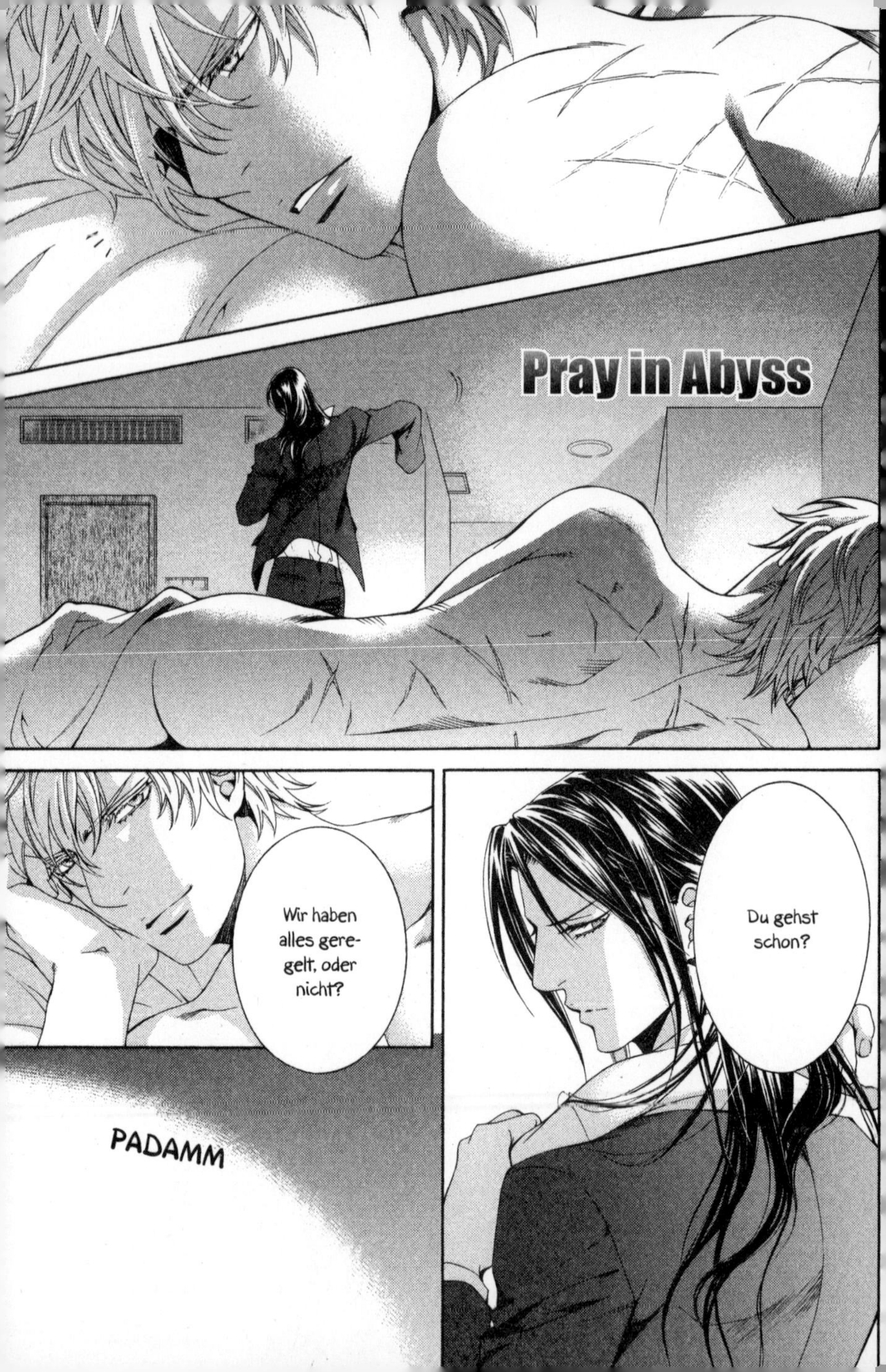
Pray in Abyss
Du gehst schon?
Wir haben alles gere-gelt, oder nicht?
PADAMM

FINDER

Die Hauptcharaktere

Akihito Takaba

Ein freischaffender Fotograf, der auf Asami trifft, als er Skandalfotos eines Abgeordneten macht. Er gibt auch in misslichen Lagen nicht klein bei, bleibt stets optimistisch und lässt sich durch nichts entmutigen. Er geriet in einen Vorfall, bei dem ein weiblicher Popstar gestalkt wurde. Nachdem er von ihrem Fan verfolgt wurde, landet er als Schmarotzer in Asamis Wohnung. Er ist nun für den gesamten Haushalt zuständig. Seine Kochkünste können sich seiner Meinung nach sehen lassen. Nach dem Angriff auf Asamis Wohnung versteckt er sich in einem Tempel in den Bergen, doch sein Versteck fliegt auf und der Tempel wird niedergebrannt. Um weiteren Schaden zu verhindern und um Asami wiederzusehen, begibt er sich mit Feilongs Hilfe nach Hongkong. Als er in den von Feilong bereitgestellten Hubschrauber steigt, sieht er endlich Asami wieder, doch dann stürzt der Hubschrauber ab ...?!

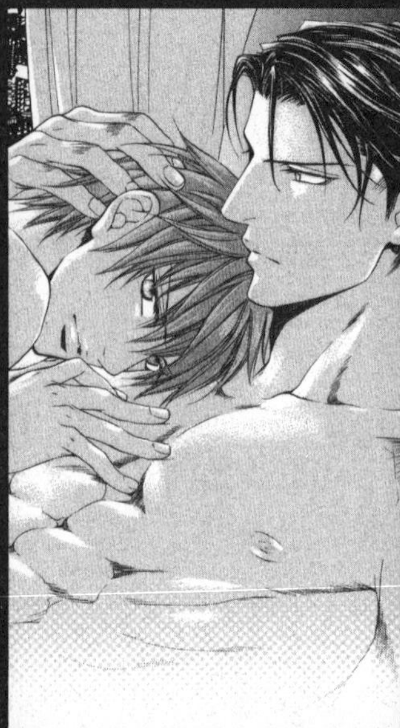

Ryuichi Asami

Nach außen ist er ein erfolgreicher Unternehmer und Besitzer exklusiver Klubs und Hotels. Doch sein wahres Gesicht ist das eines Unterwelt-Machthabers mit großem Einfluss bei den Entscheidungsträgern der politischen und wirtschaftlichen Welt im In- und Ausland. Die Hintergründe seines Aufstiegs und selbst seine Herkunft sind bisher völlig unbekannt. Einerseits wirkt er kaltherzig, andererseits beschützt er seine Untergebenen, die sich jederzeit für ihn opfern würden. Dabei sticht nicht nur sein Genie, sondern auch sein kühles und elegantes Aussehen unweigerlich ins Auge. Durch Sudos Verrat erlitt seine Organisation großen Schaden, denn dieser verfügt über umfangreiches Wissen. Um sie neu zu strukturieren, bereist Asami verschiedene Orte auf der ganzen Welt. Während eines Zwischenstopps in Hongkong trifft er Feilong wieder. Dieser berichtet, dass sich Akihito nach ihm verzehrt.

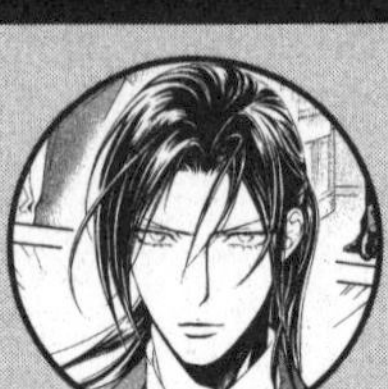

Feilong Liu

Das Oberhaupt von Hongkongs Mafia Baishe. Er ist äußerst gerissen und ein ziemlich guter Kampfkünstler. Zwar hatte er Akihito mal als Geisel genommen, doch ohne es zu merken, hat er Vertrauen zu ihm gefasst. Er erhört Akihitos Bitte nach einem Wiedersehen mit Asami und schreitet zur Tat. Den Preis dafür zahlt er bei Michel mit seinem Körper ab.

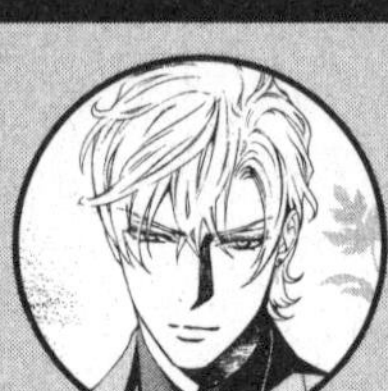

Michel Albatof

Steht an der Spitze der russischen Mafia. Früher stritt er mit Asami und Feilong um die Kasino-Vorrechte in Macau. Als er erfährt, dass Sudo Geschäfte mit der russischen regierungsfeindlichen Organisation macht, die sein Feind ist, nimmt er mit diesem Kontakt auf. Verfolgt von der Organisation kommt er nach Hongkong. Dort erteilt Feilong ihm den Auftrag, besagte Organisation zu vernichten?!

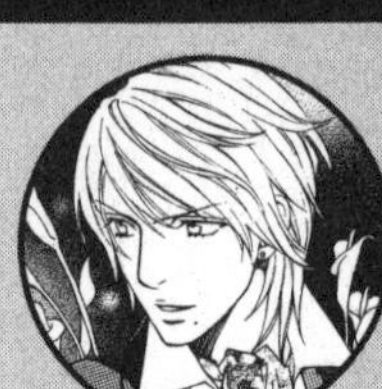

Shu Sudo

Er war Manager des exklusiven Klubs Dracaena, zu dem nur Mitglieder Zutritt haben. Der Klub gehört Asami, jedoch empfand Shu mehr für ihn als nur für einen Vorgesetzten. Seine unerwiderten Gefühle brachten ihn um den Verstand, bis er Asami schließlich hinterging. Um sich zu rächen, zweigt er Waffen von Asamis Organisation für eine russische regierungsfeindliche Guerilla-Gruppe ab. Sein derzeitiger Aufenthaltsort ist unbekannt.

Inhaltsverzeichnis

Flitterwochen

FINDER

10

Ayano Yamane

TOKYOPOP®

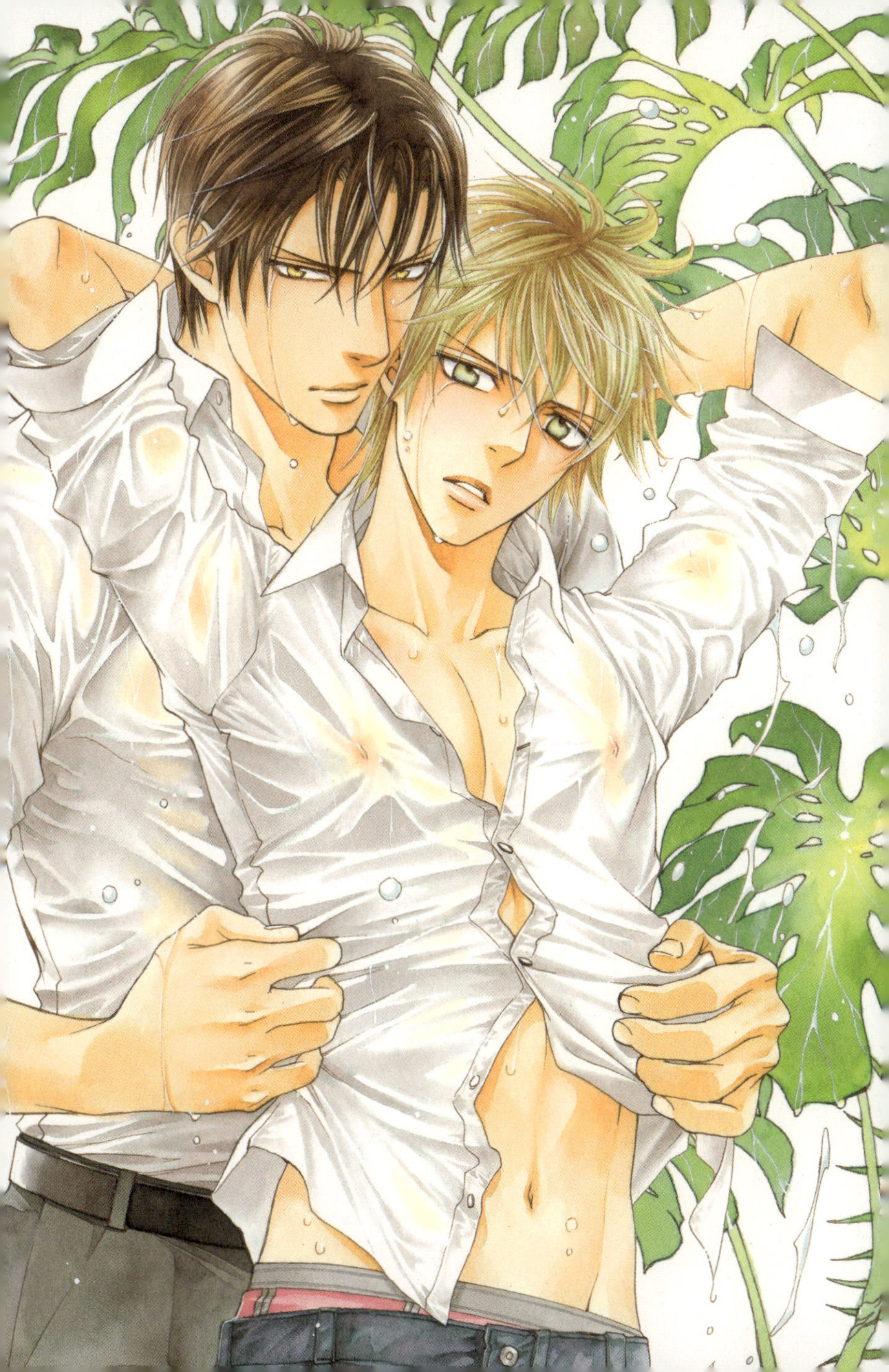

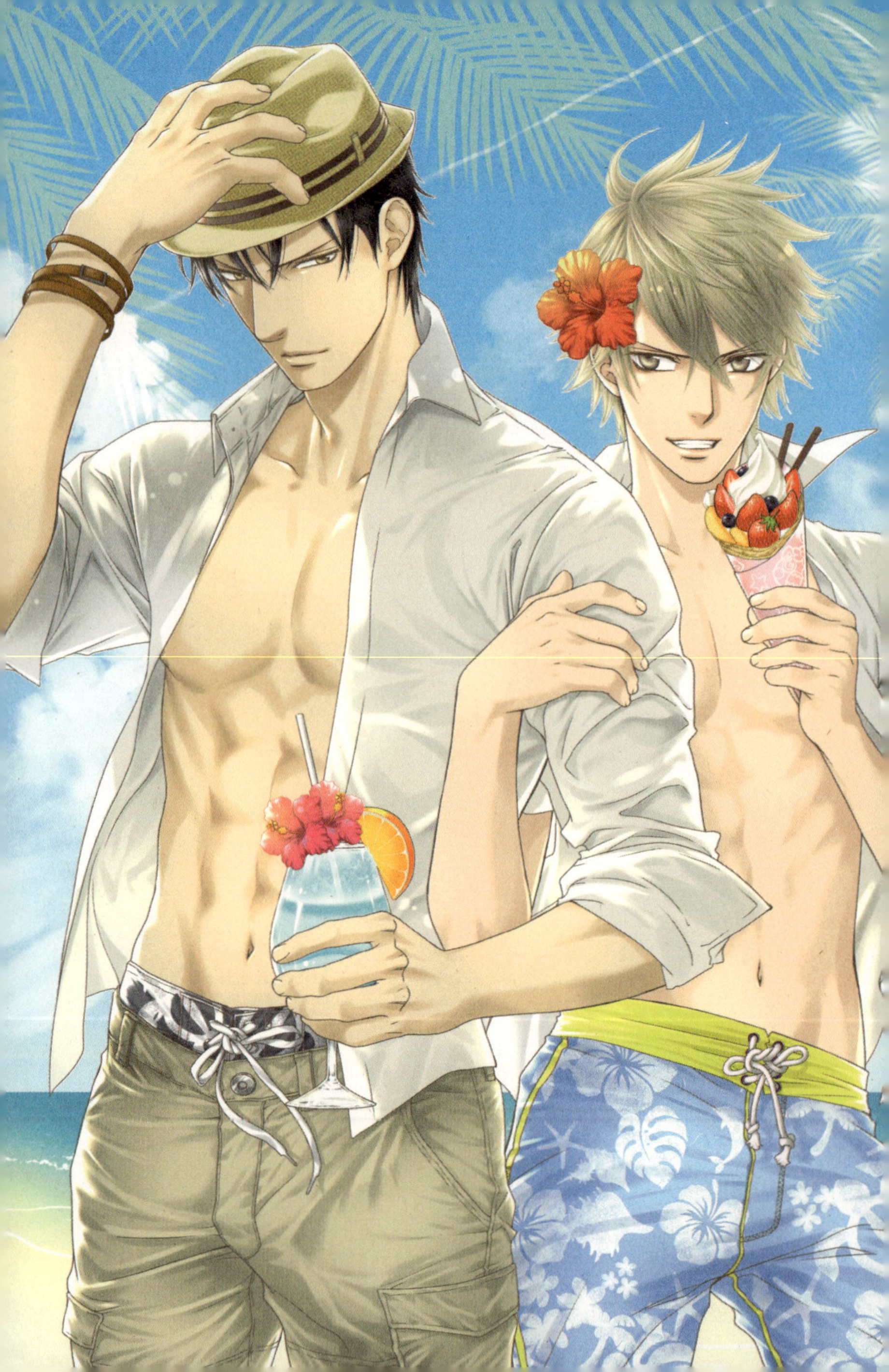